中華文化促進會主持編纂

國家"十一五"～"十四五"重點圖書出版規劃項目

中國社會科學院哲學社會科學創新工程學術出版資助項目

出品人　王石　段先念

今注本二十四史

後漢書

七

傳〔三〕

南朝宋 范曄 撰　唐 李賢等 注

卜憲群　周天游　主持校注

中国社会科学出版社

後漢書　卷一九

列傳第九

耿弇 弟國　國子秉　秉弟夔　國弟子恭

耿弇字伯昭，扶風茂陵人也。[1]其先武帝時，[2]以吏二千石自鉅鹿徙焉。[3]父況，字俠游，以明經爲郎，[4]與王莽從弟伋共學《老子》於安丘先生，[5]後爲朔調連率。[6]弇少好學，習父業。[7]常見郡尉試騎士，建旗鼓，肄馳射，由是好將帥之事。[8]

[1]【今注】扶風：即右扶風，政區名。相當於郡級，因地屬西漢長安京畿地區，故不稱郡。治長安縣（今陝西西安市西北）。茂陵：縣名。西漢制度，以每一皇帝陵墓所在地設一縣，故於建元二年（前 139）以漢武帝陵墓茂陵及周圍地區置縣，治所在今陝西興平市東北。

[2]【今注】武帝：西漢武帝劉徹，公元前 141 年至前 87 年在位。紀見《史記》卷一二、《漢書》卷六。

[3]【李賢注】武帝時，徙吏二千石高貲富人及豪傑并兼之家於諸陵也。【今注】二千石：漢代官吏秩俸等級名。又分爲中二

千石、真二千石、二千石、比二千石等，列卿、郡守、都尉、王國相等均屬二千石。詳見本書《百官志》。　鉅鹿：郡名。治鉅鹿縣（今河北雞澤縣東北）。

［4］【今注】明經：通曉經學，漢代取士科目之一。　郎：官名。皇帝侍從，隸屬於光禄勳。

［5］【李賢注】嵇康《聖賢高士傳》曰“安丘望之字仲都，京兆長陵人。少持老子經，恬淨不求進宦，號曰安丘丈人。成帝聞，欲見之，望之辭不肯見，爲巫醫於人閒”也。【今注】王莽：字巨君，西漢元帝皇后王政君之侄，新朝建立者，公元8年至23年在位。在位期間依託儒家經典推出諸多改制措施，激化了社會矛盾。在緑林、赤眉軍打擊下，公元23年，王莽被殺，新朝滅亡。傳見《漢書》卷九九。

［6］【李賢注】王莽改上谷郡曰朔調，守曰連率。

［7］【李賢注】《袁山松書》曰（山松，大德本作“崧”，下同不注）：“弇少學《詩》《禮》，明鋭有權謀。”

［8］【李賢注】《漢官儀》曰：“歲終郡試之時，講武勒兵，因以校獵，簡其材力也。”【今注】郡尉：官名。即郡都尉。佐助太守分管軍事。《漢書·百官公卿表上》郡尉“掌佐守典武職甲卒，秩比二千石”，但尹灣漢簡中所記西漢晚期東海郡“都尉一人，秩真二千石”，高於比二千石（參見連雲港市博物館等編《尹灣漢墓簡牘》，中華書局1997年版，第14頁）。　案，肄，大德本誤作“隸”。

及王莽敗，更始立，[1]諸將略地者，前後多擅威權，輒改易守、令。況自以莽之所置，懷不自安。時弇年二十一，乃辭況奉奏詣更始，因齎貢獻，以求自固之宜。及至宋子，[2]會王郎詐稱成帝子子輿，[3]起兵邯鄲，[4]弇從吏孫倉、衛包於道共謀曰：[5]“劉子輿成帝正統，捨此不歸，遠行安之？”弇按劍曰：“子輿弊賊，卒爲降虜耳。我至長安，與國家陳漁陽、上谷兵馬之用，[6]還出太原、代郡，[7]反覆數十日，歸發突騎以轔烏合之衆，[8]如摧枯折腐耳。觀公等不識去就，族滅不久也。”倉、包不從，遂亡降王郎。

［1］【今注】更始：本指劉玄稱帝時的年號（23—25），這裏指劉玄。傳見本書卷一一。

［2］【今注】宋子：縣名。治所在今河北趙縣東北。

［3］【今注】王郎：一名昌，趙國邯鄲（今河北邯鄲市）人。傳見本書卷一二。　成帝：西漢成帝劉驁，公元前 33 年至前 7 年在位。紀見《漢書》卷一〇。　案，子子輿，大德本、殿本作“子輿”，脱“子”字。

［4］【今注】邯鄲：縣名。治所在今河北邯鄲市。

［5］【今注】案，道，紹興本誤作“富”。

［6］【今注】漁陽：郡名。治漁陽縣（今北京市懷柔區北房鎮梨園莊東）。　上谷：郡名。治沮陽縣（今河北懷來縣東南）。

［7］【今注】太原：郡名。治晉陽縣（今山西太原市西南晉西古城）。　代郡：秦、西漢時治代縣（今河北蔚縣東北）。新莽改名厭敵。東漢時復爲代郡，移治高柳縣（今山西陽高縣西北），後復還故治。

［8］【李賢注】轔，轢也，音力刃反。【今注】轔：輾軋，踐踏。

弇道聞光武在盧奴，[1]乃馳北上謁，光武留署門下吏。[2]弇因説護軍朱祐，[3]求歸發兵，以定邯鄲。光武笑曰：“小兒曹乃有大意哉！”因數召見加恩慰。[4]弇因從光武北至薊。[5]聞邯鄲兵方到，光武將欲南歸，召官屬計議。弇曰："今兵從南來，不可南行。漁陽太守彭寵，公之邑人；[6]上谷太守，即弇父也。發此兩郡，控弦萬騎，邯鄲不足慮也。"光武官屬腹心皆不肯，曰："死尚南首，奈何北行入囊中？"[7]光武指弇曰："是我北道主人也。"會薊中亂，[8]光武遂南馳，官屬各分散。弇走昌平就況，[9]因說況使寇恂東約彭寵，[10]各發突騎二千匹，[11]步兵千人。弇與景丹、寇恂及漁陽兵合軍而南，[12]所過擊斬王郎大將、九卿、校尉以下四百餘級，得印綬百二十五，節二，斬首三萬級，定涿郡、中山、鉅鹿、清河、河閒凡二十二縣，[13]遂及光武於廣阿。[14]是時光武方攻王郎，傳言二郡兵爲邯鄲來，衆皆恐。既而悉詣營上謁。光武見弇等，説，曰："當與漁陽、上谷士大夫共此大功。"乃皆以爲偏將軍，使還領其兵。加況大將軍、興義侯，[15]得自置偏裨。[16]弇等遂從拔邯鄲。

[1]【今注】光武：東漢開國皇帝劉秀的謚號，這裏指劉秀，公元25年至57年在位。紀見本書卷一。　盧奴：縣名。治所在今河北定州市。

[2]【今注】門下吏：指官員親近屬吏。漢代官府正門多閉，府吏多從旁門、小門出入，故有門下或閣下之稱，表示親近的意思。

[3]【今注】護軍：官名。秦置護軍都尉。西漢初又有護軍中尉。武帝時設護軍將軍。東漢又有中護軍、護軍之號，有時即護軍將軍或中護軍之簡稱。　朱祐：字仲先，南陽宛（今河南南陽市卧龍區）人。傳見本書卷二二。

[4]【李賢注】《續漢書》曰"弇還檄與況，陳上功德，自嫌

年少，恐不見信，宜自來。況得檄立發，至昌平見上”也。

[5]【今注】薊：縣名。治所在今北京市西南隅。

[6]【李賢注】寵，南陽宛人也。【今注】太守：官名。爲郡最高行政長官，秩二千石。　彭寵：字伯通，南陽宛（今河南南陽市卧龍區）人。傳見本書卷一二。

[7]【李賢注】漁陽、上谷北接塞垣，至彼路窮，如入囊也。

[8]【李賢注】《續漢書》曰“弇歸，主人食未已，薊中擾亂，上駕出南城門，頗遮絶輜重，城中相掠。弇既與上相失，以馬與城門亭長，乃得出”也。

[9]【李賢注】昌平，縣名，屬上谷郡，今幽州縣，故城在縣東也。【今注】昌平：縣名。治所在今北京市昌平區東南。

[10]【今注】寇恂：字子翼，上谷昌平（今北京市昌平區南）人。傳見本書卷一六。

[11]【今注】突騎：用於衝鋒陷陣的精鋭騎兵。

[12]【今注】景丹：字孫卿，左馮翊櫟陽（今陝西西安市閻良區）人。傳見本書卷二二。

[13]【今注】涿郡：治涿縣（今河北涿州市）。　中山：郡國名。西漢高帝置中山郡，治盧奴縣（今河北定州市）。景帝時改爲國，王莽時改名常山郡，東漢時復爲中山國。　清河：郡國名。西漢高帝置清河郡，治清陽縣（今河北清河縣東南）。後屢改爲國，元帝後爲郡。王莽改郡名爲平河。東漢時復改爲清河國，治所移至甘陵縣（後改名清河縣，今山東臨清市東北）。　河間：郡國名。西漢高帝置河間郡，治樂成縣（今河北獻縣東南）。文帝時改爲國，王莽時改爲朔定郡，東漢時復爲河間國。

[14]【今注】廣阿：縣名。治所在今河北隆堯縣東。

[15]【今注】大將軍：官名。始於戰國，漢代沿置，爲將軍最高稱號，多由貴戚擔任，外主征戰，内秉國政，職位極高。

[16]【今注】偏裨：將佐、裨將，將領中地位較低者。

時更始徵代郡太守趙永，而況勸永不應召，令詣于光武。光武遣永復郡。永北還，而代令張曅據城反畔，乃招迎匈奴、烏桓以爲援助。[1]光武以弇弟舒爲復胡將軍，使擊曅，破之。永乃得復郡。時五校賊二十餘萬北寇上谷，[2]況與舒連擊破之，賊皆退走。

［1］【今注】匈奴：中國古代北方民族之一，亦稱胡。戰國後期興起。秦至西漢前期，占有大漠南北廣大地區。武帝大規模反擊後，匈奴勢力漸衰。宣帝以後，南匈奴在呼韓邪單于帶領下附漢。東漢光武帝建武二十四年（48），匈奴又分裂爲南北二部，南匈奴附漢，北匈奴在漢與南匈奴的打擊下逐漸西遷。傳見本書卷八九。烏桓：中國古代北方民族之一。游牧部落東胡族的一支，依居烏桓山，因以爲名。主要游牧於大興安嶺南端。西漢前期依附於匈奴，武帝以後附漢，遷至東北邊郡塞外。東漢獻帝建安十二年（207），曹操遷烏桓萬餘落於中原，部分留居長城一帶。此後逐漸與漢族及其他民族相融合。傳見本書卷九〇。

［2］【今注】五校：農民軍稱號。新莽末年河北農民軍的一支。

更始見光武威聲日盛，君臣疑慮，乃遣使立光武爲蕭王，令罷兵與諸將有功者還長安；遣苗曾爲幽州牧，[1]韋順爲上谷太守，蔡充爲漁陽太守，並北之部。時光武居邯鄲宫，晝卧温明殿。[2]弇入造牀下請閒，[3]因説曰："今更始失政，君臣淫亂，諸將擅命於畿内，貴戚縱横於都内。[4]天子之命，不出城門，所在牧守，輒自遷易，百姓不知所從，士人莫敢自安。虜掠財物，劫掠婦女，懷金玉者，至不生歸。元元叩心，更思莽朝。又銅馬、赤眉之屬數十輩，[5]輩數十百萬，聖公不能辦也。[6]其敗不久。公首事南陽，[7]破百萬之軍；今定河北，北據天府之地。[8]以義征伐，發號響應，天下可傳檄而定。天下至重，不可令它姓得之。聞使者從西方來，欲罷兵，不可從也。今吏士死亡者多，弇願歸幽州，益發精兵，以集其大計。”光武大説，[9]乃拜弇爲大將軍，與吴漢北發幽州十郡兵。[10]弇到上谷，收韋順、蔡充斬之；漢亦誅苗曾。於是悉發幽州兵，引而南，從光武擊破銅馬、高湖、赤眉、青犢，又追尤來、大槍、五幡於元氏，[11]弇常將精騎爲軍鋒，輒破走之。光武乘勝戰慎水上，[12]虜危急，殊死戰。時軍士疲弊，遂大敗奔還，壁范陽，數日乃振，[13]賊亦退去，從追至容城、小廣陽、安次，連戰破之。[14]光武還薊，復遣弇與吴漢、景丹、蓋延、朱祐、邳彤、耿純、劉植、岑彭、祭遵、堅鐔、王霸、陳俊、馬武十三將軍，[15]追賊至潞東，及平谷，[16]再戰，斬首萬三千餘級，遂窮追於右北平無終、土垠之間，[17]至浚靡而還。[18]賊散入遼西、遼東，[19]或爲烏桓、貊人所鈔擊，[20]略盡。

[1]【今注】幽州牧：幽州，西漢武帝時所置十三刺史部之一。轄境相當於今北京、天津、河北北部、遼寧大部及朝鮮半島北部等地區。西漢與東漢略有不同。州牧，官名。西漢武帝元封五年（前106）每州置刺史，秩六百石，奉詔條監察一州。成帝綏和元年（前8）罷刺史，置州牧，爲一州之長官，秩二千石。哀帝建平二年（前5）復爲刺史，元壽二年（前1）又改爲州牧。東漢光武

帝建武十八年（42）又復爲刺史。靈帝時，罷刺史，置州牧，由原來單純的監察官發展爲總攬地方軍政大權的地方長官。

［2］【李賢注】漢趙王如意之殿也，故基在今洺州邯鄲縣內。【今注】邯鄲宮：王宮名。邯鄲本戰國時趙國故都，建有宮殿。西漢初，劉邦封趙王如意於此，趙王復修宮城，故址在今河北邯鄲市。

［3］【今注】請閒：亦作“請間”。請求在空隙之時白事，不欲對衆言之。

［4］【李賢注】《更始傳》曰：“李軼、朱鮪擅命山東，王匡、張卬橫暴三輔。”

［5］【今注】銅馬：農民軍稱號。新莽末年河北農民軍中勢力最强的一支。其部衆後來多被劉秀收編。　赤眉：新莽末年農民軍主力之一，作戰時士卒都將眉毛塗成紅色，以與敵方相區别，故名。見本書卷一一《劉盆子傳》。

［6］【李賢注】辦猶成也，音蒲莧反。　【今注】聖公：劉玄字。

［7］【今注】南陽：郡名。治宛縣（今河南南陽市卧龍區）。

［8］【李賢注】《前書》曰：“關中所謂金城天府。”弇以河北富饒，故以喻焉。【今注】河北：地區名。泛指黄河以北地區，即今河北、山西、山東大部、河南黄河以北地區。　案，北據天府之地，據劉攽《東漢書刊誤》“北”字可删。

［9］【李賢注】《續漢書》曰：“光武初見弇言，起坐曰：‘卿失言，我斬卿！’弇曰：‘大王哀厚弇如父子，故披赤心爲大王陳事。’上曰：‘我戲卿耳。’”【今注】案，以集其大計，當據劉攽《東漢書刊誤》删“其”字。

［10］【今注】吴漢：字子顔，南陽宛（今河南南陽市卧龍區）人。傳見本書卷一八。

［11］【今注】高湖：農民軍稱號。新莽末年河北農民軍的一

支。青犢、尤來、大槍、五幡等皆屬此類。他們或以山川土地爲名，或以軍容强盛爲號，往往大小不一，互不統屬，主要活動於今河北、山東等黄河以北地區。　元氏：縣名。治所在今河北元氏縣西北。

［12］【今注】案，慎，當據王先謙《後漢書集解》引惠棟説改爲“順”。順水，一作“徐水”。在今河北保定市北。

［13］【李賢注】壁謂築壘壁也。【今注】范陽：縣名。治所在今河北定興縣西南固城鎮。王莽改名順陽，東漢復名范陽。

［14］【李賢注】容城，縣名，屬涿郡，故城在今易州道縣也（道，當爲“遒”，形近而訛，當據中華本改）。廣陽國有廣陽縣，故曰小廣陽，及安次，縣名，並在今幽州也。【今注】容城：縣名。治所在今河北容城縣北。王莽時改名深澤，東漢廢。　小廣陽：即廣陽縣。治所在今北京市房山區良鄉鎮。因有廣陽郡（國），故名其縣爲“小廣陽”。廣陽國，治薊縣（今北京市西南隅）。安次：縣名。治所在今河北廊坊市安次區西北古縣。

［15］【今注】蓋延：字巨卿，漁陽要陽（今河北豐寧滿族自治縣東南）人。傳見本書卷一八。　邳彤：字偉君，信都（今河北衡水市冀州區）人。傳見本書卷二一。　耿純：字伯山，鉅鹿宋子（今河北趙縣東北）人。傳見本書卷二一。　劉植：傳見本書卷二一。　岑彭：字君然，南陽棘陽（今河南新野縣東北）人。傳見本書卷一七。　祭遵：字弟孫，潁川潁陽（今河南許昌市建安區西南）人。傳見本書卷二〇。　堅鐔：字子伋，潁川襄城（今河南襄城縣）人。傳見本書卷二二。　王霸：字元伯，潁川潁陽（今河南許昌市西南）人。傳見本書卷二〇。　陳俊：字子昭，南陽西鄂（今河南南陽市東北）人。傳見本書卷一八。　馬武：字子張，南陽湖陽（今河南唐河縣西南）人。傳見本書卷二二。

［16］【李賢注】平谷，解見《光武紀》。【今注】潞：縣名。西漢置路縣，治所在今河北三河市西南。新莽時改名路亭縣。東漢

時改爲潞縣。　平谷：縣名。治所在今北京市平谷區東北。

［17］【李賢注】無終、土垠並縣名，屬右北平郡。無終故城在今漁陽縣。土垠故城在今平州西南。垠音銀。【今注】右北平：郡名。西漢時治平剛縣（今遼寧凌源市西南）。新莽改名北順。東漢時復爲右北平，治所移至土垠縣。　無終：縣名。治所在今天津市薊州區。　土垠：縣名。治所在今河北唐山市豐潤區東南。

［18］【李賢注】浚靡，縣名，屬右北平，故城在今漁陽縣北。靡音麻。【今注】案，浚靡，《漢書·地理志下》、本書《郡國志五》均作“俊靡”，當據王先謙《後漢書集解》引錢大昕説改。俊靡（má），縣名。治所在今河北興隆縣東南。

［19］【今注】遼西：郡名。治陽樂縣（今遼寧義縣西）。　遼東：郡名。治襄平縣（今遼寧遼陽市老城區）。

［20］【今注】貊人：中國古代東北地區民族之一。漢代主要分布在遼東、遼西、樂浪等郡，即今中國東北和朝鮮一帶。見本書卷八五《東夷傳》。

光武即位，拜弇爲建威大將軍。與驃騎大將軍景丹、彊弩將軍陳俊攻厭新賊於敖倉，[1]皆破降之。建武二年，[2]更封好時侯，食好時、美陽二縣。[3]三年，延岑自武關出攻南陽，[4]下數城。穰人杜弘率其衆以從岑。[5]弇與岑等戰於穰，大破之，斬首三千餘級，生獲其將士五千餘人，得印綬三百。杜弘降，岑與數騎遁走東陽。[6]

［1］【今注】厭新：地名。在今河南汝陽縣附近。　敖倉：倉庫名。秦置，在今河南滎陽市東北敖山，地當黄河與古濟水分流處。楚漢相争時爲劉邦奪取，漢、魏仍設倉於此。

[2]【今注】建武：東漢光武帝劉秀年號（25—56）。

[3]【今注】好畤（zhì）：縣名。治所在今陝西乾縣東好畤村。美陽：縣名。治所在今陝西武功縣武功鎮西。

[4]【今注】延岑：字叔牙，南陽筑陽（今湖北穀城縣東北）人。更始二年（24），起兵於漢中。東漢光武帝建武二年（26），自稱武安王。後屢爲光武漢軍所破，降於公孫述，被公孫述任爲大司馬，封汝寧王。建武十二年，公孫述敗亡，延岑被漢軍將領吴漢所殺。事迹見本書卷一上《光武帝紀上》、卷一三《公孫述傳》、卷一七《馮岑賈傳》等。　武關：關隘名。在今陝西商南縣西南丹江北岸，是沿漢水進入關中的重要門户。

[5]【今注】穰：縣名。治所在今河南鄧州市。

[6]【今注】東陽：縣名。治所在今江蘇盱眙縣東南東陽城。

弇從幸舂陵，[1]因見自請北收上谷兵未發者，[2]定彭寵於漁陽，取張豐於涿郡，[3]還收富平、獲索，[4]東攻張步，[5]以平齊地。帝壯其意，乃許之。四年，詔弇進攻漁陽，弇以父據上谷，本與彭寵同功，又兄弟無在京師者，自疑，不敢獨進，上書求詣洛陽。[6]詔報曰："將軍出身舉宗爲國，所向陷敵，功效尤著，何嫌何疑，而欲求徵？且與王常共屯涿郡，[7]勉思方略。"況聞弇求徵，亦不自安，遣舒弟國入侍。帝善之，進封況爲隃麋侯。[8]乃命弇與建義大將軍朱祐、漢忠將軍王常等擊望都、故安西山賊十餘營，皆破之。[9]時征虜將軍祭遵屯良鄉，[10]驍騎將軍劉喜屯陽鄉，[11]以拒彭寵。寵遣弟純將匈奴二千餘騎，寵自引兵數萬，分爲兩道以擊遵、喜。胡騎經軍都，[12]舒襲破其衆，斬匈奴兩王，寵乃退走。況復與舒攻寵，取軍都。五年，寵死，天子嘉況功，使光禄大夫持節迎況，[13]賜甲弟，[14]奉朝請。[15]封牟平侯。[16]遣弇與吴漢擊富平、獲索賊於平原，[17]大破之，降者四萬餘人。

[1]【今注】春陵：侯國名。治所在今湖北棗陽市南。西漢元帝初元四年（前45），光武帝祖春陵侯劉仁遷封於此。東漢時改爲章陵縣。

[2]【今注】因見：曹金華《後漢書稽疑》按文當作“因間”（中華書局2014年版，第300頁）。

[3]【今注】張豐：東漢初，任涿郡太守。光武建武三年（27），執劉秀使者，舉兵反，自稱無上大將軍，與彭寵連兵。四年，漢征虜將軍祭遵急攻之。張豐之功曹孟厷執之以降，爲祭遵所斬。事迹另見本書卷一上《光武帝紀上》、卷二〇《祭遵傳》、卷三三《朱浮傳》等。

[4]【今注】富平：新莽末年河北農民軍的一支。本書中多與獲索並稱。

[5]【今注】張步：字文公，琅邪不其（今山東青島市即墨區）人。傳見本書卷一二。

[6]【今注】洛陽：都城名。一作“雒陽”。在今河南洛陽市東白馬寺一帶之洛水北岸。西漢、新莽以此爲陪都，東漢定都於此。

[7]【今注】王常：字顔卿，潁川舞陽（今河南葉縣東南）人。傳見本書卷一五。

[8]【李賢注】隃麋，縣名，屬右扶風，故城在今隴州汧陽縣東南。隃音踰。【今注】隃（yú）麋：侯國名。治所在今陝西千陽縣東。

[9]【李賢注】望都，縣名，屬中山國。堯母慶都山在南，故以名焉。故城在今定州唐縣東北。故安，縣名，故城在今易州

易縣東南。【今注】望都：縣名。治所在今河北望都縣西北。　故安：縣名。治所在今河北易縣東南東固安。

［10］【李賢注】良鄉，縣名，屬涿郡。【今注】良鄉：縣名。治所在今北京市房山區。

［11］【李賢注】陽鄉，縣名，屬涿郡，故城在今幽州故安縣西北。【今注】劉喜：字共仲，鉅鹿昌城（今河北衡水市冀州區）人。漢朝宗室。新莽末，與兄劉植等率宗族賓客，聚兵數千人據昌城，後歸光武帝，爲偏將軍，封列侯。建武二年，拜驍騎將軍，封觀津侯。四年，屯駐陽鄉，抵禦叛將彭寵，旋卒。傳國於後。事迹另見本書卷二〇《祭遵傳》、卷二一《劉植傳》。　陽鄉：縣名。治所在今河北涿州市東北。後廢爲聚邑。

［12］【李賢注】軍都，縣，屬廣陽郡，有軍都山，在西北，今幽州昌平縣。【今注】軍都：縣名。治所在今北京市昌平區西南。東漢光武帝建武四年時，廣陽爲國不爲郡。（詳見曹金華《後漢書稽疑》，第301頁）

［13］【李賢注】《袁山松書》曰："使光禄大夫樊宏詔況曰：'惟況功大，不宜監察從事。邊郡寒苦，不足久居。其詣行在所。'"【今注】光禄大夫：官名。光禄勳屬官，秩比二千石。掌顧問應對，無常職，隨時聽詔令所使。

［14］【今注】甲弟：弟，大德本、殿本作"第"。弟，通"第"。甲第，豪門貴族的宅第。

［15］【今注】奉朝請：漢制，諸侯朝見皇帝，春曰朝，秋曰請。因稱定期參加朝會爲奉朝請，無定員，亦非官位。漢代退職大臣、將軍和皇室、外戚多以奉朝請名義參加朝會。

［16］【今注】牟平：侯國名。治所在今山東烟臺市福山區西北。案，"牟平"前當據王先謙《後漢書集解》引王鳴盛説補"舒爲"二字。

［17］【今注】平原：縣名。治所在今山東平原縣西南。

因詔弇進討張步。弇悉收集降卒，結部曲，[1]置將吏，率騎都尉劉歆、太山太守陳俊引兵而東，[2]從朝陽橋濟河以度。[3]張步聞之，乃使其大將軍費邑軍歷下，[4]又分兵屯祝阿，[5]别於太山鐘城列營數十以待弇。[6]弇度河先擊祝阿，自旦攻城，未中而拔之，[7]故開圍一角，令其衆得奔歸鐘城。鐘城人聞祝阿已潰，大恐懼，遂空壁亡去。費邑分遣弟敢守巨里。[8]弇進兵先脅巨里，使多伐樹木，揚言以填塞阬壍。數日，有降者言邑聞弇欲攻巨里，謀來救之。弇乃嚴令軍中趣修攻具，宣勑諸部，後三日當悉力攻巨里城。陰緩生口，令得亡歸。歸者以弇期告邑，邑至日果自將精兵三萬餘人來救之。弇喜，謂諸將曰："吾所以修攻具者，欲誘致邑耳。今來，適其所求也。"即分三千人守巨里，自引精兵上岡阪，[9]乘高合戰，大破之，臨陳斬邑。既而收首級以示巨里城中，城中兇懼，[10]費敢悉衆亡歸張步。弇復收其積聚，縱兵擊諸未下者，平四十餘營，[11]遂定濟南。[12]

［1］【今注】部曲：漢代軍隊的編制單位。大將軍營五部，部置校尉、軍司馬。部下有曲，曲設軍候。曲下有屯，屯設長。

［2］【今注】騎都尉：官名。光禄勳屬官，秩比二千石。無定員，掌監羽林騎。　劉歆：字細君，鉅鹿昌城（今河北衡水市冀州區）人。新莽末起兵，占據昌城。後歸東漢光武帝，拜偏將軍。建武五年（29）爲騎都尉，隨建威大將軍耿弇東擊割據者張步於劇縣，力戰有功，拜驍騎將軍，封浮陽侯。六年，隨耿弇從天水西伐公孫述。十一年，隨岑彭及吴漢討平公孫述，戰功卓著。事迹另見

本書卷一七《岑彭傳》、卷二〇《祭遵傳》等。　太山：郡名。一名泰山。治奉高縣（今山東泰安市東）。

[3]【李賢注】朝陽，縣名，屬濟南郡，在朝水之陽。今朝城在濟水北，有漯河，在今齊州臨濟縣東。【今注】朝陽：縣名。治所在今山東濟南市濟陽縣東北。

[4]【李賢注】歷下城在今齊州歷城縣也。【今注】費邑：東漢初年割據者張步部將。東漢光武帝建武五年，漢將耿弇攻打張步，張步立費邑爲濟南王，屯軍歷下以拒之，兵敗被殺。事迹見本書卷一二《張步傳》等。　歷下：城邑名。在今山東濟南市西。以其南對歷山，城在山下得名。

[5]【李賢注】祝阿，今齊州縣也，故城在今山茌縣東北（茌，大德本、殿本誤作"荏"）。【今注】祝阿：縣名。治所在今山東濟南市歷城區西南。

[6]【今注】鐘城：地名。在今山東濟南市南。

[7]【今注】案，"未"前當據王先謙《後漢書集解》引惠棟説補"日"字。

[8]【李賢注】巨里，聚名也，一名巨合城，在今齊州全節縣東南也。【今注】巨里：城邑名。一名巨合城，在今山東濟南市章丘區西龍山鎮。

[9]【李賢注】《爾雅》曰："山脊曰岡，坡者曰阪。"

[10]【李賢注】兇，恐懼聲，音呼勇反。【今注】兇懼：驚擾不安。

[11]【今注】案，四十，《後漢紀》卷五《光武皇帝紀》作"三十"。

[12]【今注】濟南：郡名。治東平陵縣（今山東濟南市章丘區西北）。

時張步都劇，[1]使其弟藍將精兵二萬守西安，[2]諸郡太守合萬餘人守臨淄，相去四十里。[3]弇進軍畫中，[4]居二城之閒。弇視西安城小而堅，且藍兵又精，臨淄名雖大而實易攻，乃勑諸校會，[5]後五日攻西安。藍聞之，晨夜儆守。至期夜半，弇勑諸將皆蓐食，[6]會明至臨淄城。護軍荀梁等争之，以爲宜速攻西安。弇曰："不然。西安聞吾欲攻之，日夜爲備；臨淄出不意而至，必驚擾，吾攻之一日必拔。拔臨淄即西安孤，張藍與步隔絶，必復亡去，所謂擊一而得二者也。若先攻西安，不卒下，頓兵堅城，死傷必多。縱能拔之，藍引軍還奔臨淄，并兵合埶，[7]觀人虚實，吾深入敵地，後無轉輸，旬月之閒，[8]不戰而困。諸君之言，未見其宜。"遂攻臨淄，半日拔之，入據其城。張藍聞懼，[9]遂將其衆亡歸劇。

[1]【今注】劇：縣名。治所在今山東昌樂縣西北。

[2]【李賢注】西安，縣名，屬齊郡，故城今青州臨淄縣西北。【今注】西安：縣名。治所在今山東淄博市臨淄區西北。

[3]【今注】案，四十里，《後漢紀》卷五《光武皇帝紀》作"三十里"。

[4]【李賢注】畫中，邑名也。畫音胡麥反。故城在今西安城東南。有澅水，因名焉。【今注】畫中：聚邑名。本書《郡國志四》齊國西安有棘里亭，又稱畫中，在今山東淄博市臨淄區西北。

[5]【李賢注】會猶集也。

[6]【李賢注】《前書音義》曰："未起而牀蓐中食也。"

[7]【今注】案，埶，大德本作"勢"。埶，同"勢"。

[8]【今注】案，月，據王先謙《後漢書集解》當改爲"日"。

[9]【今注】案，大德本、殿本"聞"後有"之大"二

字，是。

弇乃令軍中無得妄掠劇下，須張步至乃取之，以激怒步。步聞大笑曰："以尤來、大彤十餘萬衆，[1]吾皆即其營而破之。今大耿兵少於彼，[2]又皆疲勞，何足懼乎！"[3]乃與三弟藍、弘、壽及故大彤渠帥重異等兵[4]號二十萬，至臨淄大城東，將攻弇。[5]弇先出淄水上，與重異遇，突騎欲縱，弇恐挫其鋒，令步不敢進，故示弱以盛其氣，乃引歸小城，陳兵於内。[6]步氣盛，直攻弇營，與劉歆等合戰，弇升王宫壞臺望之，[7]視歆等鋒交，乃自引精兵以横突步陳於東城下，大破之。飛矢中弇股，以佩刀截之，左右無知者。至暮罷。弇明旦復勒兵出。是時帝在魯，[8]聞弇爲步所攻，自往救之，未至。陳俊謂弇曰："劇虜兵盛，可且閉營休士，以須上來。"弇曰："乘輿且到，[9]臣子當擊牛釃酒以待百官，反欲以賊虜遺君父邪？"乃出兵大戰，自旦及昏，復大破之，殺傷無數，城中溝壍皆滿。弇知步困將退，豫置左右翼爲伏以待之。[10]人定時，[11]步果引去，伏兵起縱擊，追至鉅昧水上，[12]八九十里僵尸相屬，收得輜重二千餘兩。步還劇，兄弟各分兵散去。

[1]【今注】案，大彤，殿本誤作"大槍"，本段下同。

[2]【李賢注】弇，況之長子，故呼爲大耿。

[3]【今注】案，懼，大德本、殿本作"摧"。《後漢紀》卷五《光武皇帝紀》作"破"。

[4]【李賢注】重，姓；異，名。

［5］【李賢注】《袁山松書》曰“弇上書曰：‘臣據臨淄，深塹高壘，張步從劇縣來攻，疲勞飢渴。欲進，誘而攻之；欲去，隨而擊之。臣依營而戰，精鋭百倍，以逸待勞，以實擊虚，旬日之閒，步首可獲。’上是其計”也。

［6］【李賢注】伏琛《齊地記》曰：“小城内有漢景王祠（王，紹興本誤作‘土’）。”

［7］【李賢注】臨淄本齊國所都，即齊王宮，中有壞臺也。《東觀記》作“環臺”。【今注】案，壞臺，《後漢紀·光武皇帝紀》作“登臺”。

［8］【今注】魯：國名。治魯縣（今山東曲阜市東古城）。

［9］【今注】乘輿：古代帝王、諸侯所乘的車子。也泛指皇帝所用的器物。這裏指光武帝本人。

［10］【李賢注】兩旁伏兵，如鳥之翼。

［11］【今注】人定：時稱。在睡虎地秦簡《日書乙種》十二時制中，人定相當於夜半子時〔陳偉主編：《睡虎地秦墓簡牘》，《秦簡牘合集（壹）》，武漢大學出版社 2014 年版，第 547 頁釋文，第 1302 頁圖版，簡號 156〕。在西北漢簡十六時制中，人定是夜半之前的一個時稱；在懸泉置漢簡Ⅳ92DXT1222②：19 所記録的三十二時制中，人定又排在幾少半、夜少半、夜過少半、夜幾半、夜半這幾個時稱之前（詳見張德芳《懸泉漢簡中若干“時稱”問題的考察》，中國文物研究所編《出土文獻研究》第 6 輯，上海古籍出版社 2004 年版，第 190—216 頁；任傑《秦漢時制探析》，《自然科學史研究》2009 年第 4 期）。

［12］【李賢注】鉅昧，水名，一名巨洋水，在今青州壽光縣西。【今注】鉅昧水：一名巨洋水。源出今山東青州市西南，東北流入巨定湖（今清水泊的前身）。

後數日，車駕至臨淄自勞軍，群臣大會。帝謂弇曰："昔韓信破歷下以開基，[1]今將軍攻祝阿以發迹，此皆齊之西界，功足相方。而韓信襲擊已降，[2]將軍獨拔勍敵，[3]其功乃難於信也。又田横亨酈生，及田横降，高帝詔衛尉不聽爲仇。[4]張步前亦殺伏隆，若步來歸命，吾當詔大司徒釋其怨，[5]又事尤相類也。將軍前在南陽建此大策，[6]常以爲落落難合，[7]有志者事竟成也！"弇因復追步，步奔平壽，[8]乃肉袒負斧鑕於軍門。[9]弇傳步詣行在所，而勒兵入據其城。樹十二郡旗鼓，[10]令步兵各以郡人詣旗下，衆尚十餘萬，輜重七千餘兩，皆罷遣歸鄉里。弇復引兵至城陽，降五校餘黨，[11]齊地悉平。振旅還京師。

[1]【李賢注】《前書》曰，齊屯兵於歷下以備漢（兵，殿本誤作"田"），信擊破之。【今注】韓信：淮陰（今江蘇淮安市淮陰區西）人。西漢初諸侯王。軍事家。初投項羽，因不被重用，而歸劉邦，得蕭何推薦，任大將。還定關中，伐魏舉趙，降燕破齊，並與劉邦合兵垓下，共滅項羽，與蕭何、張良被稱爲興漢三傑。初封齊王，改封楚王。高祖六年（前201），以謀反罪被降爲淮陰侯。十一年，又以謀反罪被吕后所殺。有《兵法》三卷，已佚。傳見《史記》卷九二、《漢書》卷三四。

[2]【李賢注】《前書》曰，酈食其説齊王田廣，廣降之，乃與食其縱酒，罷守備。韓信聞齊已降，欲止，蒯通説信令擊之。食其音異基也。

[3]【今注】勍（qíng）敵：强敵。

[4]【李賢注】《前書》曰，齊既破，横走居海島，高帝召之。横曰："臣亨陛下之使酈食其，今聞其弟商爲衛尉，臣恐懼，不敢奉詔。"高帝詔酈商曰："横即至，敢動者族之。"【今注】田

横：秦末狄縣人，本戰國時期齊國貴族。秦末田榮、田横兄弟與從兄田儋起兵。田儋爲秦將章邯所殺，後來田榮與項羽對抗，兵敗被殺。田横收齊散兵，立田榮子廣爲王，自爲相。田廣被漢兵所俘後，田横自立爲王。高祖五年，劉邦稱帝後，田横與部衆五百人逃居海島，迫於劉邦之詔，率二人至洛陽，因不願稱臣於漢，遂自殺。留居海島者聞田横死，也全部自殺。　酈生：酈食其，陳留高陽（今河南杞縣西南）人。秦漢之際策士。家貧，好讀書，原爲里監門吏。秦末農民戰争起，投劉邦，獻計克陳留，受封廣野君。漢王三年（前204），説齊王田廣歸漢。次年，韓信襲齊，齊王以爲被酈食其出賣，將其烹殺。傳見《史記》卷九七、《漢書》卷四三。　衛尉：官名。九卿之一，秩中二千石。掌宫門衛士、宫中徼循事。此指酈商，酈食其弟，西漢初大臣。秦末援劉邦，有功，封信成君。劉邦即帝位後，從征燕王臧荼，遷右丞相，受趙國相印。又從征黥布，更封曲周侯。歷事高帝、惠帝、吕后，卒謚景侯。傳見《史記》卷九五。

[5]【李賢注】大司徒伏湛，即隆之父。【今注】伏隆：字伯文，琅邪東武（今山東諸城市）人。伏湛子。傳見本書卷二六。　大司徒：官名。金印紫綬。西漢哀帝元壽二年（前1）改丞相爲大司徒，與大司馬、大司空（由御史大夫改）並爲“三公”。東漢時改稱司徒，與太尉、司空並爲“三公”。這裏指時任大司徒的伏湛。傳見本書卷二六。

[6]【李賢注】謂弇從帝幸舂陵時，請收上谷兵定彭寵，取張豐，平張步等。

[7]【李賢注】落落猶疏闊也。

[8]【李賢注】平壽，縣名，屬北海郡，故城在今青州北海縣。【今注】平壽：縣名。治所在今山東昌樂縣東南。

[9]【李賢注】鑕，椹也。示必死。椹音竹林反。

[10]【李賢注】《東觀記》曰：“弇凡平城陽、琅邪、高密、

膠東、東萊、北海、齊、千乘、濟南、平原、泰山、臨菑等（菑，大德本、殿本作‘淄’，是。句末當據王先謙《後漢書集解》補‘郡’字）。”【今注】十二郡：城陽郡，治莒縣（今山東莒縣）。琅邪郡，治東武縣（今山東諸城市），東漢時移治開陽縣（今山東臨沂市北）。高密郡，治高密縣（今山東高密市西南）。膠東郡，治即墨縣（今山東平度市東南）。東萊郡，西漢時治掖縣（今山東萊州市），東漢時移治黄縣（今山東龍口市東）。北海郡，西漢時治營陵縣（今山東昌樂縣東南），東漢時移治劇縣（今山東昌樂縣西）。千乘郡，治千乘縣（今山東高青縣東北高苑鎮北）。平原郡，西漢時治平原縣（今山東平原縣西南）。濟南、齊、泰山、臨淄郡治詳見前注。

[11]【李賢注】祝阿餘黨也。

六年，西拒隗囂，[1]屯兵於漆。[2]八年，從上隴。[3]明年，與中郎將來歙分部徇安定、北地諸營保，[4]皆下之。

[1]【今注】隗囂：字季孟，天水成紀（今甘肅静寧縣西南）人。傳見本書卷一三。

[2]【李賢注】漆，縣名，屬右扶風，故城在今幽州新平縣也（幽，當爲“豳”之訛，殿本作“豳”，是），漆水在西。【今注】漆：縣名。治所在今陝西彬州市。

[3]【今注】隴：即隴山，山名。一作“隴坻”“隴阺”“隴坂”，即今六盤山南段，位於今陝西隴縣西北的陝、甘、寧三省交界地區。新莽末年，隗囂割據隴右（隴山以西地區），後爲東漢光武帝削平。

[4]【今注】中郎將：官名。爲中郎的長官。武帝設中郎三將，分五官、左、右三署，隸署光禄勳，秩比二千石。職掌護衛侍

從天子。至東漢，三署中郎將主要協助光禄勳考課察舉三署諸郎。東漢還遣中郎將領兵，遂增設東、西、南、北四中郎將，以征討四方，類似將軍。　來歙：字君叔，南陽新野（今河南新野縣）人。傳見本書卷一五。　安定：郡名。西漢時治高平縣（今寧夏固原市），東漢時移治臨涇縣（今甘肅鎮原縣東南）。　北地：郡名。西漢時治馬嶺縣（今甘肅慶城縣西北馬嶺鎮），東漢時移治富平縣（今寧夏吴忠市西南黄河東岸）。

弇凡所平郡四十六，屠城三百，未嘗挫折。[1]

[1]【今注】案，嘗，紹興本誤作“常”。

十二年，況疾病，乘輿數自臨幸。復以國弟廣、舉並爲中郎將。弇兄弟六人皆垂青紫，[1]省侍醫藥，當代以爲榮。及況卒，謚烈侯，少子霸襲況爵。

[1]【今注】青紫：青綬、紫綬。漢制，西漢太傅、丞相、太尉、將軍，東漢公、侯、將軍，皆金印紫綬；西漢御史大夫、列卿秩比二千石官，東漢列卿秩二千石官，皆銀印青綬。這裏用青紫指高官顯爵。

十三年，增弇户邑，上大將軍印綬，罷，[1]以列侯奉朝請。[2]每有四方異議，輒召入問籌策。年五十六，永平元年卒，[3]謚曰愍侯。

[1]【李賢注】上音時掌反。【今注】上：上繳。

[2]【今注】案，列，大德本誤作“烈”。

[3]【今注】永平：東漢明帝劉莊年號（58—75）。

子忠嗣。忠以騎都尉擊匈奴於天山，[1]有功。忠卒，子馮嗣。馮卒，子良嗣，一名無禁。延光中，[2]尚安帝妹濮陽長公主，[3]位至侍中。[4]良卒，子協嗣。

[1]【今注】天山：即今新疆天山。

[2]【今注】延光：東漢安帝劉祜年號（122—125）。

[3]【今注】安帝：東漢安帝劉祜，公元106年至125年在位。紀見本書卷五。

[4]【今注】侍中：官名。皇帝近侍官。侍從皇帝，出入宮廷，顧問應對。西漢非正式職官，也無定額，衹作爲官員本官外新加稱號，爲加官。東漢地位日尊，由加官發展成秩比二千石的實職，爲皇帝心腹，多以外戚、功臣子弟及師儒重臣擔任。

隃麋侯霸卒，子文金嗣。文金卒，子喜嗣。喜卒，子顯嗣，爲羽林左監。[1]顯卒，子援嗣。尚桓帝妹長社公主，[2]爲河陽太守。[3]後曹操誅耿氏，唯援孫弘存焉。[4]

[1]【今注】羽林左監：官名。東漢始置，秩六百石。主羽林左騎。羽林，羽林騎之省稱，皇帝衞軍名。西漢武帝太初元年（前104）初置建章營騎，後改名爲羽林騎，取意象天有羽林星，爲國羽翼。東漢因之，分左騎、右騎，分别由羽林左監、右監主之。

[2]【今注】桓帝：東漢桓帝劉志，公元146年至167年在位。紀見本書卷七。　長社：縣名。治所在今河南長葛市東北。

[3]【今注】案，河陽，當作“河東”。兩漢無河陽郡，當據

黄山《後漢書校補》引錢大昭説改。河東，郡名。治安邑縣（今山西夏縣西北禹王城）。

［4］【李賢注】《决録注》云“援字伯緒，官至河東太守”也。【今注】曹操：字孟德，沛國譙（今安徽亳州市譙城區）人。東漢末政治家、軍事家、文學家。精兵法，工詩歌、散文。原有《魏武帝集》，已佚，後人有輯本。紀見《三國志》卷一，事迹見本書卷九《獻帝紀》、卷七四《袁紹劉表傳》等。

牟平侯舒卒，子襲嗣。尚顯宗女隆慮公主。[1]襲卒，子寶嗣。

［1］【今注】顯宗：東漢明帝劉莊的廟號。　隆慮：縣名。治所在今河南林州市。東漢時因避殤帝劉隆諱，改名林慮。

寶女弟爲清河孝王妃。[1]及安帝立，尊孝王，母爲孝德皇后，以妃爲甘園大貴人。[2]帝以寶元舅之重，使監羽林左車騎，[3]位至大將軍。而附事内寵，與中常侍樊豐、帝乳母王聖等譖廢皇太子爲濟陰王，[4]及排陷太尉楊震，[5]議者怨之。寶弟子承襲公主爵爲林慮侯，[6]位至侍中。安帝崩，閻太后以寶等阿附嬖倖，[7]共爲不道，策免寶及承，皆貶爵爲亭侯，遣就國。寶於道自殺，國除。[8]大貴人數爲耿氏請，陽嘉三年，[9]順帝遂詔封寶子箕牟平侯，[10]爲侍中。以恒爲陽亭侯，承爲羽林中郎將。其後貴人薨，大將軍梁冀從承求貴人珍玩，不能得，冀怒，風有司奏奪其封。承惶恐，遂亡匿於穰。數年，冀推迹得之，乃并族其家十餘人。

［1］【今注】清河孝王：東漢章帝子劉慶，安帝之父。傳見本書卷五五。清河，王國名。治甘陵縣（今山東臨清市東北）。

［2］【今注】甘園：陵園名。即東漢安帝母孝德皇后之甘陵園，在今山東臨清市東北。甘園，疑作"甘陵"（詳見曹金華《後漢書稽疑》，第302頁）。　大貴人：帝王妃之號。東漢光武帝始置，位次皇后，金印紫綬。貴人分兩等，其尊者稱大貴人，位貴人上。

［3］【今注】案，車，爲衍文，當據劉攽《東漢書刊誤》删。

［4］【今注】中常侍：官名。西漢中常侍爲加官，加此官者得入禁中。東漢以宦者爲之，隸少府，掌侍皇帝左右，從入内宫，顧問應對。原秩千石，後增秩比二千石。　濟陰：郡國名。治定陶縣（今山東菏澤市定陶區西北）。

［5］【今注】太尉：官名。金印紫綬，掌軍事。東漢時與司徒、司空並爲三公，地位最尊。　楊震：字伯起，弘農華陰（今陝西華陰市東）人。傳見本書卷五四。

［6］【李賢注】林慮即上隆慮也，至此避殤帝諱改焉。【今注】竇弟子：或衍"子"字，或承父已前卒（詳見曹金華《後漢書稽疑》，第302頁）。

［7］【今注】閻太后：安思閻皇后。紀見本書卷一〇下。

［8］【李賢注】《决録注》曰："竇字君達。"

［9］【今注】陽嘉：東漢順帝劉保年號（132—135）。

［10］【今注】順帝：東漢順帝劉保，公元125年至144年在位。紀見本書卷六。　案，詔，當據劉攽《東漢書刊誤》改爲"紹"。

論曰：淮陰廷論項王，審料成埶，則知高祖之廟勝矣。[1]弇決策河北，[2]定計南陽，亦見光武之業成矣。然弇自剋拔全齊，而無尺寸功。[3]夫豈不懷？[4]將時之度數，不足以相容乎？三世爲將，道家所忌，[5]而耿氏累葉以功名自終。[6]將其用兵欲以殺止殺乎？何其獨能隆也！

[1]【李賢注】淮陰侯韓信也。《史記》韓信説高祖曰："項王特匹夫之勇，婦人之仁也。名雖霸，實失天下心。今大王入關，秋豪無所取，秦人無不欲得大王王秦者。今大王舉而東，三秦可傳檄而定。"於是漢王舉兵定三秦。廟勝謂謀兵於廟而勝敵。【今注】案，詳見《史記》卷九二《淮陰侯列傳》。

[2]【今注】案，弇，大德本作"耿弇"。當據劉攽《東漢書刊誤》及中華本補。

[3]【今注】案，無，大德本、殿本作"無復"，是。

[4]【李賢注】懷，思也。言豈不思重立大功乎。

[5]【李賢注】《史記》曰，秦使王翦之孫王離擊趙。或曰："王離秦之名將，舉之必矣。"客曰："不然。夫將三代必敗，以其殺伐多也，其後受其不祥。"【今注】案，詳見《史記》卷七三《白起王翦列傳》。

[6]【今注】累葉：累世。葉，世，代。

國字叔慮，[1]建武四年初入侍，光武拜爲黄門侍郎，[2]應對左右，帝以爲能，遷射聲校尉。[3]七年，射聲官罷，拜駙馬都尉。[4]父況卒，國於次當嗣，上疏以先侯愛少子霸，固自陳讓，有詔許焉。後歷頓丘、陽翟、上蔡令，[5]所在吏人稱之。徵爲五官中郎將。[6]

[1]【李賢注】《東觀記》"慮"作"憲"。

[2]【今注】黄門侍郎：官名。無定員。掌侍從左右，關通中

外。諸王朝見，則引王朝坐。秩六百石。

［3］【今注】射聲校尉：官名。漢代京師屯兵八校尉之一，秩二千石。掌待詔射聲士，以宿衛京師。所謂射聲士，指聞聲即能射中的善射者。

［4］【今注】駙馬都尉：官名。西漢武帝時始置。掌皇帝副車之馬，爲侍從親近之要職，多以宗室及外戚諸人充任。秩比二千石。魏晉以後，帝婿例加駙馬都尉稱號，簡稱“駙馬”。

［5］【今注】頓丘：縣名。治所在今河南清豐縣西南。　陽翟（zhái）：縣名。治所在今河南禹州市。相傳夏禹在此建都。　上蔡：縣名。治所在今河南上蔡縣西南。

［6］【今注】五官中郎將：官名。爲皇帝高級侍從官。西漢武帝設中郎三將，其首爲五官中郎將，職領所屬諸郎。秩比二千石。

是時烏桓、鮮卑屢寇外境，[1]國素有籌策，數言邊事，帝器之。及匈奴薁鞬日逐王比自立爲呼韓邪單于，[2]款塞稱藩，願扞禦北虜。事下公卿。議者皆以爲天下初定，中國空虛，夷狄情僞難知，不可許。國獨曰：“臣以爲宜如孝宣故事受之，[3]令東扞鮮卑，北拒匈奴，率厲四夷，完復邊郡，使塞下無晏開之警，[4]萬世有安寧之策也。”[5]帝從其議，遂立比爲南單于。由是烏桓、鮮卑保塞自守，北虜遠遁，中國少事。二十七年，代馮勤爲大司馬。[6]又上言宜置度遼將軍，[7]左右校尉，[8]屯五原以防逃亡。[9]永平元年卒官。顯宗追思國言，後遂置度遼將軍，[10]左右校尉，如其議焉。

［1］【今注】鮮卑：中國古代北方民族之一。游牧部落東胡族的一支，相傳依居鮮卑山而得名。秦與西漢時期游牧於大興安嶺一

帶，後來逐漸南遷。西漢時期至兩漢之際附於匈奴，常隨其騷擾中原。東漢北匈奴西遷後，鮮卑據其故地，勢力漸趨强盛。傳見本書卷九〇。

［2］【今注】薁鞬日逐王比：東漢初南匈奴單于，名比。西漢呼韓邪單于之孫。東漢初爲右薁鞬日逐王，以其祖嘗依漢得安，故欲襲其號。光武帝聽從五官中郎將耿國建議，許之。比遂自立爲呼韓邪單于。　單于：匈奴君主的稱號。

［3］【李賢注】宣帝甘露二年，呼韓邪單于款塞請朝。帝發所過郡二千騎迎之，寵以殊禮，位在諸侯王上，贊謁稱臣而不名。【今注】案，孝宣故事，據《漢書》卷八《宣帝紀》，呼韓邪單于款塞請朝在甘露二年（前52），實際入朝在甘露三年。

［4］【李賢注】晏，晚也。有警急則開門晚也。

［5］【今注】案，當據劉攽《東漢書刊誤》删“有”字。

［6］【今注】馮勤：字偉伯，魏郡繁陽（今河南内黄縣）人。傳見本書卷二六。　案，大司馬，當據王先謙《後漢書集解》引惠棟説、何焯説改爲“大司農”。大司農，官名。九卿之一，秩中二千石。掌管國家財政。

［7］【今注】度遼將軍：官名。雜號將軍之一。西漢已有，不常設。東漢明帝復置，最初用以防備南匈奴新降有二心者，後成爲常設官職。銀印青綬，秩二千石。

［8］【今注】校尉：官名。漢制，一般軍隊中，將軍以下有校尉。

［9］【今注】五原：郡名。治九原縣（今内蒙古包頭市西）。東漢初匈奴南單于分部衆屯此。

［10］【今注】案，置，大德本、殿本作“致”。

國二子：秉，夔。

秉字伯初，有偉體，腰帶八圍。博通書記，能説

《司馬兵法》，尤好將帥之略。以父任爲郎，[1]數上言兵事。常以中國虚費，邊陲不寧，其患專在匈奴。以戰去戰，盛王之道。[2]顯宗既有志北伐，陰然其言。永平中，召詣省闥，問前後所上便宜方略，拜謁者僕射，[3]遂見親幸。每公卿會議，甞引秉上殿，[4]訪以邊事，多簡帝心。[5]

[1]【今注】任：即任子。漢制，二千石以上的官吏，任滿三年可以保舉子弟一人爲郎（詳見《文獻通考》卷三四《選舉考七·任子》）。

[2]【今注】盛王：盛世有德的帝王。

[3]【今注】謁者：官名。爲光禄勳之屬官，掌賓贊受事。秩比六百石。謁者僕射爲謁者之長，秩比千石。

[4]【今注】案，甞，紹興本、大德本、殿本均“常”，是。

[5]【今注】簡：存留。

十五年，拜駙馬都尉。十六年，以騎都尉秦彭爲副，[1]與奉車都尉竇固等俱伐北匈奴。[2]虜皆奔走，不戰而還。

[1]【今注】秦彭：字伯平，扶風茂陵（今陝西興平市）人。傳見本書卷七六。

[2]【今注】奉車都尉：官名。隸光禄勳，掌御乘輿馬。秩比二千石。　竇固：字孟孫，扶風平陵（今陝西咸陽市西北）人。傳見本書卷二三。

十七年夏，詔秉與固合兵萬四千騎，復出白山擊車師。[1]車師有後王、前王，前王即後王之子，其廷相去五百餘里。固以後王道遠，山谷深，士卒寒苦，欲攻前王。秉議先赴後王，以爲并力根本，則前王自服。固計未決。秉奮身而起曰："請行前。"乃上馬，引兵北入，衆軍不得已，遂進。並縱兵抄掠，斬首數千級，收馬牛十餘萬頭。後王安得震怖，從數百騎出迎秉。而固司馬蘇安欲全功歸固，[2]即馳謂安得曰："漢貴將獨有奉車都尉，天子姊壻，[3]爵爲通侯，[4]當先降之。"安得乃還，更令其諸將迎秉。秉大怒，被甲上馬，麾其精騎徑造固壁。言曰："車師王降，訖今不至，請往梟其首。"固大驚曰："且止，將敗事！"秉厲聲曰："受降如受敵。"遂馳赴之。安得惶恐，走出門，脱帽抱馬足降。[5]秉將以詣固。其前王亦歸命，[6]遂定車師而還。

[1]【今注】白山：即天山。　車師：西域城國。分前、後兩部。車師前部治交河城（今新疆吐魯番市高昌區以西的亞爾孜溝内交河古城），車師後部治務塗谷（今新疆吉木薩爾縣南山中）。

[2]【今注】司馬：官名。漢宫門及大將軍、將軍、校尉屬官皆有司馬。邊郡則置千人司馬。

[3]【李賢注】固尚光武女温陽公主（温，紹興本、大德本、殿本作"涅"，是），明帝姊也。

[4]【今注】通侯：即列侯。

[5]【李賢注】《東觀記》曰"脱帽趨鳴馬蹏"也（鳴，大德本、殿本作"抱"，是）。

[6]【今注】歸命：歸順，投誠。

明年秋，肅宗即位，[1]拜秉征西將軍。遣案行涼州邊境，[2]勞賜保塞羌胡，進屯酒泉，[3]救戊己校尉。[4]

[1]【今注】肅宗：東漢章帝劉炟，廟號肅宗，公元75年至88年在位。紀見本書卷三。

[2]【今注】涼州：西漢武帝時所置十三刺史部之一。東漢時治隴縣（今甘肅張家川縣）。

[3]【今注】酒泉：郡名。治禄福縣（今甘肅酒泉市）。

[4]【今注】案，救，大德本作“置”。　戊己校尉：官名。漢代西域都護的屬官，秩比二千石。若爲二人則分别稱戊校尉和己校尉，若一人則稱戊己校尉。屯據車師前、後王庭，時置時罷。（詳見黄文弼《羅布淖爾考古記》，“國立”北平研究院史學研究所、中國西北科學考察團理事會1948年版，第180—191頁）此處指下文提到的時任戊己校尉的耿恭、關寵。

建初元年，[1]拜度遼將軍。視事七年，匈奴懷其恩信。徵爲執金吾，[2]甚見親重。帝每巡郡國及幸宫觀，秉常領禁兵宿衞左右。除三子爲郎。章和二年，[3]復拜征西將軍，副車騎將軍竇憲擊北匈奴，[4]大破之。事并見《憲傳》。[5]封秉美陽侯，食邑三千户。

[1]【今注】建初：東漢章帝劉炟年號（76—84）。

[2]【今注】執金吾：官名。列卿之一，掌執兵革以禦非常，爲京師宫外之警衞及防非常水火之事。秩中二千石。

[3]【今注】章和：東漢章帝劉炟年號（87—88）。

[4]【今注】車騎將軍：官名。漢制，車騎將軍位次大將軍、驃騎將軍之後，金印紫綬，地位相當於上卿或比三公，典京師兵

衞，掌宫衞。　竇憲：字伯度，扶風平陵（今陝西咸陽市西北）人。傳見本書卷二三。

［5］【今注】憲傳：即本書卷二三《竇憲傳》。

秉性勇壯而簡易於事，軍行常自被甲在前，休止不結營部，然遠斥候，明要誓，有警，軍陳立成，士卒皆樂爲死。永元二年，[1]代桓虞爲光禄勳。[2]明年夏卒，時年五十餘。賜以朱棺、玉衣，將作大匠穿冢，[3]假鼓吹，五營騎士三百餘人送葬。謚曰桓侯。[4]匈奴聞秉卒，舉國號哭，或至棃面流血。[5]

［1］【今注】永元：東漢和帝劉肇年號（89—105）。

［2］【今注】桓虞：字仲春，左馮翊（今陝西西安市高陵區西南）人。東漢章帝初爲南陽太守，建初四年（79）拜司徒，章和元年（87）免。不久任光禄勳。　光禄勳：官名。九卿之一。爲宫内總管，掌宫殿門户，統領皇帝的顧問參議、宿衞侍從、傳達接待等官。秩中二千石。

［3］【今注】將作大匠：官名。列卿之一。掌修作宗廟、路寢、宫室、園陵土木之功。秩二千石。

［4］【今注】案，桓侯，《後漢紀》卷一三《孝和皇帝紀上》作“壯侯”。

［5］【李賢注】棃即“剺”字，古通用也（殿本無“也”字），剺，割也，音力私反。【今注】棃（lí）：割，劃開。

長子沖嗣。及竇憲敗，以秉竇氏黨，國除。沖官至漢陽太守。[1]

［1］【今注】漢陽：郡名。東漢明帝永平十七年（74）改天水郡置，治冀縣（今甘肅甘谷縣）。

曾孫紀，少有美名，辟公府，曹操甚敬異之，稍遷少府。[1]紀以操將篡漢，建安二十三年，[2]與大醫令吉平、[3]丞相司直韋況晃暈謀起兵誅操，[4]不克，夷三族。[5]于時衣冠盛門坐紀罹禍滅者衆矣。

［1］【今注】少府：官名。九卿之一。西漢時主管皇室財政，東漢時掌管宫中服御諸物、衣服、寶貨、珍膳等。秩中二千石。

［2］【今注】建安：東漢獻帝劉協年號（196—220）。

［3］【李賢注】"平"或作"平"。【今注】大醫令：即太醫令，官名。隸少府，掌諸醫。秩六百石。大，大德本、殿本作"太"。 平：音 pī。

［4］【今注】司直：官名。西漢武帝元狩五年（前 118）初置，爲丞相最高屬官，掌監察檢舉、督録諸州事，秩比二千石。東漢光武帝建武十一年（35）省。獻帝建安八年（203）復置，不屬司徒，不領諸州，掌督中都官，與司隸校尉坐同席在上。 案，"況""暈"二字衍，當據王先謙《後漢書集解》引沈欽韓説删。

［5］【今注】三族：有幾種説法。《史記》卷六《秦本紀》文公二十年（前 746）"法初有三族之罪"，裴駰《集解》引張晏曰："父母、兄弟、妻子也。"如淳曰："父族、母族、妻族也。"出土簡牘中所見秦漢律令，重罪牽連親屬者，最多涉及"父母、同産、妻子"（即父母、兄弟姊妹、妻子兒女），不見有牽連母族、妻族的規定，張晏之説應可成立（參見王克奇、張漢東《論秦漢的參夷法》，《山東師範大學學報》1988 年第 6 期；于振波《秦漢法律與社會》，湖南人民出版社 2000 年版，第 97—101 頁）。

夔字定公。少有氣决。永元初，爲車騎將軍竇憲假司馬，[1]北擊匈奴，轉車騎都尉。[2]三年，憲復出河西，[3]以夔爲大將軍左校尉。將精騎八百，出居延塞，直奔北單于廷，[4]於金微山斬閼氏、名王已下五千餘級，[5]單于與數騎脱亡，盡獲其匈奴珍寶財畜，[6]去塞五千餘里而還，自漢出師所未嘗至也。乃封夔粟邑侯。[7]會北單于弟左鹿蠡王於除鞬自立爲單于，[8]衆八部二萬餘人，來居蒲類海上，[9]遣使款塞。[10]以夔爲中郎將，持節衛護之。及竇憲敗，夔亦免官奪爵土。

［1］【今注】假司馬：官名。即軍假司馬，爲軍司馬之副職。

［2］【今注】車騎都尉：一説"車"字衍，官無車騎都尉，且將軍官屬無都尉；一説"車"字非衍文，"車騎都尉"指車騎將軍之都尉（詳見中華本校勘記及曹金華《後漢書稽疑》第304頁）。

［3］【今注】河西：地區名。漢唐時指今甘肅、青海兩省黄河以西地區，即河西走廊與湟水流域。

［4］【今注】北單于：當時匈奴分南北兩部，北匈奴君長爲北單于。

［5］【今注】金微山：山名。即今阿爾泰山脈。　閼（yān）氏（zhī）：漢時匈奴君主妻妾的稱號。本書卷四《和帝紀》作"圍北單于於金微山，大破之，獲其母閼氏"。

［6］【今注】案，其，爲衍文，當據殿本考證删。

［7］【李賢注】粟邑，縣名，屬左馮翊，故城在今同州白水縣西北。【今注】粟邑：縣名。治所在今陝西白水縣西北。

［8］【今注】案，"左"當作"右"（詳見曹金華《後漢書稽疑》，第305頁）。

［9］【今注】蒲類海：湖泊名。即今新疆巴里坤湖。

［10］【今注】款塞：叩塞門，指外族前來通好。

後復爲長水校尉，[1]拜五原太守，遷遼東太守。元興元年，[2]貊人寇郡界，夔追擊，[3]斬其渠帥。[4]永初三年，[5]南單于檀反畔，[6]使夔率鮮卑及諸郡兵屯鴈門，[7]與車騎將軍何熙共擊之。[8]熙推夔爲先鋒，而遣其司馬耿溥、劉祉將二千人與夔俱進。到屬國故城，單于遣薁鞬日逐王三千餘人遮漢兵。夔自擊其左，令鮮卑攻其右，虜遂敗走，追斬千餘級，殺其名王六人，獲穹廬車重千餘兩，馬畜生口甚衆。鮮卑馬多羸病，遂畔出塞。夔不能獨進，以不窮追，左轉雲中太守，[9]後遷行度遼將軍事。

［1］【今注】長水校尉：官名。漢代京師屯兵八校尉之一。掌長水胡騎。秩二千石。

［2］【今注】元興：東漢和帝劉肇年號（105）。

［3］【今注】案，大德本無"擊"字。

［4］【今注】渠帥：首領，多用於稱武裝反抗者的首領或部落酋長。

［5］【今注】永初：東漢安帝劉祜年號（107—113）。

［6］【今注】南單于檀：東漢時南匈奴首領，號萬氏尸逐鞮單于。和帝永元十年（98）即位。初與漢交好。安帝永初三年（109），乘關東天災人禍之機，向漢發動進攻。四年，遣使求降，相好如初。延光四年（125），病死。事迹另見本書卷八九《南匈奴傳》。

［7］【今注】鴈門：郡名。西漢時治善無縣（今山西右玉縣東南），東漢時移治陰館縣（今山西朔州市東南夏關城）。

［8］【今注】車騎將軍：本書卷五《孝安帝紀》、卷四七《梁

慬傳》、卷八九《南匈奴傳》均作“行車騎將軍”。行，兼任。何熙：字孟孫，陳國（今河南淮陽縣）人。傳見本書卷四七。

［9］【今注】雲中：郡名。治雲中縣（今内蒙古托克托縣東北）。

夔勇而有氣，數侵陵匈奴中郎將鄭戩。[1]元初元年，[2]坐徵下獄，以減死論，笞二百。建光中，[3]復拜度遼將軍。時鮮卑攻殺雲中太守成嚴，圍烏桓校尉徐常於馬城。[4]夔與幽州刺史龐參救之，[5]追虜出塞而還。後坐法免，卒於家。

［1］【李賢注】音翦。【今注】匈奴中郎將：案，當據中華本引李慈銘説補一“使”字。使匈奴中郎將，官名。西漢武帝始以中郎將出使匈奴，後沿爲定制。東漢正式設置使匈奴中郎將，主監護南匈奴、持節，其官屬隨事爲員。秩比二千石。

［2］【今注】元初：東漢安帝劉祜年號（114—120）。

［3］【今注】建光：東漢安帝劉祜年號（121—122）。

［4］【李賢注】馬城，縣名，屬代郡，故城在今雲州定襄縣。秦始皇初築城，輒崩壞，其後有馬周章馳走，因隨馬迹起城，故以名焉。【今注】烏桓校尉：官名。即護烏桓校尉。持節監領烏桓諸部。秩比二千石。　馬城：縣名。治所在今河北懷安縣柴溝堡西。秦始皇因馬迹築城在鴈門之馬邑，非代郡之馬城（參見曹金華《後漢書稽疑》，第305頁）。

［5］【今注】刺史：官名。參見前文注“州牧”。　龐參：字仲達，河南緱氏（今河南偃師市）人。傳見本書卷五一。

恭字伯宗，國弟廣之子也。少孤。慷慨多大略，有將帥才。永平十七年冬，騎都尉劉張出擊車師，[1]請恭爲司馬，與奉車都尉竇固及從弟駙馬都尉秉破降之。始置西域都護、戊己校尉，[2]乃以恭爲戊己校尉，屯後王部金蒲城，[3]謁者關寵爲戊己校尉，[4]屯前王柳中城，[5]屯各置數百人。恭至部，移檄烏孫，[6]示漢威德，大昆彌已下皆歡喜，遣使獻名馬，及奉宣帝時所賜公主博具，[7]願遣子入侍。恭乃發使齎金帛，迎其侍子。

[1]【今注】劉張：南陽蔡陽（今湖北棗陽市西南）人，東漢光武帝兄劉縯之孫。建武三十年（54），封下博侯。明帝永平十七年（74），爲騎都尉，與奉車都尉竇固等出擊車師，破之。

[2]【今注】西域都護：官名。秩二千石。持節領護西域諸國，即今巴爾喀什湖以東以南及中國新疆地區。西漢宣帝神爵二年（前60）始置。新莽時期中斷。東漢明帝永平十七年復置，然時置時廢。至安帝後不再派遣都護，延光二年（123）改置西域長史。

[3]【李賢注】金蒲城，車師後王庭也（庭，大德本誤作"廷"，殿本誤作"城廷"），今庭州蒲昌縣城是也（庭，大德本、殿本誤作"廷"）。【今注】金蒲城：城邑名。是西域城國車師後部王庭，又是西域都護府戊部治所。在今新疆吉木薩爾縣北破城子。

[4]【今注】案，戊己，大德本無"戊"字。

[5]【李賢注】柳中，今西州縣。【今注】柳中城：城邑名。在今新疆鄯善縣西南魯克沁。

[6]【今注】烏孫：西域城國。治赤谷城（今新疆阿克蘇河上游吉爾吉斯斯坦伊什提克）。

[7]【李賢注】武帝元封中，遣江都王建女細君爲公主，嫁與烏孫昆莫，賜乘輿服御，官屬侍御數百人，贈送甚盛，蓋後宣

帝賜以博具也。【今注】大昆彌：烏孫國君王稱號。細君公主於西漢武帝末年去世，漢朝遣解憂公主繼續與烏孫和親。宣帝所賜乃解憂公主。參見《漢書》卷九六下《西域傳下》。

明年三月，北單于遣左鹿蠡王二萬騎擊車師。恭遣司馬將兵三百人救之，道逢匈奴騎多，皆爲所殁。匈奴遂破殺後王安得，而攻金蒲城。恭乘城搏戰，以毒藥傅矢。傳語匈奴曰："漢家箭神，其中瘡者必有異。"因發彊弩射之。虜中矢者，視創皆沸，遂大驚。會天暴風雨，隨雨擊之，殺傷甚衆。匈奴震怖，相謂曰："漢兵神，真可畏也！"遂解去。恭以疏勒城傍有澗水可固，[1]五月，乃引兵據之。七月，匈奴復來攻恭，恭募先登數千人直馳之，[2]胡騎散走，匈奴遂於城下擁絶澗水。恭於城中穿井十五丈不得水，吏士渴乏，笮馬糞汁而飲之。[3]恭仰歎曰："聞昔貳師將軍拔佩刀刺山，飛泉涌出；[4]今漢德神明，豈有窮哉。"乃整衣服向井再拜，爲吏士禱。有頃，水泉奔出，衆皆稱萬歲。乃令吏士揚水以示虜。[5]虜出不意，以爲神明，遂引去。

[1]【今注】疏勒：西域城國。王治疏勒城（今新疆喀什市）。

[2]【今注】案，數千人，當作"數十人"（詳見曹金華《後漢書稽疑》，第307頁）。

[3]【李賢注】笮謂壓笮也。【今注】笮（zhà）：壓物使出汁液。

[4]【李賢注】貳師，大宛中城名，昔武帝時使李廣利伐大

宛，期至貳師城，因以爲號也。【今注】貳師將軍：李廣利。西漢將領。中山（今河北定州市）人，漢武帝寵妃李夫人之兄。太初元年（前104）爲貳師將軍，率兵數萬攻大宛之貳師城，前後三年，奪得良馬三千餘匹。征和三年（前90），復將七萬騎出五原，擊匈奴，兵敗投降，爲單于所殺。貳師，今吉爾吉斯斯坦西南馬爾哈馬特。

[5]【李賢注】《東觀記》曰："恭親自挽籠，於是令士且勿飲，先和泥塗城，并揚示之。"

時焉耆、龜兹攻殁都護陳睦，[1]北虜亦圍關寵於柳中。會顯宗崩，救兵不至，車師復畔，與匈奴共攻恭。恭厲士衆擊走之。後王夫人先世漢人，常私以虜情告恭，又給以糧餉。數月，食盡窮困，乃煮鎧弩，食其筋革。恭與士推誠同死生，故皆無二心，而稍稍死亡，餘數十人。單于知恭已困，欲必降之。復遣使招恭曰："若降者，當封爲白屋王，妻以女子。"恭乃誘其使上城，手擊殺之，炙諸城上。虜官屬望見，號哭而去。單于大怒，更益兵圍恭，不能下。

[1]【今注】焉耆：西域城國。王治員渠城（今新疆焉耆回族自治縣）。 龜（qiū）兹（cí）：西域城國。王治延城（今新疆庫車縣）。

初，關寵上書求救，時肅宗新即位，乃詔公卿會議。司空弟五倫以爲不宜救。[1]司徒鮑昱議曰：[2]"今使人於危難之地，急而棄之，外則縱蠻夷之暴，内則傷死難之臣。誠令權時後無邊事可也，匈奴如復犯塞爲寇，陛下將何以使將？又二部兵人裁各數十，[3]匈奴圍之，歷旬不下，是其寡弱盡力之效也。可令敦煌、酒泉太守各將精騎二千，[4]多其幡幟，倍道兼行，以赴其急。匈奴疲極之兵，必不敢當，四十日閒，足還入塞。”帝然之。乃遣征西將軍耿秉屯酒泉，行太守事；遣秦彭與謁者王蒙、皇甫援發張掖、酒泉、敦煌三郡及鄯善兵，[5]合七千餘人，建初元年正月，會柳中擊車師，攻交河城，[6]斬首三千八百級，獲生口三千餘人，[7]駝驢馬牛羊三萬七千頭。北虜驚走，車師復降。[8]

[1]【今注】司空：官名。金印紫綬。掌水土及營建工程。西漢成帝綏和元年（前8）改御史大夫爲大司空，與大司馬、大司徒並爲“三公”。東漢時改稱司空，與太尉、司徒並爲“三公”。弟五倫：弟，大德本、殿本作“第”，是。第五倫，字伯魚，京兆長陵（今陝西咸陽市）人。傳見本書卷四一。

[2]【今注】鮑昱：字文泉，上黨屯留（今山西長治市屯留區）人。傳見本書卷二九。

[3]【李賢注】二部謂關寵及恭也。【今注】案，十，大德本誤作“千”。

[4]【今注】敦煌：郡名。治敦煌縣（今甘肅敦煌市西）。

[5]【今注】秦彭：據本書卷三《章帝紀》，疑作“段彭”（詳見曹金華《後漢書稽疑》，第308頁）。　張掖：郡名。治觻得縣（今甘肅張掖市西北）。　鄯善：西域城國。王治伊循城（今新疆若羌縣東）。

[6]【李賢注】《前書》曰：“車師前王居交河城，河水分流繞城下，故號交河，去長安八千一百五十里。”故城在今西州交河

縣也。【今注】交河：今新疆吐魯番市高昌區以西的亞爾孜溝内交河古城。

[7]【今注】生口：俘虜。

[8]【李賢注】《東觀記》曰，車師太子比持訾降。

會關寵已殁，蒙等聞之，便欲引兵還。先是恭遣軍吏范羌至敦煌迎兵士寒服，羌因隨王蒙軍俱出塞。羌固請迎恭，諸將不敢前，乃分兵二千人與羌，從山北迎恭，遇大雪丈餘，軍僅能至。城中夜聞兵馬聲，以爲虜來，大驚。羌乃遥呼曰："我范羌也。漢遣軍迎校尉耳。"城中皆稱萬歲。開門，共相持涕泣。明日，遂相隨俱歸。虜兵追之，且戰且行。吏士素飢困，發疏勒時尚有二十六人，隨路死没，[1]三月至玉門，[2]唯餘十三人。衣屨穿決，形容枯槁。中郎將鄭衆爲恭已下洗沐易衣冠。[3]上疏曰："耿恭以單兵固守孤城，當匈奴之衝，對數萬之衆，連月踰年，心力困盡。鑿山爲井，煑弩爲糧，出於萬死無一生之望。前後殺傷醜虜數千百計，卒全忠勇，不爲大漢恥。恭之節義，古今未有。宜蒙顯爵，以厲將帥。"及恭至雒陽，鮑昱奏恭節過蘇武，[4]宜蒙爵賞。於是拜爲騎都尉，以恭司馬石修爲雒陽市丞，[5]張封爲雍營司馬，[6]軍吏范羌爲共丞，[7]餘九人皆補羽林。恭母先卒，及還，追行喪制，有詔使五官中郎將[8]齎牛酒釋服。[9]

[1]【今注】案，没，殿本作"殁"。

[2]【李賢注】玉門，關名，屬敦煌郡，在今沙州。臣賢案：

酒泉郡又有玉門縣，據《東觀記》曰"至敦煌"，明即玉門關也。【今注】玉門：即玉門關，關隘名。在今甘肅敦煌市西北小方盤城。西漢武帝時置，爲通往西域各地的門户。因西域輸入玉石取道於此而得名。六朝時關址東移至今甘肅瓜州縣東雙塔堡附近。

[3]【今注】鄭衆：字仲師，河南開封（今河南開封市）人。傳見本書卷三六。　案，沐，大德本、殿本誤作"沭"。

[4]【今注】蘇武：字子卿，杜陵（今陝西西安市東南）人。西漢武帝時爲郎。天漢元年（前100）爲中郎將，持節出使匈奴，被扣留，拒絶投降，被遷至北海邊牧羊，前後十九年，威武不屈。昭帝始元六年（前81），漢與匈奴和親，獲釋回國。官至典屬國。宣帝命畫其像於麒麟閣，以表彰其節操。傳見《漢書》卷五四。

[5]【今注】雒陽市丞：官名。雒陽市長的屬官，協助市長管理都市貿易。秩二百石。

[6]【今注】雍營：軍營名。即右扶風都尉屯。涼州近羌，數犯三輔，右扶風將兵衛護園陵，都尉居雍縣（今陝西鳳翔縣西南），故稱雍營。

[7]【李賢注】共，今衞州共城縣。【今注】共：縣名。治所在今河南輝縣市。　丞：即縣丞，官名。縣令、長之佐官。佐縣令、長，兼主刑獄囚徒、錢糧倉儲並署文書。秩四百石至二百石。

[8]【李賢注】據《東觀記》，馬嚴。【今注】五官中郎將：此處指馬嚴。嚴字威卿，扶風茂陵（今陝西咸陽興平市）人。傳見本書卷二四。

[9]【李賢注】奪情不令追服。

明年，遷長水校尉。其秋，金城、隴西羌反。[1]恭上疏言方略，詔召入問狀。乃遣恭將五校士三千人，[2]副車騎將軍馬防討西羌。[3]恭屯枹罕，[4]數與羌接戰。明年秋，燒當羌降，防還京師，恭留擊諸未服者，首虜千餘人，獲牛羊四萬餘頭，勒姐、[5]燒何羌等十三種數萬人，皆詣恭降。初，恭出隴西，上言“故安豐侯竇融昔在西州，甚得羌胡腹心。今大鴻臚固，即其子孫。前擊白山，功冠三軍。宜奉大使，鎮撫涼部。令車騎將軍防屯軍漢陽，以爲威重”。由是大忤於防。[6]及防還，監營謁者李譚承旨奏恭不憂軍事，被詔怨望。坐徵下獄，免官歸本郡，卒於家。

[1]【今注】金城：郡名。治允吾縣（今甘肅永靖縣西北湟水南岸）。 隴西：郡名。治狄道縣（今甘肅臨洮縣南）。 羌：中國古代西部民族之一。秦漢時期，部落衆多，總稱西羌，以游牧爲主。其後逐漸與西北地區的漢族及其他民族融合。傳見本書卷八七。

[2]【今注】五校士：即五校尉所領東漢中央禁軍。五校尉，官名。西漢禁軍有中壘、屯騎、步兵、越騎、長水、胡騎、射聲、虎賁八校尉以領之。東漢則改併爲屯騎、越騎、步兵、射聲、長水五校尉。掌宿衛兵。秩皆比二千石。

[3]【今注】車騎將軍：當作“行車騎將軍”（參見曹金華《後漢書稽疑》，第308頁）。 馬防：字江平，扶風茂陵（今陝西興平市）人。傳見本書卷二四。

[4]【今注】枹罕：縣名。治所在今甘肅臨夏縣西南枹罕鎮。

[5]【李賢注】姐音紫，又子也反。【今注】姐：音zǐ。

[6]【李賢注】忿恭薦竇固奪其權。

子溥，爲京兆虎牙都尉。[1]元初二年，擊畔羌於丁奚城，[2]軍敗，遂歿。詔拜溥子宏、曅並爲郎。

［1］【李賢注】溥音普。《漢官儀》曰："京兆虎牙都尉、扶風郡比二千石（郡，當據劉攽《東漢書刊誤》改爲'都尉'）。以涼州近羌，數犯三輔，將兵護園陵。"【今注】京兆：即京兆尹，政區名。相當於郡級，因地屬西漢長安京畿地區，故不稱郡。治長安縣（今陝西西安市西北）。　虎牙都尉：官名。西漢京師有三輔都尉，東漢光武帝建武六年（30）省。安帝時以西羌擾攘，於京兆尹下置虎牙都尉，統屬郡，掌兵事。秩比二千石。

［2］【今注】丁奚城：城邑名。在今寧夏靈武市。

曅字季遇。順帝初，爲烏桓校尉。[1]時鮮卑寇緣邊，殺代郡太守。曅率烏桓及諸郡卒出塞討擊，大破之。鮮卑震怖，數萬人詣遼東降。自後頻出輒克獲，威振北方。遷度遼將軍。

［1］【李賢注】"遇"或爲"過"。

耿氏自中興已後迄建安之末，大將軍二人，將軍九人，卿十三人，尚公主三人，列侯十九人，中郎將、護羌校尉及刺史、二千石數十百人，遂與漢興衰云。

論曰：余初讀《蘇武傳》，感其茹毛窮海，不爲大漢羞。[1]後覽耿恭疏勒之事，喟然不覺涕之無從。嗟哉，義重於生，以至是乎！[2]昔曹子抗質於柯盟，[3]相如申威於河表，[4]蓋以決一旦之負，異乎百死之地也。以爲二漢當疏高爵，宥十世。[5]而蘇君恩不及嗣，恭亦終填牢户。[6]追誦龍蛇之章，以爲歎息。[7]

[1]【李賢注】蘇武，武帝時使匈奴（使，大德本誤作“徒”），匈奴乃幽囚武於大窖中（囚，大德本誤作“因”），絶不飲食。天雨雪，武卧齧雪，與氊毛并咽之，數日不死，匈奴以爲神。乃徙武北海上無人處，二十年乃還也（二十年，當爲“十九年”）。【今注】案，事詳見《漢書》卷五四《蘇建傳》。

[2]【李賢注】《孟子》曰：“生者我所欲，義者亦我所欲，二者不可俱，捨生而取義也。”

[3]【李賢注】曹子，魯大夫曹劌也。一曰曹沫。《史記》曰，齊桓公與魯莊公會於柯而盟，曹沫執匕首劫齊桓公曰：“齊彊魯弱，而大國侵魯亦已甚矣（甚，大德本誤作“其”）。今城壞壓境，君其圖之。”桓公乃盡還魯之侵地，而與之盟（見《史記》卷八六《刺客列傳》）。

[4]【李賢注】相如，解見《寇恂傳》也。

[5]【李賢注】《左傳》曰，晉范宣子之殺叔向之弟羊舌虎而囚叔向。於是祁奚聞之，見宣子曰“謀而鮮過，惠訓不倦者，叔向有焉。猶將十世宥之，以勸能者”也（見《左傳》襄公二十一年《傳》）。

[6]【今注】牢户：監獄。

[7]【李賢注】《史記》曰，晉文公返國，賞從亡者。介之推不言禄，禄亦不及。縣書宫門曰“龍欲上天，五蛇爲輔。龍已升天，四蛇各入其宇（四，紹興本誤作“曰”）。一蛇獨怨，終不見處”也（見，大德本誤作“皃”。見《史記》卷三九《晉世家》）。

贊曰：好畤經武，[1]能畫能兵。往收燕卒，來集漢營。請閒趙殿，釃酒齊城。[2]況、舒率從，亦既有成。國圖久策，分此凶狄。[3]秉洽胡情，[4]夔單虜迹。[5]慊慊伯宗，[6]枯泉飛液。[7]

［1］【今注】經武：整治武備。

［2］【今注】釃（shī）酒：濾酒。

［3］【李賢注】謂耿國議立日逐王爲南單于，由是鮮卑保塞自守，北虜遠遁也。

［4］【今注】洽：和諧，融洽。

［5］【今注】單：同“殫”。竭盡。

［6］【今注】慊慊：誠敬貌。

［7］【今注】枯泉飛液：使枯井涌出泉水。

後漢書　卷二〇

列傳第十

銚期　王霸　祭遵 從弟肜

銚期字次況，潁川郟人也。[1]長八尺二寸，容貌絶異，矜嚴有威。父猛，爲桂陽太守，[2]卒，期服喪三年，鄉里稱之。光武略地潁川，[3]聞期志義，召署賊曹掾，[4]從徇薊。[5]時王郎檄書到薊，[6]薊中起兵應郎。光武趨駕出，[7]百姓聚觀，諠呼滿道，遮路不得行，期騎馬奮戟，瞋目大呼左右曰"趕"，[8]衆皆披靡。[9]及至城門，門已閉，攻之得出。行至信都，[10]以期爲裨將，[11]與傅寬、吕晏俱屬鄧禹。[12]徇傍縣，又發房子兵。[13]禹以期爲能，獨拜偏將軍，[14]授兵二千人，寬、晏各數百人。還言其狀，光武甚善之。使期别徇真定宋子，[15]攻拔樂陽、稾、肥纍。[16]

[1]【今注】潁川：郡名。治陽翟縣（今河南禹州市）。相傳夏禹在此建都。案，潁，大德本作"頴"。本卷以下"潁"字皆同

此例者不再出注。　郟（jiá）：縣名。治所在今河南郟縣。

［2］【今注】桂陽：郡名。治郴縣（今湖南郴州市）。

［3］【今注】光武：東漢開國皇帝劉秀的謚號，這裏指劉秀，公元25年至57年在位。紀見本書卷一。

［4］【李賢注】《漢書儀》曰（書，大德本、殿本作"官"，是）："東西曹掾比四百石，餘掾比三百石。賊曹，主盜賊之事。"【今注】賊曹掾：賊曹主事之官吏。賊曹，官署名。東漢太尉府屬官諸曹中有賊曹，主盜賊事。地方郡、縣諸曹中，亦置賊曹，所掌之事與太尉府賊曹同。

［5］【今注】薊：縣名。治所在今北京市西南隅。

［6］【今注】王郎：一名昌，趙國邯鄲（今河北邯鄲市）人。傳見本書卷一二。

［7］【今注】案，趨，大德本、殿本作"趣"。

［8］【李賢注】《周禮》："隸僕掌蹕宫中之事（蹕，殿本作'蹕'）。"鄭衆曰："止行清道也，若今警蹕。"《説文》"蹕"與"蹕"同。【今注】趣：警蹕。古代帝王出入時，於所經路途侍衛警戒，清道止行。

［9］【李賢注】披，芳彼反（芳，殿本作"普"）。

［10］【今注】信都：郡名。治信都縣（今河北衡水市冀州區）。

［11］【今注】裨將：官名。副將。

［12］【今注】鄧禹：字仲華，南陽新野（今河南新野縣）人。傳見本書卷一六。

［13］【今注】房子：縣名。治所在今河北高邑縣西南。

［14］【今注】偏將軍：官名。軍官中地位較低者。

［15］【今注】真定：縣名。治所在今河北正定縣南。　宋子：縣名。治所在今河北趙縣東北。據《漢書·地理志》，真定縣屬真定國，宋子縣屬鉅鹿郡，"真定宋子"間當頓開（參見曹金華《後

漢書稽疑》，中華書局2014年版，第309頁）。

［16］【李賢注】樂陽，縣名，屬常山郡。稾（此字原無，據王先謙《後漢書集解》引錢大昕説補），今恒州稾城縣也，故城在縣西。肥纍，故肥子國也，漢以爲縣，故城在今稾城縣西南，並屬真定國，纍音力追反。【今注】樂陽：縣名。治所在今河北石家莊市西北。　稾：縣名。一作稾城。治所在今河北石家莊市藁城區。　肥纍：縣名。治所在今河北石家莊市藁城區。

從擊王郎將兒宏、劉奉於鉅鹿下，[1]期先登陷陳，手殺五十餘人，被創中額，攝幘復戰，[2]遂大破之。王郎滅，拜期虎牙大將軍。[3]乃因間説光武曰："河北之地，[4]界接邊塞，人習兵戰，號爲精勇。今更始失政，[5]大統危殆，海内無所歸往。明公據河山之固，擁精鋭之衆，以順萬人思漢之心，則天下誰敢不從？"光武笑曰："卿欲遂前趣邪？"[6]時銅馬數十萬衆入清陽、博平，[7]期與諸將迎擊之，連戰不利，期乃更背水而戰，所殺傷甚多。會光武救至，遂大破之，追至館陶，[8]皆降之。從擊青犢、赤眉於射犬，[9]賊襲期輜重，期還擊之，手殺傷數十人，身被三創，而戰方力，[10]遂破走之。

［1］【李賢注】兒音五奚反。【今注】案，紹興本無"奉於鉅鹿下"至"魏郡太守行"一段文字。　兒（ní）：姓氏。　鉅鹿：縣名。治所在今河北雞澤縣東北。

［2］【李賢注】攝猶正也。【今注】案，幘，當爲"幘"之訛。據王先謙《後漢書集解》及大德本、殿本校注引劉攽《東漢書刊誤》説，幘是馬扇汗，期被創中額，則是"幘"字。幘

(zé)，古代包扎髮髻的巾。

[3]【今注】虎牙大將軍：官名。東漢所置雜號大將軍之一。臨時設置。

[4]【今注】河北：地區名。泛指黄河以北地區，即今河北、山西、山東大部、河南黄河以北地區。

[5]【今注】更始：本指劉玄稱帝時的年號（23—25），這裏指劉玄。傳見本書卷一一。

[6]【李賢注】唯天子得稱警趕（趕，殿本作“蹕”）。

[7]【李賢注】博平，縣名，屬東郡，在今博州縣也。【今注】銅馬：農民軍稱號。新莽末年河北農民軍中勢力最强的一支。其部衆後來多被劉秀收編。　清陽：縣名。治所在今河北清河縣東南。　博平：縣名。治所在今山東茌平縣博平鎮西北。

[8]【今注】館陶：縣名。治所在今河北館陶縣。

[9]【今注】青犢：農民軍稱號。新莽末年河北農民軍的一支。　赤眉：新莽末年農民軍主力之一，作戰時士卒都將眉毛塗成紅色，以與敵方相區别，故名。見本書卷一一《劉盆子傳》。　射犬：城邑名。在今河南修武縣西南。

[10]【李賢注】力，苦戰也。

光武即位，封安成侯，[1]食邑五千户。時檀鄉、五樓賊入繁陽、内黄，[2]又魏郡大姓數反覆，[3]而更始將卓京[4]謀欲相率反鄴城。[5]帝以期爲魏郡太守，行大將軍事。[6]期發郡兵擊卓京，破之，斬首六百餘級。京亡入山，追斬其將校數十人，獲京妻子。進擊繁陽、内黄，復斬數百級，郡界清平。督盜賊李熊，鄴中之豪，而熊弟陸謀欲反城迎檀鄉。[7]或以告期，期不應，告者三四，期乃召問熊。熊叩頭首服，願與老母俱就死。

期曰："爲吏儻不若爲賊樂者，可歸與老母往就陸也。"[8]使吏送出城。熊行求得陸，將詣鄴城西門。陸不勝愧感，自殺以謝期。期嗟歎，以禮葬之，而還熊故職。於是郡中服其威信。

[1]【李賢注】安成，縣名，屬汝南郡，故城在今豫州汝陽縣東南也。【今注】安成：縣名。治所在今河南汝南縣東南。

[2]【李賢注】繁陽，縣名，故城在今相州内黄縣東北；内黄故城在西北。【今注】繁陽：縣名。治所在今河南内黄縣西北。内黄：縣名。治所在今河南内黄縣西北。

[3]【今注】魏郡：治鄴縣（今河北臨漳縣西南鄴鎮東）。

[4]【李賢注】"京"或作"原"。

[5]【今注】鄴城：城邑名。即鄴縣縣城，在今河北臨漳縣西南鄴鎮東。

[6]【今注】行大將軍事：攝行大將軍職事。大將軍，官名。始於戰國，漢代沿置，爲將軍最高稱號，多由貴戚擔任，外主征戰，内秉國政，職位極高。

[7]【李賢注】反音翻。

[8]【李賢注】必以在城中爲吏不如爲賊之樂，即任將母往就弟。

建武五年，[1]行幸魏郡，以期爲太中大夫。[2]從還洛陽，[3]又拜衛尉。[4]

[1]【今注】建武：東漢光武帝劉秀年號（25—56）。

[2]【今注】太中大夫：官名。西漢時秩比千石，東漢時秩比二千石。侍從皇帝，掌議論，顧問應對。爲光禄勳屬官。

［3］【今注】洛陽：都城名。一作“雒陽”。在今河南洛陽市東白馬寺一帶之洛水北岸。西漢、新莽以此爲陪都，東漢定都於此。

［4］【今注】衛尉：官名。九卿之一，秩中二千石。掌宫門衛士、宫中徼循事。

期重於信義，自爲將，有所降下，未嘗虜掠。及在朝廷，憂國愛主，其有不得於心，必犯顔諫諍。帝嘗輕與期門近出，[1]期頓首車前曰：“臣聞古今之戒，變生不意，誠不願陛下微行數出。”帝爲之回輿而還。十年卒，[2]帝親臨襚斂，[3]贈以衛尉、安成侯印綬，謚曰忠侯。

［1］【李賢注】《前書》，武帝將出，必與北地良家子期於殿門，故曰“期門”（大德本句末有“也”字）。【今注】案，事見《漢書》卷六五《東方朔傳》。期門，期門郎的省稱，官名。光禄勳屬官。西漢武帝建元三年（前138）始置。掌執兵扈從護衛。

［2］【李賢注】《東觀記》曰：“期疾病，使使者存問，加賜醫藥甚厚。其母問期當封何子？期言‘受國家恩深，常慙負，如死，不知當何以報國，何宜封子也’！上甚憐之。”

［3］【今注】襚斂：給死者穿衣入棺。

子丹嗣。復封丹弟統爲建平侯。[1]後徙封丹葛陵侯。[2]丹卒，子舒嗣。舒卒，子羽嗣。羽卒，子蔡嗣。

［1］【李賢注】建平，縣名，屬沛郡，故城在今亳州酇縣西北，一名馬頭城。【今注】建平：縣名。治所在今河南夏邑縣

西南。

［2］【李賢注】葛陵，縣名，故城在汝南，故鮦陽縣也。【今注】葛陵：縣名。治所在今河南新蔡縣西北。

王霸字元伯，潁川潁陽人也。[1]世好文法，[2]父爲郡決曹掾，[3]霸亦少爲獄吏。常慷慨不樂吏職，其父奇之。遣西學長安。[4]漢兵起，光武過潁陽，霸率賓客上謁，曰："將軍興義兵，竊不自知量，貪慕威德，願充行伍。"光武曰："夢想賢士，共成功業，豈有二哉！"遂從擊破王尋、王邑於昆陽，[5]還休鄉里。

［1］【今注】潁陽：縣名。治所在今河南襄城縣東北（一説河南許昌市西南）。

［2］【李賢注】《東觀記》曰："祖父爲詔獄丞。"

［3］【李賢注】《漢舊儀》（舊，大德本、殿本作"官"）："決曹，主罪法事。"

［4］【今注】長安：都邑名。在今陝西西安市西北。西漢、新莽定都於此。

［5］【今注】王尋：西漢末新莽時期人。新莽時爲大司徒，封丕進侯、章新公。劉玄更始元年（23）爲劉秀等率領緑林軍所殺。　王邑：西漢末新莽時期人。新莽時爲大司空，封成都侯、隆新公。劉玄更始元年，在昆陽爲劉秀等率領緑林軍擊敗。　昆陽：縣名。治所在今河南葉縣。

及光武爲司隸校尉，[1]道過潁陽，霸請其父，願從。父曰："吾老矣，不任軍旅，汝往，勉之！"霸從至洛陽。及光武爲大司馬，[2]以霸爲功曹令史，[3]從度河北。賓客從霸者數十人，稍稍引去。光武謂霸曰："潁川從我者皆逝，而子獨留。努力！[4]疾風知勁草。"

［1］【今注】司隸校尉：官名。西漢武帝征和四年（前89）置司隸校尉，領兵一千二百人，捕巫蠱，督察大奸猾。後罷其兵，使糾察京師百官及所轄畿輔地區。哀帝時改稱司隸。東漢時復稱司隸校尉，秩比二千石，糾察百官，上至諸侯、外戚、三公，下至地方郡守，並領一州，職權顯赫，與御史中丞、尚書令並稱"三獨坐"。

［2］【今注】大司馬：官名。西漢武帝元狩四年（前119）初置，但無印綬、官屬。成帝時以王根爲大司馬，置印綬、官屬，與大司徒、大司空並爲"三公"。東漢光武帝建武二十七年（51）改名爲太尉。靈帝末復置大司馬。

［3］【今注】案，大德本、殿本校注引劉攽《東漢書刊誤》曰："案，功曹有史耳，不當有'令'字。"功曹，官名。即功曹掾或功曹史，爲漢代郡守、縣令長之佐吏，是郡縣屬吏中地位最高者。其職主考查記録功勞、參預任免賞罰，有時甚至代行郡守及縣令長之事。新莽政權覆亡後，劉秀任更始政權大司馬，屬官有功曹令史。

［4］【今注】案，努，大德本作"弩"。

及王郎起，光武在薊，郎移檄購光武。[1]光武令霸至市中募人，將以擊郎。市人皆大笑，舉手邪揄之，[2]霸慚懡而還。[3]光武即南馳至下曲陽。[4]傳聞王郎兵在後，從者皆恐。及至虖沱河，[5]候吏還白河水流澌，[6]無船，不可濟。官屬大懼。光武令霸往視之。霸恐驚衆，欲且前，阻水，還即詭曰："冰堅可度。"官屬皆喜。光武笑曰："候吏果妄語也。"遂前。比至河，河冰亦合，乃令霸護度，[7]未畢數騎而冰解。[8]光武謂霸曰："安吾衆得濟免者，卿之力也。"霸謝曰："此明公至德，神靈之祐，雖武王白魚之應，無以加此。"[9]光武謂官屬曰："王霸權以濟事，殆天瑞也。"以爲軍正，[10]爵關内侯。[11]既至信都，發兵攻拔邯鄲。[12]霸追斬王郎，得其璽綬。封王鄉侯。[13]

[1]【今注】購：懸賞。

[2]【李賢注】《説文》曰："歋瘉（瘉，殿本作'㽣'，本注下同），手相笑也。"歋音弋支反。瘉音踰，或音由。此云"邪揄"，語輕重不同。【今注】邪揄：揶揄，戲弄。

[3]【李賢注】慺亦慙也，音遽。【今注】慺（jù）：羞愧。

[4]【今注】下曲陽：縣名。治所在今河北晉州市西鼓城村。

[5]【今注】虖沱河：水名。源出鴈門戍夫山（今山西恒山山脈東段），穿割太行山脈東流，經今河北正定縣、石家莊市藁城區、饒陽縣、武强縣、青縣，在天津東南入海。河北深澤縣以西今稱滹沱河，下游歷代屢有變遷。虖，殿本作"滹"。

[6]【李賢注】澌音斯。【今注】澌（sī）：漂流的冰。

[7]【李賢注】監護度也。

[8]【今注】數騎：本書卷一上《光武帝紀上》作"數車"。

[9]【李賢注】《今文尚書》曰："武王度盟津，白魚躍入王舟。"【今注】案，《漢書》卷五六《董仲舒傳》董仲舒對策中也有"《書》曰'白魚入于王舟，有火復于王屋，流爲烏'"之語，顔師古注："《今文尚書·泰誓》之辭也。"但今本《尚書》無此語。

[10]【今注】軍正：官名。軍中執法之官。

[11]【今注】關内侯：爵位名。秦漢二十等爵制中的第十九級，次於列侯。擁此爵位者，無封邑，寄食所在縣，民租多少，各以户數爲限。

[12]【今注】邯鄲：城邑名。在今河北邯鄲市。

[13]【今注】王鄉：《漢書·地理志》、本書《郡國志》無此地名。

從平河北，常與臧宫、傅俊共營，[1]霸獨善撫士卒，死者脱衣以斂之，傷者躬親以養之。[2]光武即位，以霸曉兵愛士，可獨任，拜爲偏將軍，并將臧宫、傅俊兵，而以宫、俊爲騎都尉。[3]建武二年，更封富波侯。[4]

[1]【今注】臧宫：字君翁，潁川郟（今河南郟縣）人。傳見本書卷一八。　傅俊：字子衛，潁川襄城（今河南襄城縣）人。傳見本書卷二二。

[2]【今注】案，大德本、殿本校注引劉攽《東漢書刊誤》曰："案文脱衣可言'以斂之'，躬親不宜復有'以'字。"

[3]【今注】騎都尉：官名。光禄勳屬官，秩比二千石。無定員，掌監羽林騎。

[4]【李賢注】富波，縣名，屬汝南郡，在今豫州。【今注】富波：縣名。治所在今安徽阜南縣東南。

四年秋，帝幸譙，[1]使霸與捕虜將軍馬武東討周建於垂惠。[2]蘇茂將五校兵四千餘人救建，[3]而先遣精騎遮擊馬武軍糧，武往救之。建從城中出兵夾擊武，武恃霸之援，戰不甚力，爲茂、建所敗。武軍奔過霸營，大呼求救。霸曰："賊兵盛，出必兩敗，努力而已。"乃閉營堅壁。軍吏皆争之。霸曰："茂兵精鋭，其衆又多，吾吏士心恐，而捕虜與吾相恃，兩軍不一，此敗道也。今閉營固守，示不相援，賊必乘勝輕進；捕虜無救，其戰自倍。如此，茂衆疲勞，吾承其獘，乃可剋也。”茂、建果悉出攻武。合戰良久，霸軍中壯士路潤等數十人斷髮請戰。霸知士心鋭，乃開營後，出精騎襲其背。茂、建前後受敵，驚亂敗走，霸、武各歸營。賊復聚衆挑戰，霸堅卧不出，方饗士作倡樂。茂雨射營中，中霸前酒樽，霸安坐不動。[4]軍吏皆曰："茂前日已破；今易擊也。”霸曰："不然。蘇茂客兵遠來，糧食不足，故數挑戰，以儌一切之勝。[5]今閉營休士，所謂不戰而屈人之兵，善之善者也。”茂、建既不得戰，乃引還營。其夜，建兄子誦反，閉城拒之，茂、建遁去，誦以城降。

[1]【今注】譙：縣名。治所在今安徽亳州市。

[2]【今注】捕虜將軍：官名。東漢雜號將軍之一，主征伐。　馬武：字子張，南陽湖陽（今河南唐河縣西南）人。傳見本書卷二二。　周建：東漢初割據勢力劉永之部屬。光武帝建武三年(27)，劉永死，周建與蘇茂等立劉永之子劉紆爲梁王。四年，敗於垂惠。　垂惠：聚邑名。在今安徽蒙城縣北。

[3]【今注】蘇茂：陳留（今河南開封市東南）人。初爲劉玄部將，任討難將軍。後殺淮陽太守潘蹇，附劉永，受封大司馬、淮陽王。東漢光武帝建武五年，爲張步所殺。事迹見本書卷一上《光武帝紀上》、卷一二《劉永龐萌張步傳》、卷一八《吴漢蓋延傳》等。

[4]【今注】案，大德本、殿本無“霸”字。

[5]【李賢注】儌，要也。一切猶權時也。【今注】案，儌，大德本、殿本作“徼”。

五年春，帝使太中大夫持節拜霸爲討虜將軍。六年，屯田新安。[1]八年，屯函谷關。[2]擊滎陽、中牟盜賊，[3]皆平之。

[1]【今注】新安：縣名。治所在今河南澠池縣東南。

[2]【今注】案，大德本、殿本“屯”後有“田”字。　函谷關：關隘名。戰國時，秦置函谷關，在今河南靈寶市東北農澗河畔王垛村。西漢武帝元鼎三年（前 114），向東徙關置於今河南新安縣東。是關東與關中之間的重要門户。

[3]【今注】滎陽：縣名。治所在今河南滎陽市東北。　中牟：縣名。治所在今河南中牟縣東。

九年，霸與吴漢及橫野大將軍王常、建義大將軍朱祐、破姦將軍侯進等五萬餘人，[1]擊盧芳將賈覽、閔堪於高柳。[2]匈奴遣騎助芳，[3]漢軍遇雨，戰不利。吴漢還洛陽，令朱祐屯常山，[4]王常屯涿郡，[5]侯進屯漁陽。[6]璽書拜霸上谷太守，[7]領屯兵如故，捕擊胡虜，無拘郡界。[8]明年，霸復與吴漢等四將軍六萬人出高柳擊賈覽，詔霸與漁陽太守陳訢將兵爲諸軍鋒。匈奴左南將軍將數千騎救覽，霸等連戰於平城下，[9]破之，追出塞，斬首數百級。霸及諸將還入鴈門，[10]與驃騎大將軍杜茂會攻盧芳將尹由於崞、繁時，不剋。[11]

[1]【今注】吴漢：字子顔，南陽宛（今河南南陽市卧龍區）人。傳見本書卷一八。　橫野大將軍：官名。東漢光武帝劉秀爲尊崇漢忠將軍王常，特拜此官。　王常：字顔卿，潁川舞陽（今河南葉縣東南）人。傳見本書卷一五。　建義大將軍：官名。東漢初年

光武帝劉秀所置，爲將軍中地位較高者，主征伐。　朱祐：字仲先，南陽宛（今河南南陽市卧龍區）人。傳見本書卷二二。　破姦將軍：官名。東漢雜號將軍之一。　侯進：東漢初年將領，曾爲積射將軍、破姦將軍。

［2］【今注】盧芳：字君期，安定三水（今寧夏同心縣東）人。傳見本書卷一二。　賈覽：東漢初割據勢力盧芳部將。屯兵高柳，先後擊敗漢之代郡太守劉興及大司馬吴漢的進攻。又率軍前往繁畤，解盧芳部將尹由之圍，敗漢將杜茂。後爲馮異所敗。光武帝建武九年（33），吴漢率捕虜將軍王霸復擊賈覽，匈奴遣騎兵救之，被吴漢擊退。十三年，賈覽隨盧芳攻雲中，不下。事迹見本書卷一下《光武帝紀下》等。　閔堪：代郡（今山西陽高縣西北）人。東漢初割據勢力盧芳部將。新莽末年，起兵自稱將軍。光武帝建武五年，在匈奴安排下，迎盧芳入塞爲帝，都九原縣（今内蒙古包頭市西）。十六年，盧芳遣使降漢，光武帝立盧芳爲代王，閔堪爲代相，閔堪弟閔林爲代太傅。後盧芳復叛，閔堪與閔林攻盧芳，將其驅逐出塞。事迹見本書卷一二《盧芳傳》等。　高柳：縣名。治所在今山西陽高縣西北。

［3］【今注】匈奴：中國古代北方民族之一，亦稱胡。戰國後期興起。秦至西漢前期，占有大漠南北廣大地區。西漢武帝大規模反擊後，匈奴勢力漸衰。宣帝以後，南匈奴在呼韓邪單于帶領下附漢。東漢光武帝建武二十四年，匈奴又分裂爲南北二部，南匈奴附漢，北匈奴在漢與南匈奴的打擊下逐漸西遷。傳見本書卷八九。

［4］【今注】常山：郡國名。治元氏縣（今河北元氏縣西北）。

［5］【今注】涿郡：治涿縣（今河北涿州市）。

［6］【今注】漁陽：郡名。治漁陽縣（今北京市懷柔區北房鎮梨園莊東）。

［7］【今注】上谷：郡名。治沮陽縣（今河北懷來縣東南）。

［8］【李賢注】拘猶限也。

［9］【今注】平城：縣名。治所在今山西大同市東北古城。

［10］【今注】鴈門：郡名。西漢時治善無縣（今山西右玉縣東南），東漢時移治陰館縣（今山西朔州市東南夏關城）。

［11］【李賢注】崞及繁畤皆縣名（及，殿本作“與”），屬鴈門郡，並今代州縣也，有崞山焉。崞音郭。【今注】驃騎大將軍：官名。職位同大將軍，金印紫綬。不常置。　杜茂：字諸公，南陽冠軍（今河南鄧州市西北）人。傳見本書卷二二。　崞（guō）：縣名。治所在今山西渾源縣西。　繁畤：縣名。治所在今山西渾源縣西南。　案，“霸及諸將還入鴈門……不剋”一事，本卷記在建武十年，而本書卷一下《光武帝紀下》、卷二二《杜茂傳》記在建武九年。

十三年，增邑户，更封向侯。[1]是時，盧芳與匈奴、烏桓連兵，[2]寇盜尤數，緣邊愁苦。詔霸將弛刑徒六千餘人，[3]與杜茂治飛狐道，[4]堆石布土，築起亭障，自代至平城三百餘里。[5]凡與匈奴、烏桓大小數十百戰，頗識邊事，數上書言宜與匈奴結和親，又陳委輸可從温水漕，[6]以省陸轉輸之勞，事皆施行。後南單于、烏桓降服，[7]北邊無事。霸在上谷二十餘歲。三十年，定封淮陵侯。[8]永平二年，[9]以病免，後數月卒。

［1］【李賢注】向，縣名，屬沛郡。《左傳》曰：“莒人入向。”案：今密州莒縣南又有向城。【今注】向：縣名。治所在今安徽懷遠縣西北。

［2］【今注】烏桓：中國古代北方民族之一。游牧部落東胡族的一支，依居烏桓山，因以爲名。主要游牧於大興安嶺南端。西漢前期依附於匈奴，武帝以後附漢，遷至東北邊郡塞外。東漢獻帝建安十二年（207），曹操遷烏桓萬餘落於中原，部分留居長城一帶。

此後逐漸與漢族及其他民族相融合。傳見本書卷九〇。

[3]【今注】弛刑徒：以戍邊或從事其他兵役、勞役爲代價而獲得減免刑罰的刑徒，他們被解除枷鎖，所以稱弛刑徒。在居延漢簡中常常寫作“施刑”。

[4]【李賢注】飛狐道在今蔚州飛狐縣，北通嬀州懷戎縣，即古之飛狐口也。【今注】飛狐道：道路名。在今河北蔚縣、淶源縣界。爲華北平原通往晉北高原的交通要道。

[5]【今注】代：縣名。治所在今河北蔚縣東北。

[6]【李賢注】《水經注》曰，温餘水出上谷居庸關東，又東過軍都縣南，又東過薊縣北。益通以運漕也。【今注】温水：水名。當即㶟餘水，源出於今北京市昌平區西北古居庸關，東南流經通州區入白河。

[7]【今注】南單于：單于爲匈奴首領稱號。當時匈奴分南北兩部，南匈奴首領稱爲南單于。

[8]【李賢注】淮陵，縣，屬臨淮郡。【今注】淮陵：縣名。治所在今安徽明光市東北女山湖北岸。

[9]【今注】永平：東漢明帝劉莊年號（58—75）。

子符嗣，徙封軑侯。[1]符卒，子度嗣。度尚顯宗女浚儀長公主，[2]爲黄門郎。[3]度卒，子歆嗣。

[1]【李賢注】軑，縣（殿本“縣”後有“名”字），屬江夏郡。軑音大。【今注】軑（dài）：縣名。治所在今河南息縣界。

[2]【今注】顯宗：東漢明帝劉莊，廟號顯宗，公元57年至75年在位。紀見本書卷二。　浚儀：縣名。治所在今河南開封市。

[3]【今注】黄門郎：官名。即黄門侍郎。秩六百石，無定員。掌侍從左右，關通中外。諸王朝見，則引王朝坐。

祭遵字弟孫，[1]潁川潁陽人也。少好經書。家富給，而遵恭儉，惡衣服。喪母，負土起墳。嘗爲部吏所侵，結客殺之。初，縣中以其柔也，既而皆憚焉。

[1]【李賢注】祭音側界反。【今注】祭（zhài）：姓氏。

及光武破王尋等，還過潁陽，遵以縣吏數進見，光武愛其容儀，署爲門下史。[1]從征河北，爲軍市令。舍中兒犯法，遵格殺之。光武怒，命收遵。時主簿陳副諫曰：[2]"明公常欲衆軍整齊，今遵奉法不避，是教令所行也。"[3]光武乃貰之，[4]以爲刺姦將軍。[5]謂諸將曰："當備祭遵！吾舍中兒犯法尚殺之，必不私諸卿也。"尋拜爲偏將軍，從平河北，以功封列侯。

[1]【今注】門下史：漢代官員屬下親近之吏常冠以門下之名。屬吏爲史，則名門下史。

[2]【今注】主簿：官名。兩漢太尉、御史大夫、光禄勳等中央機構及司隸校尉、地方郡縣都設有主簿，負責文書簿記，掌管印信，爲掾史之首。

[3]【今注】案，大德本無"所"字。

[4]【李賢注】貰猶赦也。【今注】貰（shì）：赦免，寬縱。

[5]【今注】刺姦將軍：官名。東漢所置雜號將軍之一。以不徇私情秉公執法者爲之。掌軍中執法。

建武二年春，拜征虜將軍，[1]定封潁陽侯。與驃騎大將軍景丹、建義大將軍朱祐、漢忠將軍王常、騎都尉王梁、臧宫等入箕關，[2]南擊弘農、厭新、柏華蠻中賊。[3]弩中遵口，洞出流血，衆見遵傷，稍引退，遵呼叱止之，士卒戰皆自倍，遂大破之。時新城蠻中山賊張滿，[4]屯結險隘爲人害，詔遵攻之。遵絶其糧道，滿數挑戰，遵堅壁不出。而厭新、柏華餘賊復與滿合，遂攻得霍陽聚，[5]遵乃分兵擊破降之。明年春，張滿飢困，城拔，生獲之。初，滿祭祀天地，自云當王，既執，歎曰："讖文誤我！"乃斬之，夷其妻子。遵引兵南擊鄧奉弟終於杜衍，破之。[6]

［1］【今注】征虜將軍：官名。東漢所置雜號將軍之一。

［2］【李賢注】箕關，解在《鄧禹傳》。【今注】景丹：字孫卿，左馮翊櫟陽（今陝西西安市閻良區）人。傳見本書卷二二。漢忠將軍：官名。以"漢忠"名將軍，獎其爲漢之忠臣。王常率下江諸將輔翼漢室，心如金石，光武帝稱其"真忠臣也"，遷爲漢忠將軍。本書卷一五《王常傳》載，建武二年（26）夏，王常歸附光武帝，拜爲左曹。本書卷二二《景丹傳》建武二年秋，王常仍爲左曹。此處"漢忠將軍王常"恐誤。（參見曹金華《後漢書稽疑》第311頁） 王梁：字君嚴，漁陽要陽（今河北豐寧滿族自治縣東南）人。傳見本書卷二二。王梁不曾爲"騎都尉"（參見曹金華《後漢書稽疑》，第311頁）。 箕關：關隘名。在今河南濟源縣西王屋山南。

［3］【李賢注】《東觀記》曰柏華聚也。【今注】弘農：郡名。治弘農縣（今河南靈寶市東北故函谷關城）。 厭新：地名。在今河南汝陽縣附近。 柏華：聚邑名。在今河南汝陽縣東南一帶。王先謙《後漢書集解》謂"柏華"蓋"柏谷"之誤，柏谷在今河南靈寶市西。

[4]【李賢注】新城，縣名，屬河南郡，今伊闕縣也。【今注】新城：治所在今河南伊川縣西南。

[5]【李賢注】有霍陽山，故名焉，俗謂之張侯城，在今汝州西南。【今注】霍陽聚：在今河南汝州市西南。

[6]【李賢注】杜衍，縣名，屬南陽郡，故城在今鄧州南陽縣西南。【今注】鄧奉：東漢初將領。任破虜將軍。光武帝建武二年，據淯陽（今河南新野縣東北）反。三年，光武帝親自率兵破斬之。事迹見本書卷一上《光武帝紀上》、卷二二《朱祐堅鐔傳》、卷二六《伏湛趙憙傳》等。　杜衍：縣名。治所在今河南南陽市西南。東漢廢入宛縣。

時涿郡太守張豐執使者舉兵反，[1]自稱無上大將軍，與彭寵連兵。[2]四年，遵與朱祐及建威大將軍耿弇、驍騎將軍劉喜俱擊之。[3]遵兵先至，急攻豐，豐功曹孟厷執豐降。[4]初，豐好方術，有道士言豐當爲天子，以五綵囊裹石繫豐肘，云石中有玉璽。豐信之，遂反。既執當斬，猶曰："肘石有玉璽。"遵爲椎破之，豐乃知被詐，仰天歎曰："當死無所恨！"[5]諸將皆引還，遵受詔留屯良鄉拒彭寵。[6]因遣護軍傅玄襲擊寵將李豪於潞，[7]大破之，斬首千餘級。相拒歲餘，數挫其鋒，黨與多降者。及寵死，遵進定其地。

[1]【今注】張豐：東漢初，任涿郡太守。光武帝建武三年(27)，執劉秀使者，舉兵反，自稱無上大將軍，與彭寵連兵。四年，漢征虜將軍祭遵急攻之。張豐之功曹孟厷執之以降，爲祭遵所斬。事迹見本書卷一上《光武帝紀上》、卷二〇《祭遵傳》、卷三三《朱浮傳》等。

［2］【今注】彭寵：字伯通，南陽宛（今河南南陽市卧龍區）人。傳見本書卷一二。

［3］【今注】建威大將軍：官名。東漢初光武帝劉秀所置。爲將軍中地位較高之武官。　耿弇：字伯昭，扶風茂陵（今陝西興平市東北）人。傳見本書卷一九。　驍騎將軍：官名。在雜號將軍中秩次較高。　劉喜：字共仲，鉅鹿昌城（今河北衡水市冀州區）人。漢朝宗室。新莽末，與兄劉植等率宗族賓客，聚兵數千人據昌城，後歸光武帝，爲偏將軍，封列侯。建武二年，拜驍騎將軍，封觀津侯。四年，屯駐陽鄉，抵禦叛將彭寵，旋卒。傳國於後。事迹見本書卷一九《耿弇傳》、卷二〇《祭遵傳》、卷二一《劉植傳》。

［4］【李賢注】《説文》曰："厷，臂上也。"厷音公弘反。【今注】厷（gōng）：肱的古字。

［5］【今注】案，大德本、殿本無"所"字。

［6］【今注】良鄉：縣名。治所在今北京市房山區。

［7］【今注】護軍：官名。秦置護軍都尉。西漢初又有護軍中尉。武帝時設護軍將軍。東漢又有中護軍、護軍之號，有時即護軍將軍或中護軍之簡稱。　潞：縣名。西漢置路縣，治所在今河北三河市西南。新莽改名路亭縣。東漢改爲潞縣。

六年春，詔遵與建威大將軍耿弇、虎牙大將軍蓋延、漢忠將軍王常、捕虜將軍馬武、驍騎將軍劉歆、武威將軍劉尚等從天水伐公孫述。[1]師次長安，時車駕亦至，而隗囂不欲漢兵上隴，[2]辭説解故。[3]帝召諸將議。皆曰："可且延囂日月之期，益封其將帥，以消散之。"遵曰："囂挾姦久矣。今若按甲引時，則使其詐謀益深，而蜀警增備，[4]固不如遂進。"帝從之，乃遣遵爲前行。隗囂使其將王元拒隴坻，[5]遵進擊，破之，追至新關。[6]及諸將到，與囂戰，並敗，引退下隴。乃詔遵軍汧，[7]耿弇軍漆，[8]征西大將軍馮異軍栒邑，[9]大司馬吴漢等還屯長安。自是後遵數挫隗囂。[10]事已見《馮異傳》。[11]

[1]【李賢注】《續漢書》曰："上幸廣陽城門，設祖道，閲過諸將，以遵新破漁陽，令最在前。"【今注】蓋延：字巨卿，漁陽要陽（今河北豐寧滿族自治縣東南）人。傳見本書卷一八。　劉歆：字細君，鉅鹿昌城（今河北衡水市冀州區）人。新莽末起兵，占據昌城。後歸光武帝，拜偏將軍。建武五年（29），爲騎都尉，隨建威大將軍耿弇東擊割據者張步於劇縣，力戰有功，拜驍騎將軍，封浮陽侯。六年，隨耿弇從天水西伐公孫述。十一年，隨岑彭及吴漢討平公孫述，戰功卓著。事迹見本書卷一七《岑彭傳》、卷一九《耿弇傳》、卷二〇《祭遵傳》。　武威將軍：官名。東漢所置雜號將軍之一。　劉尚：東漢初年將領。建武初，爲武威將軍，參加過討伐公孫述、隗囂等主要戰役。建武十九年，率軍前往益州，對西南夷的寇掠活動進行討伐，並平定越巂太守任貴的謀叛。二十一年，破益州夷。二十三年，討破南郡蠻的叛亂。旋進討武陵蠻，在沅水戰死。事迹見本書卷一下《光武帝紀下》、卷一八《吴漢傳》、卷八六《南蠻西南夷傳》等。　天水：郡名。治平襄縣（今甘肅通渭縣西北）。　公孫述：字子陽，扶風茂陵（今陝西興平市東北）人。傳見本書卷一三。

[2]【今注】隗囂：字季孟，天水成紀（今甘肅静寧縣西南）人。傳見本書卷一三。

[3]【李賢注】解故謂解脱事故，以爲辭説。

[4]【今注】蜀：地區名。今四川中部成都平原一帶，爲古蜀國。新莽末，公孫述稱帝於此。

[5]【今注】王元：字惠孟，又字游翁，長陵（今陝西咸陽市

東北）人。東漢初年割據勢力隗囂部將。光武建武九年，隗囂病死，王元與周宗立隗囂少子隗純爲王。次年，漢軍攻破隗純，平定隴右，王元奔蜀，投公孫述。後降漢，遷東平相，坐墾田不實，下獄死。事迹見本書卷一下《光武帝紀下》、卷一三《隗囂公孫述傳》、卷一五《來歙傳》、卷一七《馮異傳》、卷二四《馬援傳》等。 隴坻：即隴山，山名。即今六盤山南段，位於今陝西隴縣西北的陝、甘、寧三省交界地區。新莽末年，隗囂割據隴右（隴山以西地區），後爲光武帝削平。

[6]【今注】新關：地名。在今陝、甘、寧三省交界的六盤山一帶。

[7]【今注】汧：縣名。治所在今陝西隴縣東南。

[8]【今注】漆：縣名。治所在今陝西彬州市。

[9]【今注】征西大將軍：官名。東漢所置四征大將軍之一。位在將軍之上。 馮異：字公孫，潁川父城（今河南寶豐縣東）人。傳見本書卷一七。 栒邑：縣名。治所在今陝西旬邑縣東北。栒，底本原作“掏”，當爲“栒”之訛。大德本、殿本作“栒”。

[10]【今注】案，大德本、殿本無“隗”字。

[11]【今注】馮異傳：即本書卷一七。

八年秋，復從車駕上隴。及囂破，帝東歸過汧，幸遵營，勞饗士卒，作黄門武樂，良夜乃罷。[1]時遵有疾，詔賜重茵，覆以御蓋。復令進屯隴下。及公孫述遣兵救囂，吴漢、耿弇等悉奔還，遵獨留不卻。[2]九年春，卒於軍。

[1]【李賢注】黄門，署名。《前書》曰：“是時名倡皆集黄門。”武樂，執干戚以舞也。良猶深也，本或作“久”（本，殿本誤作“夜”）。【今注】黄門：本指宫禁。光武帝在祭遵營中演奏

黄門武樂，以示褒奬。

［2］【李賢注】《東觀記》曰："時遵屯汧。詔書曰：'將軍連年距難，衆兵即卻，復獨按部，功勞爛然。兵退無宿戒，糧食不豫具，今乃調度，恐力不堪。國家知將軍不易，亦不遺力。今送縑千匹，以賜吏士。'"

遵爲人廉約小心，克己奉公，賞賜輒盡與士卒，家無私財，身衣韋絝，布被，夫人裳不加緣，帝以是重焉。[1]及卒，愍悼之尤甚。遵喪至河南縣，[2]詔遣百官先會喪所，車駕素服臨之，望哭哀慟。還幸城門，過其車騎，[3]涕泣不能已。喪禮成，復親祠以大牢，[4]如宣帝臨霍光故事。[5]詔大長秋、謁者、河南尹護喪事，[6]大司農給費。[7]博士范升上疏，[8]追稱遵曰："臣聞先王崇政，尊美屏惡。[9]昔高祖大聖，[10]深見遠慮，班爵割地，與下分功，著録勳臣，頌其德美。生則寵以殊禮，奏事不名，入門不趨。[11]死則疇其爵邑，世無絶嗣，[12]丹書鐵券，傳於無窮。[13]斯誠大漢厚下安人長久之德，所以累世十餘，歷載數百，[14]廢而復興，絶而復續者也。陛下以至德受命，先明漢道，褒序輔佐，封賞功臣，同符祖宗。征虜將軍潁陽侯遵，不幸早薨。陛下仁恩，爲之感傷，遠迎河南，惻怛之慟，形於聖躬，喪事用度，仰給縣官，[15]重賜妻子，不可勝數。送死有以加生，厚亡有以過存，矯俗厲化，卓如日月。[16]古者臣疾君視，臣卒君弔，[17]德之厚者也。陵遲已來久矣。及至陛下，復興斯禮，群下感動，莫不自勵。臣竊見遵修行積善，竭忠於國，北平漁陽，西拒隴、蜀，先登坻上，[18]深取略陽。[19]衆兵既退，獨守衝難。[20]制御士心，不越法度。所在吏人，不知有軍。[21]清名聞於海内，廉白著於當世。所得賞賜，輒盡與吏士，身無奇衣，家無私財。同産兄午以遵無子，娶妾送之，遵乃使人逆而不受，自以身任於國，不敢圖生慮繼嗣之計。臨死遺誡牛車載喪，薄葬洛陽。問以家事，終無所言。任重道遠，死而後已。[22]遵爲將軍，取士皆用儒術，對酒設樂，必雅歌投壺。[23]又建爲孔子立後，奏置五經大夫。[24]雖在軍旅，不忘俎豆，可爲好禮悦樂，[25]守死善道者也。禮，生有爵，死有謚，爵以殊尊卑，謚以明善惡。臣愚以爲宜因遵薨，論叙衆功，詳案謚法，以禮成之。[26]顯章國家篤古之制，爲後嗣法。”帝乃下升章以示公卿。至葬，車駕復臨，贈以將軍、侯印綬，朱輪容車，介士軍陳送葬，[27]謚曰成侯。既葬，車駕復臨其墳，存見夫人室家。其後會朝，帝每歎曰：“安得憂國奉公之臣如祭征虜者乎！”遵之見思若此。[28]

[1]【李賢注】“緣”或作“綵”。【今注】案，此處描述祭遵生活儉樸。韋絝，皮套褲。布被，布製的被子。

[2]【今注】河南縣：治所在今河南洛陽市西。本爲周之雒邑。秦置河南縣，西漢沿置，東漢因之。

[3]【李賢注】《東觀記》曰：“上還幸城門，閱過喪車，瞻望涕泣。”

[4]【今注】大牢：太牢。古代祭祀，牛羊豕三牲俱備謂之太牢。亦有專指牛爲太牢者。大，殿本作“太”。

[5]【李賢注】霍光薨，宣帝及上官太后親臨光喪，使太中大夫任宣（太，大德本作“大”）、侍御史五人持節護喪事。《東觀記》曰：“時下宣帝臨霍將軍儀，令公卿讀視，以爲故事。”【今注】宣帝：西漢宣帝劉詢，公元前74年至前49年在位。紀見《漢書》卷八。　霍光：字子孟，河東平陽（今山西臨汾市西南）人。西漢大臣。驃騎將軍霍去病異母弟。武帝時，任奉車都尉、光禄大夫，封博陸侯。後元二年（前87），任大司馬大將軍，受遺詔輔佐少主昭帝。昭帝去世後，立昌邑王劉賀，隨後將其廢黜而立宣帝。宣帝地節二年（前68），卒於官。謚宣成侯。傳見《漢書》卷六八。

[6]【今注】大長秋：官名。爲皇后近侍，秩二千石。東漢時多由宦官充任。職掌奉宣皇后之命和引見給賜宗室外戚之事，皇后出行則爲隨從。　謁者：官名。爲光禄勳之屬官，秩比六百石。掌賓贊受事。謁者僕射爲謁者之長，秩比千石。

[7]【今注】大司農：官名。九卿之一，秩中二千石。掌管國家財政。

[8]【今注】博士：官名。戰國時有博士，秦朝因之，諸子、詩賦、術數、方伎皆立博士。西漢武帝時置“五經”博士，職掌教授、課試，或奉使、議政。

[9]【李賢注】孔子曰：“尊五美，屏四惡。”（殿本無此注。語出《論語·堯曰》：“子張問於孔子曰：‘何如，斯可以從政矣？’子曰：‘尊五美，屏四惡，斯可以從政矣。’”五美指“君子惠而不費，勞而不怨，欲而不貪，泰而不驕，威而不猛”，四惡指“不教而殺謂之虐，不戒視成謂之暴，慢令致期謂之賊，猶之與人也，出納之吝，謂之有司”）

[10]【今注】高祖：西漢高祖劉邦，公元前206年至前195年在位。紀見《史記》卷八、《漢書》卷一。

[11]【李賢注】《前書》曰：“蕭何奏事不名，入門不趨。”

【今注】案,《漢書》卷三九《蕭何傳》高祖“乃令何第一,賜帶劍履上殿,入朝不趨”。《漢書》卷九九上《王莽傳上》陳崇、張竦稱頌王莽的奏文中引述:“高皇帝褒賞元功,相國蕭何邑户既倍,又蒙殊禮,奏事不名,入殿不趨,封其親屬十有餘人。”

[12]【李賢注】疇,等也。言功臣死後,子孫襲封,世世與先人等。

[13]【李賢注】《前書》高祖與功臣剖符作誓,丹書鐵契,金匱石室,藏之宗廟(見《漢書》卷一下《高帝紀下》)。

[14]【李賢注】漢興至此二百餘年,言“數百”者,謂以百數之。

[15]【今注】縣官:朝廷,官府。

[16]【李賢注】卓,高也。

[17]【李賢注】《前書》賈山上書曰:“古之賢君於其臣也,尊其爵禄而親之,疾則臨視之無數,死則往弔哭之,臨其小斂大斂,可謂盡禮也,故臣下竭力盡死以報其上。”(見《漢書》卷五一《賈山傳》。“臨其小斂大斂”之後文字有所省略)

[18]【李賢注】即隴坻上。

[19]【今注】略陽:縣名。治所在今甘肅秦安縣東北隴城鎮。

[20]【李賢注】衝,兵衝也。謂吴漢、耿弇等悉奔還,唯遵獨留不卻。

[21]【李賢注】言不侵擾。

[22]【李賢注】《論語》孔子曰:“仁以爲己任,不亦重乎。死而後已,不亦遠乎。”(殿本無此注。語見《論語·泰伯》)

[23]【李賢注】雅歌謂歌雅詩也。《禮記·投壺經》曰:“壺頸脩七寸,腹脩五寸,口徑二寸半,容斗五升。壺中實小豆焉,爲其矢之躍而出也。矢以柘若棘,長二尺八寸,無去其皮,取其堅而重。投之勝者飲不勝者,以爲優劣也。”

[24]【今注】五經大夫:官名。祭遵曾奏請光武帝置此官職,

並未實行。兩漢時期衹有五經博士。

[25]【今注】案，爲，大德本、殿本作“謂”，是。

[26]【李賢注】謚法，《周書》之篇，周公制焉。

[27]【李賢注】容車，容飾之車，象生時也。介士，甲士也。《東觀記》曰：“遣校尉發騎士四百人，被玄甲、兜鍪，兵車軍陳送葬。”【今注】案，王先謙《後漢書集解》引沈欽韓曰：“《續志》：大駕甘泉，鹵簿金根容車，中黄門尚衣奉衣登容。則容車載死者衣冠，所謂魂車也。”

[28]【李賢注】《東觀記》曰“上數嗟歎，衛尉銚期見上感慟，對曰‘陛下至仁，哀念祭遵不已，群臣各懷慚懼’”也。【今注】案，若，大德本、殿本作“如”。

無子，國除。兄午，官至酒泉太守。[1]從弟彤。[2]

[1]【今注】酒泉：郡名。治禄福縣（今甘肅酒泉市）。

[2]【今注】案，彤，紹興本、中華本作“肜”。

彤字次孫，早孤，以至孝見稱。遇天下亂，野無煙火，而獨在冢側。每賊過，見其尚幼而有志節，皆奇而哀之。

光武初以遵故，拜彤爲黄門侍郎，常在左右。及遵卒無子，帝追傷之，以彤爲偃師長，[1]令近遵墳墓，四時奉祠之。彤有權略，視事五歲，縣無盜賊，課爲第一，遷襄賁令。[2]時天下郡國尚未悉平，襄賁盜賊白日公行。彤至，誅破姦猾，殄其支黨，數年，襄賁政清。璽書勉勵，增秩一等，[3]賜縑百匹。

[1]【今注】偃師：縣名。治所在今河南偃師市東。

[2]【李賢注】襄賁，縣名，屬東海郡，故城在今沂州臨沂縣南。賁音肥。【今注】襄賁：縣名。治所在今山東蘭陵縣東南。

[3]【今注】案，袟，紹興本、大德本、殿本作"秩"，二字可通。

當是時，匈奴、鮮卑及赤山烏桓連和彊盛，[1]數入塞殺略吏人。朝廷以爲憂，益增緣邊兵，郡有數千人，又遣諸將分屯障塞。帝以彤爲能，建武十七年，拜遼東太守。[2]至則勵兵馬，廣斥候。彤有勇力，能貫三百斤弓。虜每犯塞，常爲士卒鋒，數破走之。二十一年秋，鮮卑萬餘騎寇遼東，彤率數千人迎擊之，自被甲陷陳，虜大奔，投水死者過半，遂窮追出塞，虜急，皆棄兵裸身散走，斬首三千餘級，獲馬數千匹。自是後鮮卑震怖，畏彤不敢復闚塞。彤以三虜連和，卒爲邊害，[3]二十五年，乃使招呼鮮卑，示以財利。其大都護偏何[4]遣使奉獻，願得歸化，彤慰納賞賜，稍復親附。其異種滿離、高句驪之屬，[5]遂駱驛款塞，[6]上貂裘好馬，帝輒倍其賞賜。其後偏何邑落諸豪並歸義，願自效。彤曰："審欲立功，當歸擊匈奴，斬送頭首乃信耳。"偏何等皆仰天指心曰："必自效！"即擊匈奴左伊袟訾部，[7]斬首二千餘級，持頭詣郡。其後歲歲相攻，輒送首級受賞賜。自是匈奴衰弱，邊無寇警，鮮卑、烏桓並入朝貢。

[1]【今注】赤山烏桓：爲東漢初年烏桓族的主要支族，因聚

居赤山而得名。赤山，一名烏桓山。在今内蒙古阿魯科爾沁旗與巴林左旗以北，大興安嶺山脈南端。

［2］【今注】遼東：郡名。治襄平縣（今遼寧遼陽市老城區）。

［3］【李賢注】卒，終也。三虜謂匈奴、鮮卑及赤山烏桓。

［4］【李賢注】鮮卑名也。【今注】大都護偏何：大都護，官名。鮮卑部族有此名號。本書卷九〇《鮮卑傳》作“都護偏何”，無“大”字。偏何，東漢初鮮卑首領。光武帝建武二十五年(49)，遼東太守祭肜分化匈奴、鮮卑和赤山烏桓聯盟，偏何歸附漢朝，並遵祭肜之命攻擊匈奴，又從祭遵征討烏桓。明帝永平元年(58)，偏何擊破赤山烏桓，斬其魁帥，塞外震讋。事迹見本書卷二〇《祭遵傳》、卷九〇《鮮卑傳》。

［5］【今注】滿離：部族名。鮮卑之異種。　高句驪：國名、部族名。高句驪族源於夫餘，後擴展勢力占有今東北一部及朝鮮部分地區。西漢時屬玄菟郡。東漢時不屬中原直轄。國都内城，即今吉林集安市東。東漢末年遷都丸都城（今吉林集安市南）。傳見本書卷八五。

［6］【今注】款塞：叩塞門。指外族前來通好。

［7］【今注】案，袟，當據《漢書》卷九四下《匈奴傳下》、王先謙《後漢書集解》改爲“秩”。

肜爲人質厚重毅，體貌絶衆。撫夷狄以恩信，皆畏而愛之，故得其死力。初，赤山烏桓數犯上谷，爲邊害，詔書設購賞，切責州郡，[1]不能禁。肜乃率勵偏何，遣往討之。永平元年，偏何擊破赤山，斬其魁帥，持首詣肜，塞外震讋。[2]肜之威聲，暢於北方，西自武威，[3]東盡玄菟及樂浪，[4]胡夷皆來内附，野無風塵。乃悉罷緣邊屯兵。

[1]【今注】案，功，大德本、殿本校注引劉攽《東漢書刊誤》曰："案文，'功'當作'切'。"

[2]【李賢注】音之涉反。【今注】讋（zhé）：懼怕，喪膽。

[3]【今注】武威：郡名。治姑臧縣（今甘肅武威市）。

[4]【今注】玄菟：郡名。治沃沮縣（今朝鮮咸鏡南道咸興市）。 樂浪：郡名。治朝鮮（今朝鮮平壤市）。

十二年，徵爲大僕。[1]彤在遼東幾三十年，衣無兼副。顯宗既嘉其功，又美彤清約，拜日，賜錢百萬，馬三匹，衣被刀劍下至居室什物，大小無不悉備。帝每見彤，常歎息以爲可屬以重任。後從東巡狩，過魯，[2]坐孔子講堂，顧指子路室謂左右曰："此太僕之室。太僕，吾之禦侮也。"[3]

[1]【今注】大僕：太僕，官名。九卿之一，秩中二千石。掌皇帝車馬。皇帝每出，奏駕上鹵簿用，大駕則執馭。大，大德本、殿本作"太"。

[2]【今注】魯：郡國名。治魯縣（今山東曲阜市）。

[3]【李賢注】《尚書大傳》曰："孔子曰：'吾有四友焉。自吾得回也，門人加親，是非胥附邪？自吾得賜也，遠方之士日至，是非奔走邪？自吾得師也，前有光，後有輝，是非先後邪？自吾得由也，惡言不至門，是非禦侮邪？'"（見《尚書大傳·殷傳·西伯戡耆》，文字略有不同）

十六年，使彤以太僕將萬餘騎與南單于左賢王信伐北匈奴，期至涿邪山。[1]信初有嫌於彤，行出高闕塞九百餘里，[2]得小山，乃妄言以爲涿邪山。彤到不見虜而還，坐逗留畏懦下獄免。[3]彤性沈毅内重，自恨見詐無功，出獄數日，歐血死。臨終謂其子曰："吾蒙國厚恩，奉使不稱，微績不立，身死誠慚恨。義不可以無功受賞，死後，若悉簿上所得賜物，[4]身自詣兵屯，效死前行，以副吾心。"既卒，其子逢上疏具陳遺言。帝雅重彤，方更任用，聞之大驚，召問逢疾狀，嗟歎者良久焉。烏桓、鮮卑追思彤無已，每朝賀京師，常過冢拜謁，仰天號泣乃去。遼東吏人爲立祠，四時奉祭焉。

［1］【今注】涿邪山：山名。在高闕塞北千餘里，今蒙古國境内阿爾泰山脈東南部一帶。

［2］【今注】高闕：關塞名。在今内蒙古烏拉特後旗西南狼山南麓呼和温都爾鎮西。

［3］【今注】案，留，大德本、殿本作"遛"。

［4］【李賢注】若，汝也。皆爲文簿而上之。

彤既葬，子參遂詣奉車都尉竇固，[1]從軍擊車師有功，[2]稍遷遼東太守。永元中，[3]鮮卑入郡界，參坐沮敗，下獄死。彤子孫多爲邊吏者，皆有名稱。

［1］【今注】奉車都尉：官名。西漢武帝時置奉車、駙馬、騎三都尉，隸光禄勳，秩比二千石。掌御乘輿馬。　竇固：字孟孫，扶風平陵（今陝西咸陽市西北）人。傳見本書卷二三。

［2］【今注】車師：西域城國。分前、後兩部。車師前部治交河城（今新疆吐魯番市高昌區以西的亞爾孜溝内交河古城），車師後部治務塗谷（今新疆吉木薩爾縣南山中）。

［3］【今注】永元：東漢和帝劉肇年號（89—105）。

論曰：祭肜武節剛方，動用安重，雖條侯、穰苴之倫，不能過也。[1]且臨守偏海，政移獷俗，[2]徼人請符以立信，胡貊數級於郊下，[3]至乃卧鼓邊亭，滅烽幽障者將三十年。古所謂“必世而後仁”，豈不然哉！[4]而一眚之故，以致感憤，[5]惜哉，畏法之敝也！[6]

［1］【李賢注】條侯，周亞夫也。爲將軍，軍於細柳。文帝幸其營，亞夫持兵揖曰：“介胄之士不拜，請以軍禮見。”文帝曰：“此真將軍也！”穰苴，齊人田穰苴也。齊景公使爲將軍，使莊賈往。穰苴與約曰：“旦日日中會於軍門。”穰苴先至，賈後至，於是遂斬莊賈以徇三軍，士皆振慄。【今注】條侯：周亞夫，沛（今江蘇沛縣）人，絳侯周勃之子。西漢名將。周勃死後爲條侯。文帝後元六年（前158），任將軍，駐軍細柳（今陝西咸陽市西南）抵禦匈奴。文帝親至，不得入其門，贊其爲“真將軍”，拜爲中尉。景帝三年（前154），吴楚七國反，遷太尉，率兵東擊，三月平定，遷丞相。後被人誣告謀反，在獄中五日不食，嘔血而卒。傳見《漢書》卷四〇。　穰苴：即司馬穰苴、田穰苴。春秋時期齊國大夫。田姓，司馬是其官名。齊景公時，受晏嬰推薦，將兵擊退晉、燕軍隊，以功擢任大司馬。戰國時，齊威王派人整理其用兵之術，號《司馬穰苴兵法》。傳見《史記》卷六四。

［2］【李賢注】獷音古猛反（大德本、殿本無“音”字），又音久永反。【今注】獷（guǎng）：野蠻，强悍。

［3］【李賢注】徼人謂徼外人偏何等也。符，驗也。爲偏何請還自效，以驗内屬之信。數級謂偏何斬匈奴，送首級受賞賜。

［4］【李賢注】三十年爲一世，言承化久也。《論語》孔子

曰："如有王者，必世而後仁。"【今注】案，語見《論語·子路》。

[5]【李賢注】眚，過也。《左傳》曰："不以一眚掩大德。"眚音所景反。【今注】眚（shěng）：過失。

[6]【李賢注】畏法猶嚴法也。

贊曰：期啓燕門，[1]霸冰虖河。[2]祭遵好禮，臨戎雅歌。[3]彤抗遼左，[4]邊廷懷和。

[1]【今注】期啓燕門：指銚期在薊城爲劉秀開路，突出城門。

[2]【今注】霸冰虖河：指王霸隨劉秀渡虖沱河時，爲穩定軍心，詭稱河已結冰，而河水果真結冰。

[3]【今注】臨戎：身處軍中。

[4]【今注】遼左：遼東。地理上以東爲左。

後漢書　卷二一

列傳第十一

任光 子隗　李忠　萬脩　邳肜　劉植　耿純

任光字伯卿，南陽宛人也。[1]少忠厚，爲鄉里所愛。初爲鄉嗇夫，郡縣吏。[2]漢兵至宛，軍人見光冠服鮮明，令解衣，將殺而奪之。會光禄勳劉賜適至，[3]視光容貌長者，乃救全之。光因率黨與從賜，爲安集掾，[4]拜偏將軍，[5]與世祖破王尋、王邑。[6]

[1]【今注】南陽：郡名。治宛縣（今河南南陽市卧龍區）。

[2]【李賢注】《續漢志》曰："三老、遊徼，郡所署也，秩百石，掌一鄉人。其鄉小者，縣署嗇夫一人，主知人善惡，爲役先後，知人貧富，爲賦多少。"（語見本書《百官志五》）【今注】鄉嗇夫：官名。一鄉之長。大鄉置有秩嗇夫，省稱鄉有秩，秩百石，爲郡所署；小鄉置嗇夫，秩斗食，爲縣所署。

[3]【今注】光禄勳：官名。九卿之一，秩中二千石。秦置郎中令，西漢武帝太初元年（前104）更爲光禄勳。掌宫殿門户，統領皇帝的顧問參議、宿衛侍從、傳達接待等官。　劉賜：字子

琴，南陽蔡陽（今湖北棗陽市西南）人。光武帝劉秀族兄。傳見本書卷一四。

［4］【今注】安集掾：西漢末年緑林軍陳牧部屬吏有此職，掌安集軍衆。

［5］【今注】偏將軍：官名。軍官中地位較低者。

［6］【今注】世祖：東漢開國皇帝劉秀廟號，這裏指劉秀，公元25年至57年在位。紀見本書卷一。　王尋：西漢末新莽時期人。新莽時爲大司徒，封丕進侯、章新公。劉玄更始元年（23）在昆陽爲劉秀等率領緑林軍所殺。　王邑：西漢末新莽時期人。新莽時爲大司空，封成都侯、隆新公。劉玄更始元年，在昆陽爲劉秀等率領緑林軍擊敗。

更始至洛陽，[1]以光爲信都太守。[2]及王郎起，[3]郡國皆降之，光獨不肯，遂與都尉李忠、令萬脩、[4]功曹阮況、五官掾郭唐等[5]同心固守。廷掾持王郎檄[6]詣府白光，光斬之於市，以徇百姓，發精兵四千人城守。更始二年春，世祖自薊還，[7]狼狽不知所向，[8]傳聞信都獨爲漢拒邯鄲，[9]即馳赴之。光等孤城獨守，恐不能全，[10]聞世祖至，大喜，吏民皆稱萬歲，即時開門，與李忠、萬脩率官屬迎謁。世祖入傳舍，[11]謂光曰："伯卿。今埶力虛弱，[12]欲俱入城頭子路、力子都兵中，[13]何如邪？"光曰："不可。"世祖曰："卿兵少，如何？"光曰："可募發奔命，[14]出攻傍縣，若不降者，恣聽掠之。人貪財物，則兵可招而致也。"世祖從之。拜光爲左大將軍，封武成侯，留南陽宗廣領信都太守事，[15]使光將兵從。光乃多作檄文曰："大司馬劉公將城頭子路、力子都兵百萬衆從東方來，[16]擊諸反虜。"

遣騎馳至鉅鹿界中。[17]吏民得檄，傳相告語。世祖遂與光等投暮入堂陽界，[18]使騎各持炬火，彌滿澤中，光炎燭天地，舉城莫不震驚惶怖，其夜即降。旬日之閒，兵衆大盛，因攻城邑，遂屠邯鄲，迺遣光歸郡。

［1］【今注】更始：本指劉玄稱帝時的年號（23—25），這裏指劉玄。傳見本書卷一一。　洛陽：都城名。一作“雒陽”。在今河南洛陽市東白馬寺一帶之洛水北岸。西漢、新莽以此爲陪都，東漢定都於此。

［2］【今注】信都：郡名。治信都縣（今河北衡水市冀州區）。　太守：官名。爲郡最高行政長官，秩二千石。

［3］【今注】王郎：一名昌，趙國邯鄲（今河北邯鄲市）人。傳見本書卷一二。

［4］【李賢注】信都令也。【今注】都尉：官名。佐助太守分管郡中軍事。《漢書·百官公卿上》謂郡尉“掌佐守典武職甲卒，秩比二千石”，但尹灣漢簡中所記西漢晚期東海郡“都尉一人，秩真二千石”，高於比二千石（參見連雲港市博物館等編《尹灣漢墓簡牘》，中華書局 1997 年版，第 14 頁）。　李忠：傳見本卷。　令：官名。爲縣之行政長官。秩千石至六百石。　萬脩：傳見本卷。

［5］【李賢注】《續漢志》曰：“五官掾，掌署諸曹事。”【今注】功曹：官名。漢代郡太守、縣令長之屬吏中地位最高者。這裏指郡功曹。　五官掾：漢代郡太守自辟除屬吏之一，地位與功曹相當。

［6］【李賢注】《東觀記》扶柳縣廷掾（掾，大德本作“尉”，誤，縣無廷尉）。【今注】廷掾：縣令長之屬吏，與功曹地位相當。

［7］【今注】薊：縣名。治所在今北京市西南。

［8］【今注】案，狽，大德本、殿本作“貝”。

［9］【今注】邯鄲：縣名。治所在今河北邯鄲市。

［10］【李賢注】獨守無援，故恐之。

［11］【今注】傳舍：由官府經營、爲出行官吏提供車馬等交通工具和食宿便利的處所。

［12］【今注】埶："勢"的古字。

［13］【今注】案，力子都，大德本誤作"刀子都"，本卷下同不注。

［14］【今注】奔命：應急出戰的部隊。

［15］【今注】宗廣：東漢初官吏。光武帝建武元年（25）任尚書，持節招降叛臣馮愔，隨後又招降更始諸將王匡、胡殷等。事迹見本書卷一六《鄧禹傳》、卷二一《任光李忠傳》、卷二二《王梁傳》。　領：地位較高的官員兼理較低的職務。

［16］【今注】大司馬：官名。西漢武帝元狩四年（前119）初置，但無印綬、官屬。成帝時以王根爲大司馬，置印綬、官屬，與大司徒、大司空並爲"三公"。東漢光武帝建武二十七年改名爲太尉。靈帝末復置大司馬。

［17］【今注】鉅鹿：郡名。治鉅鹿縣（今河北雞澤縣東北）。

［18］【李賢注】投，至也。堂陽，今冀州縣也。【今注】堂陽：縣名。治所在今河北新河縣西北。

城頭子路者，東平人，[1]姓爰，名曾，字子路，與肥城劉詡起兵盧城頭，[2]故號其兵爲"城頭子路"。曾自稱"都從事"，[3]詡稱"校三老"，[4]寇掠河、濟閒，衆至二十餘萬。更始立，曾遣使降，拜曾東萊郡太守，[5]詡濟南太守，[6]皆行大將軍事。[7]是歲，曾爲其將所殺，衆推詡爲主，更始封詡助國侯，令罷兵歸本郡。

[1]【今注】東平：國名。治無鹽縣（今山東東平縣東）。

[2]【李賢注】盧，縣名，屬太山郡，今濟州縣。【今注】肥城：縣名。治所在今山東肥城市。　盧：縣名。治所在今山東濟南市長清區西南。

[3]【今注】從事：官名。漢代司隸校尉和各州刺史之下，均設從事史若干人。"都從事"當爲爰曾自署的稱號。

[4]【今注】三老：官名。漢代設鄉三老、縣三老、郡三老、國三老，推舉德高望衆者爲之。"校三老"爲劉詡自署的稱號。

[5]【李賢注】今萊州。【今注】案，大德本、殿本有劉攽《東漢書刊誤》曰："案，他處復字郡名皆不言'郡太守'，明此衍。"　東萊：郡名。西漢時治掖縣（今山東萊州市），東漢時移治黄縣（今山東龍口市東）。

[6]【今注】濟南：郡名。治東平陵縣（今山東濟南市章丘區西北）。

[7]【今注】行：兼攝官職。　大將軍：官名。金印紫綬，與三公相當。自西漢武帝時起領録尚書事，權勢超過丞相。東漢時多以貴戚擔任，位在三公之上。

力子都者，東海人也。[1]起兵鄉里，鈔擊徐、兖界，[2]衆有六七萬。更始立，遣使降，拜子都徐州牧。[3]爲其部曲所殺，[4]餘黨復相聚，與諸賊會於檀鄉，[5]因號爲檀鄉。檀鄉渠帥董次仲始起茌平，[6]遂渡河入魏郡、清河，[7]與五校合，衆十餘萬。建武元年，[8]世祖入洛陽，遣大司馬吴漢等擊檀鄉，[9]明年春，大破降之。

[1]【今注】東海：郡名。治郯縣（今山東郯城縣北）。

［2］【今注】徐：州名。西漢武帝時所置十三刺史部之一。轄有今山東南部和江蘇長江以北地區。東漢治郯縣（今山東郯城縣）。兖：州名。西漢武帝時所置十三刺史部之一。轄有今山東西南部，北至長清、濟南、臨朐，東至沂河流域，東南以棗莊、微山湖、泗水東岸爲界，包括河南東部開封、濮陽、滑縣以東，扶溝、柘城以北地區。東漢治昌邑縣（今山東金鄉縣西北）。

［3］【今注】州牧：官名。西漢武帝置刺史，秩六百石，奉詔條監察一州。成帝時罷刺史，置州牧，秩二千石，掌一州軍政大權。哀帝時復爲刺史，旋又改爲州牧。東漢光武帝建武十八年（42）又復爲刺史。靈帝中平五年（188）又選列卿爲州牧。

［4］【今注】部曲：部屬，部下。

［5］【李賢注】今兖州瑕丘縣東北有檀鄉。【今注】檀鄉：在今山東濟寧市兖州區西北。

［6］【李賢注】茌平，縣名，屬東郡，故城在今博州聊城縣東。茌音仕疑反。【今注】渠帥：首領、大帥。多用於對農民起義軍領袖、少數民族首領或部族酋長之稱。　茌（chí）平：縣名。治所在今山東茌平縣西南。

［7］【今注】魏郡：治鄴縣（今河北臨漳縣西南鄴鎮）。　清河：郡國名。西漢時治清陽縣（今河北清河縣東南），東漢時移治甘陵縣（今山東臨清市東北）。

［8］【今注】建武：東漢光武帝劉秀年號（25—56）。

［9］【今注】吴漢：字子顔，南陽宛（今河南南陽市卧龍區）人。傳見本書卷一八。

是歲，更封光阿陵侯，[1]食邑萬户。五年，徵詣京師，奉朝請。[2]其冬卒。子隗嗣。

［1］【李賢注】阿陵，縣名，屬涿郡也。【今注】阿陵：縣

名。治所在今河北任丘市東北南陵城。

[2]【今注】奉朝請：漢制，諸侯朝見皇帝，春曰朝，秋曰請。奉朝請者，僅奉朝會請召而已，無定員，亦非官位。漢代退職大臣、將軍和皇室、外戚多以奉朝請名義參加朝會。

後阮況爲南陽太守，郭唐至河南尹，[1]皆有能名。

[1]【今注】河南尹：官名。東漢都城洛陽所在的京畿地區，名河南尹，治洛陽縣（今河南洛陽市東北），其行政長官亦名河南尹，秩中二千石。

隗字仲和，少好黄老，清静寡欲，所得奉秩，常以賑卹宗族，收養孤寡。顯宗聞之，[1]擢奉朝請，遷羽林左監、[2]虎賁中郎將，[3]又遷長水校尉。[4]肅宗即位，[5]雅相敬愛，數稱其行，以爲將作大匠。[6]將作大匠自建武以來常謁者兼之，[7]至隗迺置真焉。建初五年，[8]遷太僕，[9]八年，代竇固爲光禄勳，[10]所歷皆有稱。章和元年，[11]拜司空。[12]

[1]【今注】顯宗：東漢明帝劉莊，廟號顯宗，公元 57 年至 75 年在位。紀見本書卷二。

[2]【李賢注】《續漢志》曰："羽林有左、右監一人，各六百石，主左、右羽林騎。"（本注底本多字不清，據紹興本、大德本、殿本補）

[3]【今注】虎賁中郎將：官名。秩比二千石，職屬光禄勳。統領虎賁中郎、侍郎、郎中，掌宿衛侍從。詳見本書《百官志二》。

[4]【今注】長水校尉：官名。漢代京師屯兵八校尉之一，西

漢武帝置。東漢因置，秩比二千石，掌宿衛兵。詳見本書《百官志四》。

［5］【今注】肅宗：東漢章帝劉炟，公元 75 年至 88 年在位。紀見本書卷三。

［6］【李賢注】《前書》曰，將作少府，秦官也，景帝更名將作大匠，秩二千石（本注底本多字漫漶不清，據紹興本、大德本、殿本補）。【今注】將作大匠：官名。秩二千石。掌修作宗廟、路寢、宫室、陵園土木之功。詳見本書《百官志四》及《漢書·百官公卿表上》。

［7］【今注】謁者：官名。爲光禄勳屬官，秩比六百石。掌賓贊受事。謁者僕射爲謁者之長，秩比千石。。

［8］【今注】建初：東漢章帝劉炟年號（76—84）。

［9］【今注】太僕：官名。九卿之一，秩中二千石。掌皇帝車馬。皇帝每出行，奏駕上鹵簿用，大駕則執馭駕車。詳見本書《百官志二》。

［10］【今注】竇固：字孟孫，扶風平陵（今陝西咸陽市西北）人。傳見本書卷二三。

［11］【今注】章和：東漢章帝劉炟年號（87—88）。

［12］【今注】司空：官名。金印紫綬。掌水土及營建工程。西漢成帝綏和元年（前 8）改御史大夫爲大司空，與大司馬、大司徒並爲“三公”。東漢時改稱司空，與太尉、司徒並爲“三公”。詳見本書《百官志一》。

隗義行内修，不求名譽，而以沈正見重於世。和帝即位，[1]大將軍竇憲秉權，[2]專作威福，内外朝臣莫不震慴。時憲擊匈奴，[3]國用勞費，隗奏議徵憲還，前後十上。獨與司徒袁安同心畢力，[4]持重處正，鯁言直議，無所回隱，[5]語在《袁安傳》。

［1］【今注】和帝：東漢和帝劉肇，公元 88 年至 105 年在位。紀見本書卷四。

［2］【今注】竇憲：字伯度，扶風平陵（今陝西咸陽市西北）人。傳見本書卷二三。

［3］【今注】匈奴：中國古代北方民族之一，亦稱胡。戰國後期興起。秦至西漢前期，占有大漠南北廣大地區。武帝大規模反擊後，匈奴勢力漸衰。宣帝以後，南匈奴在呼韓邪單于帶領下附漢。東漢光武帝建武二十四年（48），匈奴又分裂爲南北二部，南匈奴附漢，北匈奴在漢與南匈奴的打擊下逐漸西遷。傳見本書卷八九。

［4］【今注】司徒：官名。金印紫綬。西漢哀帝元壽二年（前 1）改丞相爲大司徒，與大司馬、大司空（由御史大夫改）並爲“三公”。東漢時改稱司徒，與太尉、司空並爲“三公”。詳見本書《百官志一》。　袁安：字邵公，汝南汝陽（今河南商水縣西北）人。傳見本書卷四五。

［5］【李賢注】持重謂守正也。執議不移（中華本“執”前有“鯁言謂”三字，可據補）。回，邪也。隱，避也。

永元四年薨，[1]子屯嗣。帝追思隗忠，擢屯爲步兵校尉，[2]徙封西陽侯。[3]

［1］【今注】永元：東漢和帝劉肇年號（89—105）。

［2］【今注】步兵校尉：官名。漢代京師屯兵八校尉之一，西漢武帝置。東漢因置，秩比二千石，掌宿衛兵。詳見本書《百官志四》。

［3］【李賢注】西陽，縣名，屬山陽郡也。【今注】西陽：縣名。治所在今河南光山縣西。西陽當屬江夏郡，李賢注誤（參見曹金華《後漢書稽疑》，中華書局 2014 年版，第 317 頁）。

屯卒，子勝嗣。[1]勝卒，子世嗣，徙封北鄉侯。[2]

[1]【李賢注】《東觀漢記》曰“勝”字作“騰”(“曰”字，當據文例及中華本删)。

[2]【李賢注】北鄉，縣名，屬齊郡。【今注】北鄉：侯國名。在今山東半島一帶。

李忠字仲都，[1]東萊黄人也。[2]父爲高密都尉。[3]忠元始中以父任爲郎，[4]署中數十人，而忠獨以好禮修整稱。王莽時爲新博屬長，[5]郡中咸敬信之。

[1]【今注】案，仲都，《後漢紀》卷二作“仲卿”。據曹金華《後漢書稽疑》考證，“仲都”爲是（第318頁）。

[2]【李賢注】黄，今萊州縣也，故城在縣東南。【今注】黄：縣名。治所在今山東龍口市東南黄城集。

[3]【李賢注】臣賢案：《東觀記》《續漢書》並云“中尉”。又《郡國志》高密，侯（中華本“侯”字後有“國”字，當據補)。《百官志》皇子封，每國傅、相各一人，中尉一人，比二千石，職如郡都尉，主盜賊。高密非郡，爲“都”字者誤。【今注】高密：侯國名。治所在今山東高密市西南。

[4]【今注】元始：西漢平帝劉衎年號（1—5)。　任：保舉人爲官。

[5]【李賢注】王莽改信都國曰新博，都尉曰屬長也（都，大德本作“郡”)。

更始立，使使者行郡國，即拜忠都尉官。忠遂與任光同奉世祖，以爲右大將軍，[1]封武固侯。時世祖自解所佩綬以帶忠，[2]因從攻下屬縣。至苦陘，[3]世祖會諸將，問所得財物，唯忠獨無所掠。世祖曰：“我欲特賜李忠，諸卿得無望乎？”即以所乘大驪馬及繡被衣物賜之。[4]

［1］【今注】右大將軍：官名。東漢初置。將軍中以大將軍最尊。右大將軍則不常置，職位亦較低。

［2］【李賢注】《東觀記》曰：“上初至，不脱衣帶，衣服垢薄，使忠解瀚長襦，忠更作新袍袴解支小單衣襪而上之（解，王先謙《後漢書集解》引沈欽韓説改爲‘鮮’。襪，殿本作‘韤’）。”

［3］【李賢注】苦陘，縣名，屬中山國，章帝改曰漢昌，自此已後，隨代改之，今定州唐昌縣是也。【今注】苦陘：縣名。治所在今河北定州市東南。東漢章帝時改爲漢昌縣。

［4］【李賢注】馬色黑而青曰驪。

進圍鉅鹿，未下，王郎遣將攻信都，信都大姓馬寵等開城内之，收太守宗廣及忠母妻，[1]而令親屬招呼忠。時寵弟從忠爲校尉，[2]忠即時召見，責數以背恩反城，因格殺之。諸將皆驚曰：“家屬在人手中，殺其弟，何猛也！”忠曰：“若縱賊不誅，則二心也。”世祖聞而美之，謂忠曰：“今吾兵已成矣，將軍可歸救老母妻子，宜自募吏民能得家屬者，賜錢千萬，來從我取。”忠曰：“蒙明公大恩，思得效命，誠不敢内顧宗親。”世祖迺使任光將兵救信都，光兵於道散降王郎，無功而還。會更始遣將攻破信都，忠家屬得全。世祖因使忠還，行太守事，收郡中大姓附邯鄲者，誅殺數百人。及任光歸郡，忠迺還復都尉。[3]建武二年，更封中水侯，[4]食邑三千户。其年，徵拜五官中郎將，[5]從平龐萌、董憲等。[6]

[1]【今注】案，曹金華《後漢書稽疑》認爲“妻”後當有“子”字（第318頁）。

[2]【今注】校尉：官名。漢制，一般軍隊中，將軍以下有校尉。

[3]【今注】案，大德本“復”後有“爲”字。

[4]【李賢注】中水，縣，屬涿郡。《前書音義》曰：“此縣在兩河之間，故曰中水。”故城在今瀛州樂壽縣西北。【今注】中水：縣名。治所在今河北獻縣西北。

[5]【今注】五官中郎將：官名。西漢武帝設中郎三將，其首爲五官中郎將，秩比二千石，職領所屬諸郎，爲皇帝高級侍從官。東漢因置。詳見本書《百官志二》。

[6]【今注】龐萌：山陽（今山東巨野縣）人。傳見本書卷一二。　董憲：東海郡（今山東郯城縣北）人。兩漢之際豪强。更始政亂長安後，起兵東海。東漢光武帝建武三年（27），被梁王劉永立爲海西王，拜翼漢大將軍。五年，劉秀征憲於昌慮（今山東滕州市東南），大破之。憲與龐萌被漢將吴漢圍於朐（今江蘇連雲港市海州區西南）。城中穀盡，二人乃潛出，襲取贛榆，後亡澤中。六年，朐破，憲妻、子被俘，乃欲歸降，被漢校尉韓湛追斬於方與。事迹見本書卷一《光武帝紀》、卷一二《劉永龐萌傳》、卷一八《吴漢傳》等。

六年，遷丹陽太守。[1]是時海内新定，南方海濱江淮，多擁兵據土。忠到郡，招懷降附，其不服者悉誅之，旬月皆平。忠以丹陽越俗不好學，嫁娶禮儀，衰於中國，乃爲起學校，習禮容，春秋鄉飲，[2]選用明經，郡中向慕之。墾田增多，三歲閒流民占著者五萬餘口。[3]十四年，三公奏課爲天下第一，[4]遷豫章太守。[5]病去官，[6]徵詣京師。十九年，卒。

[1]【今注】丹陽：郡名。西漢武帝元封二年（前109）以鄣郡改置，治宛陵縣（今安徽宣城市宣州區）。

[2]【李賢注】校亦學也。《禮記》曰："鄉飲酒之義，主人拜迎賓於庠門之外，三揖而後至階，三讓而後升，所以致尊讓也。六十者坐，五十者立侍，以聽政役，所以明尊長也。合諸鄉射，教之鄉飲酒之禮，而孝悌之行立。"鄭玄注曰："春秋以禮會民於州序也。"（見今本《禮記》第四五《鄉飲酒義》）

[3]【李賢注】著音直略反。

[4]【今注】三公：秦漢時期皇帝之下最高官吏的通稱。東漢太尉、司徒、司空合稱"三公"，位高禄厚，但軍國要務多由皇帝近臣尚書辦理，實權削弱。

[5]【今注】豫章：郡名。治南昌縣（今江西南昌市）。

[6]【李賢注】《東觀記》曰："病溼痹，免。"

子威嗣。威卒，子純嗣，永平九年，[1]坐母殺純叔父，國除。[2]永初七年，[3]鄧太后復封純琴亭侯。[4]純卒，子廣嗣。

[1]【今注】永平：東漢明帝劉莊年號（58—75）。

[2]【李賢注】《東觀記》曰："永平二年，坐純母禮殺威弟季。"

[3]【今注】永初：東漢安帝劉祜年號（107—113）。

[4]【今注】鄧太后：即和熹鄧皇后。紀見本書卷一〇上。

萬脩字君游，扶風茂陵人也。[1]更始時，爲信都令，與太守任光、都尉李忠共城守，迎世祖，拜爲偏將軍，封造義侯。及破邯鄲，拜右將軍，[2]從平河北。建武二年，更封槐里侯。[3]與楊化將軍堅鐔俱擊南陽，[4]未剋而病，卒于軍。

[1]【今注】扶風：即右扶風，政區名。治長安縣（今陝西西安市西北）。　茂陵：縣名。西漢制度，以每一皇帝陵墓所在地設一縣，故於建元二年（前 139）以武帝陵墓茂陵及周圍地區置縣，治所在今陝西興平市東北。

[2]【今注】右將軍：官名。位如上卿，金印紫綬，掌京師兵衞及戍守邊隘，討伐征戰，但不常置。加諸吏、給事中等稱號則得以宿衞皇帝左右，參與朝議；若領尚書事則負責實際政務。

[3]【今注】槐里：縣名。治所在今陝西興平市東南。

[4]【今注】堅鐔：字子伋，潁川襄城（今河南襄城縣）人。傳見本書卷二二。

子普嗣，徙封泫氏侯。[1]普卒，子親嗣，徙封扶柳侯。[2]親卒，無子，國除。永初七年，鄧太后紹封脩曾孫豐爲曲平亭侯。[3]豐卒，子熾嗣。永建元年，[4]熾卒，無子，國除。延熹二年，[5]桓帝紹封脩玄孫恭爲門德亭侯。[6]

[1]【李賢注】泫氏，縣名，屬上黨郡。西有泫谷水，故以爲名。今澤州高平縣也。泫音工玄反（工玄，大德本作“胡淪”，殿本、中華本作“胡涓”，當據殿本及中華本改）。【今注】泫氏：縣名。治所在今山西高平市。

[2]【李賢注】扶柳，縣名，故城在今冀州信都縣西。【今注】扶柳：縣名。治所在今河北衡水市冀州區西北。

[3]【今注】曲平亭：地名。故址當在今河北衡水市冀州區一帶。

[4]【今注】永建：東漢順帝劉保年號（126—132）。

[5]【今注】延熹：東漢桓帝劉志年號（158—167）。

[6]【今注】桓帝：紀見本書卷七。　門德亭：地名。故址當在今河北衡水市冀州區一帶。

邳彤字偉君，信都人也。父吉，爲遼西太守。[1]彤初爲王莽和成卒正。[2]世祖徇河北，至下曲陽，[3]彤舉城降，復以爲太守，留止數日。世祖北至薊，會王郎兵起，使其將徇地，所到縣莫不奉迎，唯和成、信都堅守不下。彤聞世祖從薊還，失軍，欲至信都，乃先使五官掾張萬、督郵尹綏，[4]選精騎二千餘匹，緣路迎世祖軍。彤尋與世祖會信都。世祖雖得二郡之助，而兵衆未合，議者多言可因信都兵自送，西還長安。彤廷對曰："議者之言皆非也。吏民歌吟思漢久矣，故更始舉尊號而天下響應，三輔清宫除道以迎之。[5]一夫荷戟大呼，則千里之將無不捐城遁逃，虜伏請降。自上古以來，亦未有感物動民其如此者也。又卜者王郎，假名因埶，驅集烏合之衆，遂震燕、趙之地；况明公奮二郡之兵，揚響應之威，以攻則何城不克，以戰則何軍不服！今釋此而歸，豈徒空失河北，必更驚動三輔，墮損威重，非計之得者也。若明公無復征伐之意，則雖信都之兵猶難會也。何者？明公既西，則邯鄲城民不肯捐父母，背城主，而千里送公，其離散亡逃可必也。”世祖善其言而止。即日拜肜爲後大將軍，和成太守如故，使將兵居前。比至堂陽，堂陽已反屬王郎，肜使張萬、尹綏先曉譬吏民，世祖夜至，即開門出迎。引兵擊破白奢賊於中山。[6]自此常從戰攻。

［1］【今注】遼西：郡名。治陽樂縣（今遼寧義縣西）。

［2］【李賢注】《東觀記》曰（大德本、殿本“記”前有“漢”字）：“王莽分鉅鹿爲和成郡，居下曲陽，以肜爲卒正也。”【今注】卒正：官名。王莽改制所置，職如太守。

［3］【今注】下曲陽：縣名。治所在今河北晉州市古城村。

［4］【今注】督郵：官名。郡的重要屬吏，代表太守督察縣鄉，宣達教令，兼司獄訟捕亡。每郡分若干部，每部設督郵一人領其職。

［5］【今注】三輔：地區名。西漢都城長安所在的京畿地區，有京兆尹、左馮翊、右扶風三個行政區，其長官同治長安城中，合稱三輔。東漢定都洛陽，三輔名稱及所指區域未變。

［6］【今注】中山：郡國名。治盧奴縣（今河北定州市）。

信都復反爲王郎，郎所置信都王捕繫肜父弟及妻子，使爲手書呼肜曰：“降者封爵，不降族滅。”肜涕泣報曰：“事君者不得顧家。肜親屬所以至今得安於信都者，劉公之恩也。公方争國事，肜不得復念私也。”會更始所遣將攻拔信都，郎兵敗走，肜家屬得免。

及拔邯鄲，封武義侯。建武元年，更封靈壽侯，[1]行大司空事。[2]帝入洛陽，拜肜太常，[3]月餘日轉少府，[4]是年免。復爲左曹侍中，[5]常從征伐。六年，就國。

[1]【李賢注】靈壽，縣名，故城在今恒州靈壽縣西北。【今注】靈壽：縣名。治所在今河北靈壽縣西北。

[2]【今注】大司空：官名。金印紫綬。主管水土及營建工程。西漢成帝綏和元年（前8），改御史大夫爲大司空，禄比丞相，與大司馬、丞相並稱三公。旋改復。哀帝元壽二年（前1）又改爲大司空。東漢光武帝建武二十七年（51）去“大”字爲司空，與太尉、司徒並爲“三公”。

[3]【今注】太常：官名。九卿之一，秩中二千石。秦置奉常，漢初因之。西漢景帝時改名太常。掌宗廟祭祀禮儀，兼選試博士。

[4]【今注】少府：官名。九卿之一，秩中二千石。西漢時主管皇室財政，東漢時掌管宫中服御諸物、衣服、寶貨、珍膳等。

[5]【李賢注】《前書》曰，侍中有左、右曹。入侍天子，故曰侍中。【今注】左曹：官名。爲加官。西漢武帝時始置。加此官號者，可上朝謁見，享受二千石待遇。　侍中：官名。秦始置，爲丞相屬官，往來殿中，入侍天子，故名侍中。漢因置，爲天子近侍官，出入宫殿，顧問應對，爲加官。東漢地位日尊，由加官發展成秩比二千石實職，多以外戚、功臣子弟及師儒重臣擔任。

彤卒，子湯嗣，九年，徙封樂陵侯。[1]十九年，湯卒，子某嗣；[2]無子，國除。元初元年，[3]鄧太后紹封彤孫音爲平亭侯。[4]音卒，子柴嗣。

[1]【李賢注】樂陵，縣名，屬平原郡，故城在今滄州樂陵縣東也。【今注】樂陵：縣名。治所在今山東陽信縣西。

[2]【李賢注】史闕名也。

[3]【今注】元初元年：曹金華《後漢書稽疑》謂本書《馮異傳》《李忠傳》《萬脩傳》《朱祐傳》《景丹傳》《杜茂傳》等，皆有永初七年紹封之事，獨本傳作"元初元年"（第320頁）。元初，東漢安帝劉祜年號（114—120）。

[4]【今注】平亭：鄉亭名。故址在今河南孟津縣東。

初，張萬、尹綏與肜俱迎世祖，皆拜偏將軍，亦從征伐。萬封重平侯，綏封平臺侯。[1]

[1]【李賢注】重平，縣名，屬勃海郡，故城在今安德縣西北。臣賢案：平臺，縣，屬常山郡，諸本多云"平壹"者，誤也。【今注】重平：縣名。治所在今山東德州市陵城區東北。　平臺：縣名。治所在今河北石家莊市一帶。

論曰：凡言成事者，以功著易顯；謀幾初者，以理隱難昭。[1]斯固原情比迹，所宜推察者也。若迺議者欲因二郡之衆，建入關之策，委成業，臨不測，而世主未悟，謀夫景同，[2]邳肜之廷對，其爲幾乎！語曰"一言可以興邦"，[3]斯近之矣。

[1]【李賢注】幾者，事之先見者也。

[2]【今注】景同：附和。景，"影"之古字。

[3]【李賢注】《論語》曰魯定公謂孔子之言（曰，當據殿本及文例删。大德本、殿本句末有"也"）。【今注】案，語見《論語·子路》。

劉植字伯先，鉅鹿昌城人也。[1]王郎起，植與弟喜、從兄歆[2]率宗族賓客，聚兵數千人據昌城。聞世祖從薊還，迺開門迎世祖，[3]以植爲驍騎將軍，[4]喜、歆偏將軍，皆爲列侯。時真定王劉揚起兵以附王郎，[5]衆十餘萬。世祖遣植説揚，揚迺降。世祖因留真定，納郭后，[6]后即揚之甥也，故以此結之。迺與揚及諸將置酒郭氏漆里舍，[7]揚擊筑爲歡，因得進兵拔邯鄲，從平河北。

[1]【今注】鉅鹿：郡名。西漢時治鉅鹿縣（今河北雞澤縣東北）。　昌城：縣名。治所在今河北衡水市冀州區西北。

[2]【李賢注】《東觀記》曰"喜"作"嘉"（曰，當據文例及中華本删），字共仲，歆字細君也。【今注】喜：劉喜。曾爲驃騎將軍，與祭遵、耿弇、朱祐等擊彭寵。封觀津侯。事迹見本書卷一九《耿弇傳》、卷二〇《祭遵傳》。　歆：劉歆，字細君，鉅鹿昌城（今河北衡水市冀州區）人。新莽末起兵，占據昌城。後歸光武帝，拜偏將軍。建武五年（29），爲騎都尉，隨建威大將軍耿弇東擊割據者張步於劇縣，力戰有功，拜驍騎將軍，封浮陽侯。六年，隨耿弇從天水西伐公孫述。十一年，隨岑彭及吴漢討平公孫述，戰功卓著。事迹見本書卷一七《岑彭傳》、卷一九《耿弇傳》、卷二〇《祭遵傳》等。

[3]【今注】案，曹金華《後漢書稽疑》謂據文意，當以"迺開門迎"爲句，"世祖"二字從下句讀（第320頁）。

[4]【今注】驍騎將軍：官名。西漢武帝置，在雜號將軍中品秩較高，主征伐。更始與赤眉也置此官。

[5]【今注】真定：郡國名。西漢武帝置，治真定縣（今河北正定縣南）。　劉揚：西漢景帝七世孫，東漢光武帝建武二年謀反被誅。事迹見本書卷一上《光武帝紀上》。一説當作"劉楊"（參

見曹金華《後漢書稽疑》，第320頁）。

［6］【今注】郭后：即光武郭皇后。紀見本書卷一〇上。

［7］【李賢注】漆園即郭后所居之里名也（園，正文作“里”，當據劉攽《東漢書刊誤》改；后，殿本作“氏”）。

建武二年，更封植爲昌城侯。討密縣賊，[1]戰歿。子向嗣。帝使喜代將植營，復爲驍騎將軍，封觀津侯。[2]喜卒，復以歆爲驍騎將軍，封浮陽侯。[3]喜、歆從征伐，皆傳國于後。向徙封東武陽侯，[4]卒，子述嗣，永平十五年，坐與楚王英謀反，[5]國除。

［1］【今注】密縣：治所在今河南新密市東南。

［2］【李賢注】觀津，縣名，故城在今德州蓨縣西北。【今注】觀津：縣名。治所在今河北武邑縣東南。

［3］【李賢注】浮陽，縣名，屬勃海郡，在浮水之陽，今滄州清池縣也。【今注】浮陽：侯國名。西漢置浮陽縣，東漢改置爲浮陽侯國。治所在今河北滄州市東南。

［4］【李賢注】東武陽，縣，屬東郡，在武水之陽，故城在今魏州華陽南（華陽，當據王先謙《後漢書集解》引沈欽韓説改爲“莘縣”。大德本“陽”後有“縣”字）。【今注】東武陽：縣名。因位於武水之北而得名。治所在今山東莘縣東南。

［5］【今注】楚王英：傳見本書卷四二。

耿純字伯山，鉅鹿宋子人也。[1]父艾，爲王莽濟平尹。[2]純學於長安，因除爲納言士。[3]

［1］【今注】宋子：縣名。治所在今河北趙縣東北。

［2］【李賢注】莽改定陶國曰濟平也。【今注】濟平：郡名。王莽改定陶爲濟平。治所在今山東菏澤市定陶區西北。　尹：官名。王莽改郡太守名曰大尹。

［3］【李賢注】王莽法古置納言之官，即尚書也。每官皆置士，故曰納言士也。【今注】納言：官名。王莽改大司農爲納言。納言置大夫三人，一大夫置元士三人。納言士即納言大夫所屬之元士。

王莽敗，更始立，使舞陰王李軼降諸郡國，[1]純父艾降，還爲濟南太守。時李軼兄弟用事，專制方面，賓客游説者甚衆。純連求謁不得通，久之迺得見，因説軼曰："大王以龍虎之姿，遭風雲之時，[2]奮迅拔起，期月之閒兄弟稱王，[3]而德信不聞於士民，功勞未施於百姓，寵禄暴興，此智者之所忌也。[4]兢兢自危，猶懼不終，而況沛然自足，可以成功者乎?"[5]軼奇之，且以其鉅鹿大姓，迺承制拜爲騎都尉，授以節，令安集趙、魏。

［1］【今注】舞陰：縣名。治所在今河南方城縣東南。　李軼：固始侯李通從弟。王莽末，與光武帝在宛起事。更始時封爲舞陰王。昆陽之戰時奉命守城，號五威將軍。事迹見本書卷一上《光武帝紀上》、卷一五《李通傳》等。

［2］【李賢注】遭，遇也。《易》曰："雲從龍，風從虎。"

［3］【李賢注】拔猶卒也。拔音步末反。期音朞。【今注】期月：一年。

［4］【李賢注】《前書》陳嬰母謂嬰曰"暴得富貴者不祥也"，故云智者之所忌也。

[5]【李賢注】《公羊傳》曰："力沛然若有餘。" 何休注曰："沛，有餘優饒貌（今本《春秋公羊傳》何休注無'優饒'二字，當據删）。"

會世祖度河至邯鄲，[1] 純即謁見，世祖深接之。純退，見官屬將兵法度不與它將同，遂求自結納，獻馬及縑帛數百匹。世祖北至中山，留純邯鄲。會王郎反，[2] 世祖自薊東南馳，純與從昆弟訢、宿、植共率宗族賓客二千餘人，[3] 老病者皆載木自隨，奉迎於育。[4] 拜純爲前將軍，封耿鄉侯，[5] 訢、宿、植皆偏將軍，使與純居前，降宋子，從攻下曲陽及中山。

[1]【今注】案，度，殿本作"渡"。

[2]【李賢注】《東觀記》曰："王郎舉尊號，欲收純，純持節與從吏夜逃出城（逃，殿本作'遁'），柱節道中（柱，殿本、中華本作'駐'，是），詔取行者車馬，得數十，馳歸宋子，與從兄訢、宿、植俱詣上所在盧奴，言王郎所反之狀（所、反，王先謙《後漢書集解》曰蓋爲衍文）。"

[3]【李賢注】《續漢書》曰"皆衣縑襜褕絳衣"也。

[4]【李賢注】《左傳》曰："又如是而嫁，將就木焉。" 木謂棺也，老病者恐死，故載以從軍。育，縣名，故城在冀州。【今注】育：縣名。治所在今河北衡水市冀州區。一説"育"當爲"貰"之誤（貰縣在西漢屬鉅鹿郡，治所在今河北辛集市西南）。參見中華本校勘記及曹金華《後漢書稽疑》（第322頁）。

[5]【李賢注】酈元注《水經》曰，郎水北有耿鄉（郎，當據王先謙《後漢書集解》引沈欽韓説改爲"成郎"），光武封耿純爲侯國，俗謂之宜安城。其故城在今恒州稾城縣西南也。【今

注】耿鄉：鄉亭名。在今山西河津市東南。

是時郡國多降邯鄲者，純恐宗家懷異心，迺使訢、宿歸，燒其廬舍。世祖問純故，對曰："竊見明公單車臨河北，非有府臧之蓄，[1]重賞甘餌，可以聚人者也，[2]徒以恩德懷之，是故士衆樂附。今邯鄲自立，北州疑惑，純雖舉族歸命，老弱在行，猶恐宗人賓客半有不同心者，故燔燒屋室，絶其反顧之望。"世祖歎息。及至鄗，[3]世祖止傳舍，鄗大姓蘇公反城開門内王郎將李惲。純先覺知，將兵逆與惲戰，大破斬之。從平邯鄲，又破銅馬。[4]

[1]【今注】案，臧，殿本作"藏"。

[2]【李賢注】《黄石公記》曰："芳餌之下必有懸魚，重賞之下必有死夫。"《易》曰："何以聚人，曰財。"故純引之。

[3]【今注】鄗：縣名。治所在今河北柏鄉縣東南。

[4]【今注】銅馬：農民軍稱號。新莽末年河北農民軍中勢力最强的一支。首領有東山荒、秃上、淮況。其部衆後來多被劉秀收編。

時赤眉、青犢、上江、大彤、鐵脛、五幡十餘萬衆並在射犬，[1]世祖引兵將擊之。純軍在前，去衆營數里，賊忽夜攻純，雨射營中，[2]士多死傷。純勒部曲，堅守不動。選敢死二千人，俱持彊弩，各傅三矢，使銜枚閒行，[3]繞出賊後，齊聲呼譟，彊弩並發，賊衆驚走，追擊，遂破之。馳騎白世祖。世祖明旦與諸將俱至營，勞純曰："昨夜困乎？"純曰："賴明公威德，幸而獲全。"世祖曰："大兵不可夜動，故不相救耳。軍營進退無常，卿宗族不可悉居軍中。"迺以純族人耿伋爲蒲吾長，[4]悉令將親屬居焉。

[1]【今注】赤眉青犢上江大彤鐵脛五幡：均爲新莽末農民軍稱號。或以軍容命名，或以地域命名，或以首領命名。　案，十，大德本作"千"。　射犬：城邑名。在今河南修武縣西南。

[2]【李賢注】矢下如雨也。

[3]【李賢注】傅，著也。【今注】傅：安上，加上。

[4]【李賢注】蒲吾，縣名，屬常山郡，故城在今恒州靈壽縣南。【今注】蒲吾：縣名。治所在今河北靈壽縣西南。

世祖即位，封純高陽侯。[1]擊劉永於濟陰，[2]下定陶。初，純從攻王郎，墯馬折肩，[3]時疾發，迺還詣懷宮。[4]帝問"卿兄弟誰可使者"，純舉從弟植，於是使植將純營，純猶以前將軍從。

[1]【今注】高陽：縣名。治所在今河北高陽縣東舊城。

[2]【今注】劉永：梁郡睢陽（今河南商丘市南）人。傳見本書卷一二。　濟陰：郡國名。治定陶縣（今山東菏澤市定陶區西北）。

[3]【今注】案，墯，殿本作"墮"。

[4]【李賢注】懷，河内縣名，有離宮焉。【今注】懷：縣名。治所在今河南武陟縣西南。秦漢時爲河内郡治所。　宮：離宮。古代皇帝於正式宮殿之外，令築宮室，以便臨時居住，稱離宮。

時真定王劉揚復造作讖記云："赤九之後，瘿揚爲主。"[1]揚病瘿，欲以惑衆，與綿曼賊交通。[2]建武二年春，遣騎都尉陳副、游擊將軍鄧隆徵揚，揚閉城門，不内副等。乃復遣純持節，行赦令於幽、冀，[3]所過並使勞慰王侯。密勑純曰："劉揚若見，因而收之。"純從吏士百餘騎與副、隆會元氏，[4]俱至真定，止傳舍。揚稱病不謁，以純真定宗室之出，[5]遣使與純書，欲相見。純報曰："奉使見王侯牧守，不得先詣，如欲面會，宜出傳舍。"[6]時揚弟林邑侯讓及從兄細[7]各擁兵萬餘人，揚自恃衆强而純意安静，即從官屬詣之，兄弟並將輕兵在門外。揚入見純，純接以禮敬，因延請其兄弟，皆入，迺閉閤悉誅之，因勒兵而出。真定震怖，無敢動者。帝憐揚、讓謀未發，並封其子，復故國。

[1]【李賢注】漢以火德，故云赤也。光武於高祖九代孫，故云九。

[2]【李賢注】綿曼，縣名，屬真定國，故城在今恒州石邑縣西北，俗音訛，謂之"人文"故城也（人文，中華本校勘記曰："人"本作"民"，章懷太子避唐諱改之）。【今注】綿曼：縣名。治所在今河北石家莊市鹿泉區東北。

[3]【今注】幽：州名。西漢武帝時所置十三刺史部之一。轄境相當於今北京、天津、河北北部、遼寧大部及朝鮮半島北部等地區。東漢時治薊縣（今北京市西南）。　冀：州名。西漢武帝時所置十三刺史部之一。轄境相當於今河北中南部、山東西端及河南北端。東漢時治高邑縣（今河北柏鄉縣北），末期移治鄴縣（今河北臨漳縣西南）。

［4］【今注】元氏：縣名。治所在今河北元氏縣西北。

［5］【李賢注】男子謂姊妹之子爲出也。

［6］【今注】案，宜出傳舍，《後漢紀》卷四《光武皇帝紀》作“宜自强來”。

［7］【李賢注】《東觀記》《續漢書》“細”並作“紺”。【今注】案，林邑，本書卷一上《光武帝紀上》作“臨邑”，當據王先謙《後漢書集解》改爲“臨邑”。細，《後漢紀·光武皇帝紀》亦作“紺”。

純還京師，因自請曰：“臣本吏家子孫，幸遭大漢復興，聖帝受命，備位列將，爵爲通侯。天下略定，臣無所用志，願試治一郡，盡力自效。”帝笑曰：“卿既治武，復欲修文邪？”迺拜純爲東郡太守。[1]時東郡未平，純視事數月，盜賊清寧。四年，詔純將兵擊更始東平太守范荆，[2]荆降。進擊太山、濟南及平原賊，[3]皆平之。居東郡四歲，時發干長有罪，[4]純案奏，圍守之，奏未下，長自殺。純坐免，以列侯奉朝請。從擊董憲，[5]道過東郡，百姓老小數千隨車駕涕泣。云“願復得耿君”。[6]帝謂公卿曰：“純年少被甲胄爲軍吏耳。治郡迺能見思若是乎？”

［1］【今注】東郡：治濮陽縣（今河南濮陽市華龍區西南）。

［2］【今注】東平：郡國名。西漢宣帝甘露二年（前52）改大河郡爲東平國。治無鹽縣（今山東東平縣東）。　案，太，紹興本作“大”。

［3］【今注】太山：郡名。一名泰山。治奉高縣（今山東泰安市東）。　平原：郡名。治平原縣（今山東平原縣南）。

［4］【今注】發干：縣名。治所在今山東冠縣東南。

［5］【今注】案，曹金華《後漢書稽疑》謂“從擊董憲”在建武五年（29）（第323頁）。

［6］【今注】案，云，大德本作“曰”。

六年，定封爲東光侯。[1]純辭就國，帝曰：“文帝謂周勃‘丞相吾所重，[2]君爲我率諸侯就國’，今亦然也。”純受詔而去。至鄴，賜穀萬斛。到國，弔死問病，民愛敬之。八年，東郡、濟陰盜賊群起，遣大司空李通、横野大將軍王常擊之。[3]帝以純威信著於衛地，[4]遣使拜太中大夫，[5]使與大兵會東郡。東郡聞純入界，盜賊九千餘人皆詣純降，大兵不戰而還。璽書復以爲東郡太守，吏民悦服。十三年，卒官，謚曰成侯。子阜嗣。

［1］【李賢注】東光，今滄州縣也。《續漢書》曰：“六年，上令諸侯就國，純上書自陳，前在東郡案誅涿郡太守朱英親屬，今國屬涿，誠不自安。制書報曰：‘侯前奉公行法，朱英久吏，曉知義理，何時當以公事相是非！然受堯舜之罰者不能愛己也，已更擇國土，令侯無介然之憂。’乃更封純爲東光侯也（殿本無‘也’字）。”【今注】東光：縣名。治所在今河北東光縣東。

［2］【今注】文帝：西漢文帝劉恒，公元前180年至前157年在位。紀見《史記》卷一〇、《漢書》卷四。　周勃：沛（今江蘇沛縣）人。西漢開國功臣。初以織薄曲爲業，後跟隨劉邦起事，滅秦及項羽，封絳侯。惠帝時，任太尉。與陳平謀誅諸吕，立文帝，爲右丞相。後免相就國。世家見《史記》卷五七，傳見《漢書》卷四〇。

［3］【今注】李通：字次元，南陽宛（今河南南陽市卧龍區）人。傳見本書卷一五。　王常：字顔卿，潁川舞陽（今河南葉縣東南）人。傳見本書卷一五。

［4］【李賢注】東郡，舊衛地也。

［5］【今注】太中大夫：官名。侍從皇帝，掌議論、顧問應對。爲光禄勳屬官。西漢時秩比千石，東漢時秩比二千石。詳見本書《百官志二》。

植後爲輔威將軍，封武邑侯。[1]宿至代郡太守，[2]封遂鄉侯。[3]訢爲赤眉將軍，封著武侯，從鄧禹西征，[4]戰死雲陽。[5]凡宗族封列侯者四人，關内侯者三人，爲二千石者九人。

［1］【李賢注】武邑，縣名，屬信都，今冀州縣也。【今注】武邑：縣名。治所在今河北武邑縣。

［2］【今注】代郡：秦、西漢時治代縣（今河北蔚縣東北）。新莽改名厭敵。東漢復爲代郡，移治高柳縣（今山西陽高縣西北），後復還故治。

［3］【今注】遂鄉：地名。在今山東肥城市南。

［4］【今注】鄧禹：字仲華，南陽新野（今河南新野縣）人。傳見本書卷一六。

［5］【今注】雲陽：縣名。治所在今陝西淳化縣西北。

阜徙封莒鄉侯，[1]永平十四年，坐同族耿歙與楚人顔忠辭語相連，[2]國除。建初二年，肅宗追思純功，紹封阜子盱爲高亭侯。盱卒，無嗣，帝復封盱弟騰。[3]卒，子忠嗣。忠卒，孫緒嗣。

［1］【今注】莒鄉：地名。在今山東莒縣。

［2］【今注】案，曹金華《後漢書稽疑》謂顏忠是漁陽人，不是楚人。“楚人”或當作“楚獄”。(第 323 頁)

［3］【李賢注】《續漢書》云“封騰高亭侯”也。

贊曰：任、邳識幾，[1]嚴城解扉，[2]委佗還旅，二守焉依。[3]純、植義發，[4]奉兵佐威。

［1］【今注】幾：事物的迹象、先兆。

［2］【李賢注】解猶開也。【今注】嚴城：防守嚴密的城池。解：破，打開。

［3］【李賢注】委音於危反。佗音移，行貌也。旅，衆也。還旅謂自薊而還也。二守謂任光爲信都太守，邳彤爲和成太守也。《左傳》曰：“平王東遷，晉、鄭焉依。”言光武失軍而南還，依任、邳以成功。【今注】委佗（yí）：曲折而行貌。

［4］【今注】義發：發揚正義。這裏指支持劉秀。

後漢書　卷二二

列傳第十二

朱祐　景丹　王梁　杜茂　馬成　劉隆　傅俊　堅鐔　馬武

朱祐字仲先，南陽宛人也。[1]少孤，歸外家復陽劉氏，[2]往來舂陵，[3]世祖與伯升皆親愛之。[4]伯升拜大司徒，以祐爲護軍。[5]及世祖爲大司馬，[6]討河北，復以祐爲護軍，常見親幸，舍止於中。祐侍讌，從容曰："長安政亂，公有日角之相，此天命也。"[7]世祖曰："召刺姦收護軍！"[8]祐乃不敢復言。從征河北，常力戰陷陣，[9]以爲偏將軍，[10]封安陽侯。[11]世祖即位，拜爲建義大將軍。[12]建武二年，[13]更封堵陽侯。[14]冬，與諸將擊鄧奉於淯陽，[15]祐軍敗，爲奉所獲。明年，奉破，乃肉袒因祐降。帝復祐位而厚加慰賜。遣擊新野、隨，皆平之。[16]

[1]【李賢注】《東觀記》曰"祐"作"福"，避安帝諱。

【今注】南陽：郡名。治宛縣（今河南南陽市卧龍區）。

［2］【李賢注】復陽，縣名，屬南陽郡。【今注】復陽：侯國名。治所在今河南桐柏縣西北。

［3］【今注】舂陵：侯國名。治所在今湖北棗陽市南。西漢元帝初元四年（前45），光武帝祖舂陵侯劉仁遷封於此。東漢改爲章陵縣。

［4］【今注】世祖：東漢光武帝劉秀的廟號，這裏指劉秀，公元25年至57年在位。紀見本書卷一。　伯升：東漢光武帝劉秀長兄劉縯，字伯升。傳見本書卷一四。

［5］【李賢注】《前書》曰，護軍都尉，秦官，平帝元始元年更名護軍也。【今注】案，伯升拜大司徒，以祐爲護軍，《後漢紀》卷一《光武皇帝紀》作“伯升之起，以祐爲護軍”。大司徒，官名。金印紫綬。西漢哀帝元壽二年（前1）改丞相爲大司徒，與大司馬、大司空（由御史大夫改）並爲“三公”。東漢時改稱司徒，與太尉、司空並爲“三公”。護軍，官名。秦置護軍都尉。西漢初又有護軍中尉。武帝時設護軍將軍。東漢又有中護軍、護軍之號，有時即護軍將軍或中護軍之簡稱。

［6］【今注】大司馬：官名。西漢武帝元狩四年（前119）初置，但無印綬、官屬。成帝時以王根爲大司馬，置印綬、官屬，與大司徒、大司空並爲“三公”。東漢光武帝建武二十七年（51）改名爲太尉。靈帝末復置大司馬。詳見本書《百官志一》。

［7］【李賢注】日角，解在《光武紀》也（殿本無“也”字）。【今注】日角：額骨中央部分隆起，形狀如日。舊時相術家認爲是大貴之相。

［8］【李賢注】王莽置左右刺姦，使督姦猾。【今注】刺姦：官名。王莽時置執法刺姦，有執法左右刺姦之分，如漢之刺史，分督六尉六隊。

［9］【李賢注】《續漢書》曰：“祐至南緣，爲賊所傷，上親候

視之。”

［10］【今注】偏將軍：官名。軍官中地位較低者。

［11］【今注】安陽：侯國名。西漢置安陽縣，東漢改置爲安陽侯國，治所在今河南正陽縣南、淮水北岸。

［12］【今注】大將軍：官名。始於戰國，漢代沿置，爲將軍最高稱號，多由貴戚擔任，外主征戰，内秉國政，職位極高。東漢草創時期，很多將領爲大將軍，前加“建義”“建威”等稱號。

［13］【今注】建武：東漢光武帝劉秀年號（25—56）。

［14］【李賢注】堵陽，縣名，屬南陽郡，故城今唐州方城縣（殿本“今”前有“在”字）。堵音者。【今注】堵陽：縣名。治所在今河南方城縣東。

［15］【今注】鄧奉：東漢初將領。任破虜將軍。建武二年，據淯陽反。三年，光武帝親自率兵破斬之。事迹見本書卷一上《光武帝紀上》、卷二二《朱祐堅鐔傳》、卷二六《伏湛趙憙傳》等。淯陽：縣名。治所在今河南新野縣東北。

［16］【李賢注】隨，縣名，屬南陽郡也（殿本無“也”字），故城今隨州隨縣（殿本“今”前有“在”字）。【今注】新野：縣名。治所在今河南新野縣。　隨：縣名。治所在今湖北隨州市曾都區。

延岑自敗於穰，[1]遂與秦豐將張成合，[2]祐率征虜將軍祭遵與戰於東陽，大破之，[3]臨陣斬成，延岑敗走歸豐。祐收得印綬九十七。[4]進擊黄郵，降之，賜祐黄金三十斤。四年，率破姦將軍侯進、輔威將軍耿植代征南大將軍岑彭圍秦豐於黎丘，[5]破其將張康於蔡陽，[6]斬之。帝自至黎丘，使御史中丞李由持璽書招豐，[7]豐出惡言，不肯降。車駕引還，勑祐方略，祐盡力攻之。明年夏，城中窮困，豐乃將其母妻子九人肉袒降。祐轞車傳豐送洛陽，[8]斬之。大司馬吴漢劾奏祐廢詔受降，[9]違將帥之任，帝不加罪。祐還，與騎都尉臧宫會擊延岑餘黨陰、酇、筑陽三縣賊，[10]悉平之。

［1］【今注】延岑：字叔牙，南陽筑陽（今湖北穀城縣東北）人。更始二年（24），起兵於漢中。東漢光武帝建武二年（26），自稱武安王。後屢爲光武漢軍所破，降於公孫述，被公孫述任爲大司馬，封汝寧王。建武十二年，公孫述敗亡，延岑被漢軍將領吴漢所殺。事迹見本書卷一《光武帝紀》、卷一三《公孫述傳》、卷一七《馮岑賈傳》等。　穰：縣名。治所在今河南鄧州市。

［2］【今注】秦豐：南郡（今河南南陽市卧龍區）人。割據黎丘，自稱楚黎王。東漢光武帝建武三年，岑彭率軍與秦豐戰於黎丘，大破之。四年，朱祐圍秦豐於黎丘。五年，拔黎丘，秦豐投降。事迹見本書卷一上《光武帝紀上》、卷一七《岑彭傳》。

［3］【李賢注】東陽，聚名，在南陽。【今注】祭遵：字弟孫，潁川潁陽（今河南許昌市西南）人。傳見本書卷二〇。　東陽：縣名。治所在今江蘇盱眙縣東南東陽城。

［4］【李賢注】《東觀記》曰："收得所盜茂陵武帝廟衣、印、綬。"

［5］【今注】岑彭：字君然，南陽棘陽（今河南新野縣東北）人。傳見本書卷一七。　黎丘：城邑名。大致在今湖北襄陽市東南。新莽末年秦豐在此起兵，以黎丘爲故楚地，自號楚黎王。

［6］【今注】蔡陽：縣名。治所在今湖北棗陽市西南。

［7］【今注】御史中丞：官名。秦始置，漢因之，爲御史大夫之屬官，秩千石。在殿中蘭臺掌圖籍秘書，外督部刺史，内領侍御史，受公卿奏事，舉劾按章。東漢時，由於御史大夫已爲大司空，御史中丞乃爲御史臺長官。詳見本書《百官志三》。

[8]【今注】案，轞車，《後漢紀》卷四《光武皇帝紀》作"檻車"。指用柵欄封閉的車，用於囚禁犯人或裝載猛獸。 洛陽：東漢都城。治所在今河南洛陽市東北。

[9]【今注】吴漢：字子顏，南陽宛（今河南南陽市卧龍區）人。傳見本書卷一八。

[10]【今注】陰：縣名。治所在今湖北老河口市西北。 酇：縣名。治所在今湖北老河口市西北。 筑陽：縣名。東漢時爲侯國。治所在今湖北穀城縣東北。

祐爲人質直，尚儒學。將兵率衆，多受降，以克定城邑爲本，不存首級之功。又禁制士卒不得虜掠百姓，軍人樂放縱，多以此怨之。九年，屯南行唐拒匈奴。[1]十三年，增邑，定封鬲侯，[2]食邑七千三百户。[3]

[1]【李賢注】行唐，今恒州縣也。【今注】南行唐：縣名。簡稱行唐。治所在今河北行唐縣北。 匈奴：中國古代北方民族之一，亦稱胡。戰國後期興起。秦至西漢前期，占有大漠南北廣大地區。武帝大規模反擊後，匈奴勢力漸衰。宣帝以後，南匈奴在呼韓邪單于帶領下附漢。東漢光武帝建武二十四年（48），匈奴又分裂爲南北二部，南匈奴附漢，北匈奴在漢與南匈奴的打擊下逐漸西遷。傳見本書卷八九。

[2]【李賢注】鬲，縣名，屬平原郡。【今注】鬲：縣名。治所在今山東德州市東南。東漢改爲侯國，後復爲縣。

[3]【李賢注】《東觀記》曰："祐自陳功薄而國大，願受南陽五百户足矣。上不許。"【今注】案，三，大德本作"二"。

十五年，朝京師，上大將軍印綬，因留奉朝請。[1]

祐奏古者人臣受封，不加王爵，可改諸王爲公。帝即施行，又奏宜令三公並去“大”名，[2]以法經典。後遂從其議。

[1]【今注】奉朝請：漢制，諸侯朝見皇帝，春曰朝，秋曰請。因稱定期參加朝會爲奉朝請，無定員，亦非官位。漢代退職大臣、將軍和皇室、外戚多以奉朝請名義參加朝會。

[2]【今注】三公：秦統一，在中央設立丞相、太尉、御史大夫，稱爲“三公”。西漢哀帝元壽二年（前1）改丞相爲大司徒，與大司馬、大司空（由御史大夫改）並爲“三公”。東漢改稱司徒、太尉、司空並爲“三公”。

祐初學長安，帝往候之，祐不時相勞苦，[1]而先升講舍。後車駕幸其第，帝因笑曰：“主人得無捨我講乎？”以有舊恩，數蒙賞賚。[2]二十四年，卒。[3]

[1]【今注】勞苦：慰勞。

[2]【李賢注】《東觀記》曰：“上在長安時，嘗與祐共買蜜合藥。上追念之，賜祐白蜜一石，問：‘何如在長安時共買蜜乎？’其親厚如此。”

[3]【今注】案，《後漢紀》卷八《光武皇帝紀》云二十三年薨。

子商嗣。商卒，子演嗣，永元十四年，[1]坐從兄伯爲外孫陰皇后巫蠱事，免爲庶人。[2]永初七年，[3]鄧太后紹封演子沖爲鬲侯。[4]

［1］【今注】永元：東漢和帝劉肇年號（89—105）。

［2］【李賢注】和帝陰后，吴房侯陰綱女也，爲巫蠱事廢。【今注】陰皇后：即東漢和帝陰皇后。紀見本書卷一〇上。

［3］【今注】永初：東漢安帝劉祜年號（107—113）。

［4］【今注】鄧太后：和熹鄧皇后。紀見本書卷一〇上。

景丹字孫卿，馮翊櫟陽人也。[1]少學長安。王莽時舉四科，[2]丹以言語爲固德侯相，有幹事稱，[3]遷朔調連率副貳。[4]

［1］【今注】馮翊：即左馮翊，政區名。爲漢時京畿地區行政區，爲三輔之一，相當於郡級。西漢武帝太初元年（前104）改左内史置。治長安縣（今陝西西安市西北）。　櫟陽：縣名。治所在今陝西西安市閻良區。

［2］【李賢注】《東觀記》曰："王莽時舉有德行、能言語、通政事、明文學之士。"

［3］【今注】幹事：辦事幹練。

［4］【李賢注】朔調，上谷也。副貳，屬令也。【今注】朔調：郡名。即上谷郡，王莽時改上谷郡爲朔調，治沮陽縣（今河北懷來縣東南）。　連率：官名。王莽時改郡太守爲連率。

更始立，[1]遣使者徇上谷，[2]丹與連率耿況降，[3]復爲上谷長史。[4]王郎起，[5]丹與況共謀拒之。況使丹與子弇及寇恂等將兵南歸世祖，[6]世祖引見丹等，笑曰："邯鄲將帥數言我發漁陽、上谷兵，吾聊應言然，[7]何意二郡良爲吾來！[8]方與士大夫共此功名耳。"拜丹爲偏將軍，號奉義侯。從擊王郎將兒宏等於南䜌，[9]郎兵迎戰，漢軍退卻，[10]丹等縱突騎擊，大破之，追奔十餘里，死傷者從横。丹還，世祖謂曰："吾聞突騎天下精兵，今乃見其戰，樂可言邪？"遂從征河北。

［1］【今注】更始：本指劉玄稱帝時的年號（23—25），這裏指劉玄。傳見本書卷一一。

［2］【今注】上谷：郡名。治沮陽縣（今河北懷來縣東南）。

［3］【今注】耿況：字俠游。耿弇之父。從安丘生學《老子》，王莽時任朔調連率，後投光武帝劉秀。事迹見本書卷一九《耿弇傳》。

［4］【今注】長史：官名。秦置。漢制，丞相、太尉、公及將軍府各有長史。邊郡太守亦置長史，掌兵馬。秩六百石。參閲《漢書·百官公卿表上》、本書《百官志》。

［5］【今注】王郎：一名昌，趙國邯鄲（今河北邯鄲市）人。傳見本書卷一二。

［6］【今注】寇恂：字子翼，上谷昌平（今北京市昌平區南）人。傳見本書卷一六。

［7］【李賢注】王郎將帥數云欲發二郡兵以拒光武，時光武聊應然之，猶今兩軍遥相戲弄也。【今注】邯鄲：縣名。治所在今河北邯鄲市西南。　漁陽：郡名。治漁陽縣（今北京市懷柔區北房鎮梨園莊東）。

［8］【李賢注】《東觀記》曰："上在廣阿，聞外有大兵，自來登城（此處王先謙《後漢書集解》云當作'聞外有大兵來，上自登城'），勒兵在西門樓。上問：'何等兵？'丹等對言：'上谷、漁陽兵。'上曰：'爲誰來乎？'對曰：'爲劉公。'即請丹入，人人勞勉，恩意甚備。"

［9］【李賢注】兒音五兮反。【今注】南䜌（luán）：縣名。一稱倫城。治所在今河北鉅鹿縣北。

［10］【李賢注】《續漢書》曰“南緣賊迎擊上營，得上鼓車輜重數乘”也。

世祖即位，以讖文用平狄將軍孫咸行大司馬，衆咸不悦。詔舉可爲大司馬者，[1]群臣所推唯吴漢及丹。帝曰：“景將軍北州大將，是其人也。然吴將軍有建大策之勳，[2]又誅苗幽州、謝尚書，其功大。[3]舊制驃騎將軍官與大司馬相兼也。”[4]乃以吴漢爲大司馬，而拜丹爲驃騎大將軍。

［1］【李賢注】《東觀記》曰載讖文曰“孫咸征狄”也（後一“曰”，當據劉攽《東漢書刊誤》删）。

［2］【李賢注】謂發漁陽兵也。

［3］【李賢注】苗曾，謝躬。【今注】苗幽州：苗曾。更始政權幽州牧，光武帝發幽州兵，苗曾不聽調遣，爲吴漢所殺。事迹見本書卷一上《光武帝紀上》、卷一八《吴蓋陳臧傳》。　謝尚書：謝躬，字子張，南陽人。更始政權尚書令，與光武帝共定邯鄲，屯駐鄴。光武帝趁其軍在外，派吴漢襲鄴，謝躬被漢兵所殺。事迹見本書《光武帝紀上》《吴蓋陳臧傳》。

［4］【李賢注】《前書》武帝置大司馬，號大將軍、驃騎將軍也。

建武二年，定封丹櫟陽侯。帝謂丹曰：“今關東故王國，雖數縣，不過櫟陽萬户邑。夫‘富貴不歸故鄉，如衣繡夜行’，故以封卿耳。”[1]丹頓首謝。秋，與吴漢、建威大將軍耿弇、建義大將軍朱祐、執金吾賈復、偏將軍馮異、强弩將軍陳俊、左曹王常、騎都尉臧宫等從擊破五校於羛陽，[2]降其衆五萬人。會陝賊蘇況攻破弘農，[3]生獲郡守。丹時病，[4]帝以其舊將，欲令强起領郡事，乃夜召入，謂曰："賊迫近京師，但得將軍威重，卧以鎮之足矣。"丹不敢辭，乃力疾拜命，將營到郡，[5]十餘日薨。

[1]【李賢注】《前書》武帝謂朱買臣之詞（詞，殿本作"語"）。

[2]【李賢注】聚名也，解見《光武紀》。【今注】耿弇：字伯昭，右扶風茂陵（今陝西興平市東北）人。傳見本書卷一九。　賈復：字君文，南陽冠軍（今河南鄧州市西北）人。傳見本書卷一七。　馮異：字公孫，潁川父城（今河南寶豐縣東）人。傳見本書卷一七。　陳俊：字子昭，南陽西鄂（今河南南陽市東北）人。傳見本書卷一八。　王常：字顔卿，潁川舞陽（今河南葉縣東南）人。傳見本書卷一五。　臧宫：字君翁，潁川郟（今河南郟縣）人。傳見本書卷一八。　五校：農民軍稱號。新莽末年河北農民軍的一支，首領高扈。　羛（xī）陽：地名。在今河南内黄縣西南。

[3]【今注】弘農：郡名。治弘農縣（今河南靈寶市東北故函谷關城）。

[4]【李賢注】《東觀記》曰："丹從上至懷，病瘧，見上在前，瘧發寒慄。上笑曰：'聞壯士不病瘧，今漢大將軍反病瘧邪？'使小黄門扶起，賜醫藥。還歸洛陽，病遂加。"

[5]【李賢注】《續漢書》曰"將營兵西到弘農"也。

子尚嗣，徙封余吾侯。[1]尚卒，子苞嗣。苞卒，子臨嗣，無子，國絶。永初七年，鄧太后紹封苞弟遽爲監亭侯。

[1]【李賢注】余吾，縣名，屬上黨，故城在今潞州屯留縣西北。【今注】余吾：縣名。治所在今山西長治市屯留區西北余吾。

王梁字君嚴，漁陽安陽人也。[1]爲郡吏，太守彭寵以梁守狐奴令，[2]與蓋延、吴漢俱將兵南及世祖於廣阿，[3]拜偏將軍。既拔邯鄲，賜爵關内侯。從平河北，拜野王令，[4]與河内太守寇恂南拒洛陽，[5]北守天井關，[6]朱鮪等不敢出兵，[7]世祖以爲梁功。及即位，議選大司空，[8]而赤伏符曰“王梁主衞作玄武”，[9]帝以野王衞之所徙，[10]玄武水神之名，司空水土之官也，於是擢拜梁爲大司空，封武强侯。[11]

[1]【今注】案，安陽不屬漁陽郡，“安”當爲“要”。當據王先謙《後漢書集解》引洪頤煊、沈欽韓説及中華點校本改爲“要”。要陽，縣名。治所在今河北豐寧滿族自治縣東南。

[2]【今注】狐奴：縣名。治所在今北京市順義區東北。

[3]【今注】蓋延：字巨卿，漁陽要陽（今河北豐寧滿族自治縣東南）人。傳見本書卷一八。 廣阿：縣名。治所在今河北隆堯縣東。

[4]【今注】野王：縣名。治所在今河南沁陽市。

[5]【今注】河内：郡名。西漢高帝時置，東漢時爲河南尹地。治洛陽縣（今河南洛陽市東北）。

[6]【今注】天井關：關隘名。也稱太行關。故址在今山西晉城市南太行山頂。

[7]【今注】朱鮪：新莽末農民起義軍將領。擁立劉玄，任大司馬，後封膠東王。光武帝攻打洛陽，朱鮪投降。事迹見本書卷一上《光武帝紀上》、卷一一《劉玄劉盆子傳》、卷一七《馮岑賈

傳》等。

[8]【今注】大司空：官名。金印紫綬。主管水土及營建工程。西漢成帝綏和元年（前8），改御史大夫爲大司空，禄比丞相，與大司馬、丞相並稱三公。旋改復。哀帝元壽二年（前1）又改爲大司空。東漢光武帝建武二十七年（51）去“大”字爲司空，與太尉、司徒並爲“三公”。

[9]【李賢注】玄武，北方之神，龜蛇合體。【今注】赤伏符：兩漢之交流行的讖語。劉秀以此登基稱帝，後又以此任命朝臣。

[10]【李賢注】《史記》曰，衛元君自濮陽徙於野王。

[11]【今注】案，强，殿本作“彊”。

建武二年，與大司馬吴漢等俱擊檀鄉，[1]有詔軍事一屬大司馬，而梁輒發野王兵，帝以其不奉詔勑，令止在所縣，而梁復以便宜進軍。帝以梁前後違命，大怒，遣尚書宗廣持節軍中斬梁。[2]廣不忍，乃檻車送京師。既至，赦之。月餘，以爲中郎將，[3]行執金吾事。[4]北守箕關，[5]擊赤眉别校，[6]降之。三年春，轉擊五校，追至信都、趙國，[7]破之，悉平諸屯聚。冬，遣使者持節拜梁前將軍。[8]四年春，擊肥城、文陽，拔之。[9]進與驃騎大將軍杜茂擊佼彊、蘇茂於楚、沛閒，拔大梁、齧桑，[10]而捕虜將軍馬武、偏將軍王霸亦分道並進，[11]歲餘悉平之。五年，從救桃城，[12]破龐萌等，[13]梁戰尤力，拜山陽太守，[14]鎮撫新附，將兵如故。

[1]【今注】檀鄉：農民軍稱號。即檀鄉軍。新莽末年河北農

民起義軍之一。因起義部衆聚於檀鄉（今山東濟寧市兖州區東北），因號“檀鄉軍”。首領有董次仲等。

［2］【今注】尚書：官名。秦少府屬官，掌殿内文書，地位很低。西漢中期以後尚書職權漸重。成帝建始四年（前29）置尚書五人，一人爲僕射，四人分曹治事，組成宫廷内政治機構，地位不高但已有相當權力。東漢“雖置三公，事歸臺閣，”尚書臺正式成爲總理國家政務的中樞。有令一、僕射一、尚書六、丞二、郎三十四及令史等官。

［3］【今注】中郎將：官名。爲中郎的長官。西漢武帝設中郎三將，分五官、左、右三署，隸署光禄勳，秩比二千石。職掌護衛侍從天子。至東漢，三署中郎將主要協助光禄勳考課察舉三署諸郎。東漢還遣中郎將領兵，遂增設東、西、南、北四中郎將，以征討四方，類似將軍。詳見本書《百官志二》。

［4］【今注】執金吾：官名。列卿之一，秩中二千石。掌執兵革以禦非常，爲京師宫外之警衛及防非常水火之事。詳見本書《百官志四》。

［5］【今注】箕關：關隘名。在今河南濟源市西北。

［6］【今注】赤眉别校：新莽末年農民起義軍赤眉軍的一部，首領董憲。曾在成昌（今山東東平縣西）戰役中大敗莽軍。

［7］【今注】信都：郡名。治信都縣（今河北衡水市冀州區）。趙國：漢高祖時改邯鄲郡爲趙國，治邯鄲縣（今河北邯鄲市西南）。

［8］【今注】前將軍：官名。兩漢將軍名號很多，位次亦有不同。前將軍位在大將軍、驃騎將軍之下，位次上卿。不常置。

［9］【李賢注】肥城，縣名，屬太山郡，故城在今濟州平陰縣東南。文音汶，故城在今兖州泗水縣西。【今注】肥城：縣名。治所在今山東肥城市。 文陽：即汶陽，縣名。本書《郡國志二》“文”作“汶”。治所在今山東寧陽縣東北蔣集鎮。

［10］【李賢注】《前書音義》曰瀏桑，縣名。或曰城名。《史記》張儀與齊、楚會戰瀏桑。【今注】大梁：城邑名。在今河南開封市西北郊。　瀏桑：縣名。治所在今江蘇沛縣西南。

［11］【今注】王霸：字元伯，潁川潁陽（今河南許昌市西南）人。傳見本書卷二〇。

［12］【今注】桃城：城邑名。在今河南延津縣東北。

［13］【今注】龐萌：山陽（今山東巨野縣）人。更始時爲冀州牧。光武帝拜平狄將軍。後謀反被殺。傳見本書卷一二。

［14］【今注】山陽：郡名。治昌邑縣（今山東金鄉縣西北）。

數月徵入，代歐陽歙爲河南尹。[1]梁穿渠引穀水注洛陽城下，[2]東寫鞏川，[3]及渠成而水不流。七年，有司劾奏之，梁慙懼，上書乞骸骨。[4]乃下詔曰："梁前將兵征伐，衆人稱賢，故擢典京師。建議開渠，[5]爲人興利，旅力既愆，迄無成功，[6]百姓怨讟，談者讙譁。[7]雖蒙寬宥，猶執謙退，'君子成人之美'，[8]其以梁爲濟南太守。"[9]十三年，增邑，定封封阜成侯。[10]十四年，卒官。

［1］【今注】河南尹：官名。西漢高祖二年（前205）置河南郡，治洛陽縣（今河南洛陽市東北）。東漢光武帝建武十五年（39），因地屬京畿，改名河南尹。其長官亦稱河南尹，秩中二千石。

［2］【今注】穀水：即今河南澠池縣南澠水及其下游澗水，東流至洛陽市西注入洛河。

［3］【今注】鞏川：水名。即導穀水經古洛陽城東流，至今河南偃師市東南入洛河，通流至鞏義市南，鞏川當即今鞏義市南的

洛河。

[4]【今注】乞骸骨：古代官吏因年老請求退職，稱爲乞骸骨。意爲使骸骨得歸葬其故鄉。

[5]【今注】案，議，殿本誤作“義”。

[6]【李賢注】旅，衆也。愆，過也。言衆力已過，而功不成。

[7]【李賢注】讟，謗（大德本、殿本“謗”後有“也”字）。【今注】怨讟（dú）：怨恨毀謗。

[8]【李賢注】《論語》載孔子之言也（殿本無此注）。【今注】案，語出《論語·顔淵》。

[9]【今注】濟南：郡國名。西漢初分齊郡置，文帝時改爲國，景帝時又改爲郡，東漢復改爲國。治平陵縣（今山東濟南市章丘區西北）。

[10]【李賢注】阜成屬渤海，今冀州縣。【今注】案，封封，大德本、殿本衹有一“封”，是。 阜成：縣名。治所在今河北衡水市冀州區西北。

子禹嗣。禹卒，子堅石嗣。堅石追坐父禹及弟平與楚王英謀反，[1]弃市，國除。

[1]【今注】楚王英：劉英。傳見本書卷四二。

杜茂字諸公，南陽冠軍人也。[1]初歸光武於河北，爲中堅將軍，常從征伐。世祖即位，拜大將軍，封樂鄉侯。[2]北擊五校於真定，[3]進降廣平。[4]建武二年，更封苦陘侯。[5]與中郎將王梁擊五校賊於魏郡、清河、東郡，[6]悉平諸營保，降其持節大將三十餘人，[7]三郡清静，道路流通。明年，遣使持節拜茂爲驃騎大將軍,[8]擊沛郡,[9]拔芒。[10]時西防復反,[11]迎佼彊。[12]五年春，茂率捕虜將軍馬武進攻西防，數月拔之，彊奔董憲。[13]

［1］【今注】南陽：郡名。治宛縣（今河南南陽市卧龍區）。　冠軍：縣名。治所在今河南鄧州市西北、湍河西岸。

［2］【李賢注】樂鄉屬信都國。【今注】樂鄉：縣名。治所在今河北深州市東南。

［3］【今注】真定：郡名。治真定縣（今河北正定縣南）。

［4］【今注】廣平：郡國名。西漢景帝時分邯鄲郡置。治廣平縣（今河北雞澤縣東南）。

［5］【今注】苦陘：縣名。治所在今河北定州市東南。東漢章帝時改爲漢昌縣。

［6］【今注】魏郡：治鄴縣（今河北臨漳縣西南鄴鎮東）。　清河：郡國名。漢高祖置清河郡，治清陽縣（今河北清河縣東南）。後屢改爲國，元帝後爲郡。王莽改郡名爲平河。東漢復改爲清河國，移治甘陵縣（後改名清河縣，今山東臨清市東北）。　東郡：治濮陽縣（今河南濮陽市華龍區西南）。

［7］【李賢注】《續漢書》曰："降其渠帥大將軍杜猛、持節光禄大夫董敦等。"

［8］【今注】驃騎大將軍：官名。職位同大將軍，金印紫綬。不常置。

［9］【今注】沛郡：秦置泗水郡。漢高祖改爲沛郡，治相縣（今安徽濉溪縣西北）。東漢改置爲沛國。

［10］【李賢注】芒，縣名也。《郡國志》曰後名臨睢，屬沛國。【今注】芒：縣名。治所在今河南永城市北。東漢光武帝建武中更名臨睢縣。

［11］【今注】西防：縣名。治所在今山東單縣北。

[12]【今注】佼彊：新莽末農民軍之一，西防軍首領。梁王劉永拜彊爲横行將軍。永敗於光武帝後，佼彊還保西防。後與劉永子劉紆奔董憲。事迹見本書卷一二《王劉張李彭盧傳》。

[13]【今注】董憲：原爲赤眉别部。後起事於東海郡，割據自立。梁王劉永立董憲爲海西王。後在昌慮爲光武帝所滅。事迹見本書卷一《光武帝紀》、卷一二《王劉張李彭盧傳》、卷一八《吴蓋陳臧傳》等。

東方既平，七年，詔茂引兵北屯田晉陽、廣武，以備胡寇。[1]九年，與鴈門太守郭涼擊盧芳將尹由於繁畤，[2]芳將賈覽率胡騎萬餘救之，茂戰，軍敗，引入樓煩城。[3]時盧芳據高柳，[4]與匈奴連兵，數寇邊民，帝患之。十二年，遣謁者段忠將衆郡弛刑配茂，[5]鎮守北邊，因發邊卒築亭候，修烽火，又發委輸金帛繒絮供給軍士，并賜邊民，冠蓋相望。茂亦建屯田，驢車轉運。先是，鴈門人賈丹、霍匡、解勝等爲尹由所略，由以爲將帥，與共守平城。[6]丹等聞芳敗，遂共殺由詣郭涼；涼上狀，皆封爲列侯，詔送委輸金帛賜茂、涼軍吏及平城降民。自是盧芳城邑稍稍來降。涼誅其豪右郇氏之屬，鎮撫羸弱，旬月閒鴈門且平。芳遂亡入匈奴。帝擢涼子爲中郎，[7]宿衛左右。

[1]【李賢注】廣武，縣名，屬太原郡。【今注】晉陽：縣名。治所在今山西太原市西南。　廣武：縣名。治所在今山西代縣西南。

[2]【李賢注】繁畤，縣名，今代州縣也。【今注】鴈門：郡名。秦、西漢時治善無縣（今山西左雲縣西南），東漢時移治陰館

縣（今山西代縣西北）。　盧芳：字君期，安定三水（今寧夏同心縣東）人。傳見本書卷一二。　繁畤：縣名。治所在今山西渾源縣西南。

[3]【李賢注】樓煩，縣名，屬鴈門郡，故城在今代州崞縣東北。崞音郭。【今注】樓煩：縣名。治所在今山西寧武縣附近。

[4]【今注】高柳：縣名。治所在今山西陽高縣西北。

[5]【今注】弛刑：即弛刑徒。將刑徒減輕刑罰、解除枷索，而派他們去作戰、戍邊等。居延漢簡中即有"弛刑徒"或"弛刑"在西北邊塞從事屯戍活動的記録。弛，大德本、殿本作"弛"。

[6]【今注】平城：縣名。治所在今山西大同市東北古城。

[7]【今注】中郎：官名。秦置，屬郎中令。漢沿置。供事禁中，護衛、侍從天子。

涼字公文，右北平人也。[1]身長八尺，氣力壯猛，雖武將，然通經書，多智略，尤曉邊事，有名北方。初，幽州牧朱浮辟爲兵曹掾，[2]擊彭寵有功，封廣武侯。

[1]【今注】右北平：郡名。秦時治無終縣（今天津市薊州區）。東漢時移治土垠縣（今河北唐山市豐潤區東南）。

[2]【今注】幽州：西漢武帝時所置十三刺史部之一。轄境相當於今北京、天津、河北北部、遼寧大部及朝鮮半島北部等地區。西漢與東漢略有不同。東漢治薊縣（今北京市西南）。　牧：州牧。官名。西漢武帝元封五年（前106）每州置刺史，秩六百石，奉詔條監察一州。成帝綏和元年（前8）罷刺史，置州牧，爲一州之長官，秩二千石。哀帝建平二年（前5）復爲刺史，元壽二年（前1）又改爲州牧。東漢光武帝建武十八年（42）又復爲刺史。靈帝時，罷刺史，置州牧，由原來單純的監察官發展爲總攬地方軍政大權的

地方長官。　朱浮：字叔元，沛國蕭（今安徽蕭縣西北）人。傳見本書卷三三。　兵曹掾：漢制，太尉等公府，將軍、郡縣屬吏分曹治事，有兵曹，其正職爲掾，稱兵曹掾，皆掌兵事。

十三年，增茂邑，[1]更封脩侯。[2]十五年，坐斷兵馬稟縑，[3]使軍吏殺人，免官，削户邑，定封參蘧鄉侯。十九年，[4]卒。

[1]【今注】案，大德本無“茂”字。

[2]【李賢注】脩，縣名，屬信都國也。【今注】脩：縣名。一作修縣。治所在今河北景縣南。

[3]【李賢注】斷猶割截也。【今注】案，稟，殿本作“廩”。稟，通“廩”。指官府供應的口糧。

[4]【今注】案，十九年，《後漢紀》卷八《光武皇帝紀》作“二十三年”。

子元嗣，永平十四年，[1]坐與東平王等謀反，[2]減死一等，國除。永初七年，鄧太后紹封茂孫奉爲安樂亭侯。

[1]【今注】永平：東漢明帝劉莊年號（58—75）。

[2]【今注】案，劉攽《東漢書刊誤》曰：王平、顔忠是楚王同時謀反者，多連士大夫，故杜元坐之，傳寫之誤，遂作“東平王”，東平何嘗反也？東平王，即東平憲王劉蒼。傳見本書卷四二。

馬成字君遷，南陽棘陽人也。[1]少爲縣吏。世祖徇潁川，[2]以成爲安集掾，[3]調守郟令。[4]及世祖討河北，成即弃官步負，追及於滿陽，[5]以成爲期門，[6]從征伐。世祖即位，再遷護軍都尉。[7]

［1］【今注】棘陽：縣名。因在棘水之北而得名。治所在今河南新野縣東北。

［2］【今注】潁川：郡名。治陽翟縣（今河南禹州市）。相傳夏禹在此建都。

［3］【今注】安集掾：西漢末緑林軍陳牧部屬吏有安集掾，掌安集軍衆。

［4］【李賢注】郟，縣名，今汝州縣也。【今注】郟（jiá）：縣名。治所在今河南郟縣。

［5］【今注】案，滿，當據中華本改作"蒲"。蒲陽，山名。在今河北順平縣西北，峰巒秀美，四面多白石，又名白崖山。

［6］【今注】期門：期門郎的省稱。官名。光禄勳屬官。西漢武帝建元三年（前138）始置。掌執兵扈從護衛。詳見本書《百官志二》。

［7］【今注】護軍都尉：官名。秦置。西漢武帝時，屬大司馬府，職比丞相司直，掌舉不法。後更名爲護軍。東漢沿置，掌兵事。

建武四年，拜揚武將軍，督誅虜將軍劉隆、振威將軍宋登、射聲校尉王賞，[1]發會稽、丹陽、九江、六安四郡兵擊李憲，[2]時帝幸壽春，[3]設壇場，祖禮遣之。[4]進圍憲於舒，[5]令諸軍各深溝高壘。憲數挑戰，成堅壁不出，守之歲餘，至六年春，城中食盡，乃攻之，遂屠舒，斬李憲，追擊其黨與，盡平江淮地。

[1]【今注】射聲校尉：官名。漢代京師屯兵八校尉之一，秩二千石。掌待詔射聲士，以宿衞京師。

[2]【今注】會稽：郡名。治吴縣（今江蘇蘇州市）。東漢時移治山陰縣（今浙江紹興市）。　丹陽：郡名。治宛陵縣（今安徽宣城市）。　九江：郡名。治壽春縣（今安徽壽縣）。西漢高帝時改爲淮南國，武帝時爲九江郡。東漢時移治陰陵縣（今安徽定遠市）。　六安：國名。西漢武帝時改衡山郡置六安國，治六縣（今安徽六安市）。　李憲：潁川許昌（今河南許昌市）人。傳見本書卷一二。

[3]【今注】壽春：縣名。治所在今安徽壽縣。

[4]【李賢注】應劭《風俗通》曰："謹案禮傳，共工氏之子曰修，好遠游，舟車所至，足跡所逮，靡不窮覽，故祀以爲祖神。祖，徂也。"

[5]【今注】舒：縣名。治所在今安徽廬江縣西南。

七年夏，封平舒侯。[1]八年，從征破隗囂，[2]以成爲天水太守，[3]將軍如故。冬，徵還京師。九年，[4]代來歙守中郎將，[5]率武威將軍劉尚等破河池，[6]遂平武都。[7]明年，大司空李通罷，以成行大司空事，居府如真。數月，復拜揚武將軍。

[1]【李賢注】平舒屬代郡。【今注】平舒：縣名。治所在今山西廣靈縣西平水城。

[2]【今注】隗囂：字季孟，天水成紀（今甘肅静寧縣西南）人。傳見本書卷一三。

[3]【今注】天水：郡名。治平襄縣（今甘肅通渭縣西北）。東漢明帝時改置爲漢陽郡，移治冀縣（今甘肅甘谷縣東南）。

[4]【今注】案，曹金華《後漢書稽疑》謂九年，當作"十一

年”（中華書局2014年版，第328頁）。

［5］【今注】來歙：字君叔，南陽新野（今河南新野縣）人。傳見本書卷一五。

［6］【今注】劉尚：漢宗室。曾爲吴漢副將，攻打公孫述。尚，大德本作“向”。　河池：縣名。治所在今甘肅徽縣西銀杏鎮。

［7］【李賢注】河池，縣，一名仇池，屬武都郡，今鳳州縣也。【今注】武都：郡名。治姑臧縣（今甘肅武威市）。

十四年，屯常山、中山以備北邊，[1]并領建義大將軍朱祐營。又代驃騎大將軍杜茂繕治障塞，自西河至渭橋，[2]河上至安邑，[3]太原至井陘，[4]中山至鄴，[5]皆築保壁，起烽燧，十里一候。在事五六年，帝以成勤勞，徵還京師。邊人多上書求請者，復遣成還屯。及南單于保塞，[6]北方無事，拜爲中山太守，上將軍印綬，領屯兵如故。二十四年，南擊武谿蠻賊，無功，[7]上太守印綬。

［1］【今注】常山：郡國名。秦置恒山郡。西漢避文帝諱改爲常山郡。高后及景帝、武帝時曾爲國，後又爲郡。治元氏縣（今河北元氏縣西北）。　中山：郡國名。西漢高帝置中山郡，治盧奴縣（今河北定州市）。景帝改爲國，王莽時改名常山郡，東漢時復爲中山國。

［2］【李賢注】西河，今勝州富昌縣也（曹金華《後漢書稽疑》謂“今”前蓋避唐諱奪一“治”字）。渭橋本名横橋，在今咸陽縣東南。【今注】西河：郡名。治平定縣（今内蒙古鄂爾多斯市東勝區），東漢時移治離石縣（今山西吕梁市離石區）。　渭橋：橋名。漢代建築在長安附近渭水上的橋梁。共有三座。

[3]【李賢注】《前書》曰，河上，地名，故秦内史，高帝二年改爲河上郡，武帝分爲左馮翊。【今注】河上：地區名。其地在今陝西韓城市一帶。　安邑：縣名。治所在今山西夏縣西北禹王城。

[4]【李賢注】太原，今并州也。井陘，今屬常山郡（"今"當據中華本删），常山今恒州縣也（"常山"當據中華本删）。【今注】太原：郡名。治晉陽縣（今山西太原市西南晉西古城）。　井陘：縣名。治所在今河北石家莊市井陘礦區西北。

[5]【今注】鄴：縣名。治所在今河北臨漳縣西南鄴鎮東。

[6]【今注】南單于：單于爲匈奴首領稱號。當時匈奴分南北兩部，南匈奴首領稱爲南單于。

[7]【李賢注】武溪水在今辰州瀘溪縣西。【今注】武谿蠻：部族名。武谿，一作"五溪"。秦漢時南方少數民族中蠻族的一支。爲盤瓠蠻的分支。因聚居五溪水一帶，故名。

二十七年，定封全椒侯，[1]就國。三十二年卒。[2]

[1]【李賢注】全椒，縣名，今滁州縣也。【今注】全椒：縣名。治所在今安徽全椒縣城。

[2]【今注】案，《後漢紀》卷八《光武皇帝紀》此事記在二十八年。

子衛嗣。衛卒，子香嗣，徙封棘陵侯。[1]香卒，子豐嗣。豐卒，子玄嗣。玄卒，子邑嗣。邑卒，子醜嗣，桓帝時以罪失國。延熹二年，[2]帝復封成玄孫昌爲益陽亭侯。

［1］【今注】案，曹金華《後漢書稽疑》謂兩漢無“棘陵”，當作“棘陽”，屬南陽郡（第329頁）。棘陽，治所在今河南新野縣東北。

［2］【今注】延熹：東漢桓帝劉志年號（158—167）。

劉隆字元伯，南陽安衆侯宗室也。[1]王莽居攝中，[2]隆父禮與安衆侯崇起兵誅莽，事泄，隆以年未七歲，故得免。及壯，學於長安，更始拜爲騎都尉。[3]謁歸，[4]迎妻子置洛陽。聞世祖在河内，[5]即追及於射犬，[6]以爲騎都尉，與馮異共拒朱鮪、李軼等，[7]軼遂殺隆妻子。建武二年，封亢父侯。[8]四年，拜誅虜將軍，討李憲。憲平，遣隆屯田武當。[9]

［1］【今注】安衆：縣名。治所在今河南鄧州市東北。東漢改置爲安衆侯國。

［2］【今注】居攝：西漢孺子劉嬰年號（6—8）。因王莽效仿周公居攝踐祚而改元。

［3］【今注】騎都尉：官名。也稱“騎將”。西漢武帝時所置，爲光禄勳的屬官，秩比二千石，掌監羽林騎。詳見本書《百官志二》。案，騎都尉，《後漢紀》卷二《光武皇帝紀》作“偏將軍”。

［4］【李賢注】謁，請也，謂請假歸也。

［5］【今注】案，河内，《後漢紀》卷二《光武皇帝紀》作“河北”。

［6］【今注】射犬：城邑名。也作“射犬聚”。在今河南修武縣西南。

［7］【今注】李軼：固始侯李通從弟。王莽末，與光武帝在宛起事。更始時封爲舞陰王。昆陽之戰時奉命守城，號五威將軍。事

迹見本書卷一上《光武帝紀上》、卷一五《李通傳》等。

[8]【李賢注】亢父，縣名，屬東平國，故城在今兖州任城縣南。【今注】亢父：縣名。治所在今山東濟寧市南。

[9]【李賢注】武當，今均州縣也。【今注】武當：縣名。治所在今湖北丹江口市西北。

十一年，守南郡太守，[1]歲餘，上將軍印綬。十三年，增邑，更封竟陵侯。[2]是時，天下墾田多不以實，又户口年紀互有增減。十五年，詔下州郡檢覈其事，而刺史太守多不平均，[3]或優饒豪右，侵刻羸弱，百姓嗟怨，遮道號呼。時諸郡各遣使奏事，帝見陳留吏牘上有書，[4]視之，云“潁川、弘農可問，河南、南陽不可問”。帝詰吏由趣，[5]吏不肯服，抵言於長壽街上得之。[6]帝怒。時顯宗爲東海公，[7]年十二，在幄後言曰：“吏受郡勑，當欲以墾田相方耳。”帝曰：“即如此，何故言河南、南陽不可問？”對曰：“河南帝城，多近臣，南陽帝鄉，多近親，田宅踰制，不可爲準。”帝令虎賁將詰問吏，吏乃實首服，如顯宗對。於是遣謁者考實，具知姦狀。明年，隆坐徵下獄，其疇輩十餘人皆死。帝以隆功臣，特免爲庶人。

[1]【今注】南郡：治郢縣（今湖北荆州市荆州區紀南城）。後遷治江陵縣（今湖北荆州市荆州城西北）。東漢一度改爲國。

[2]【今注】竟陵：縣名。東漢時爲侯國。治所在今湖北潛江市西北。

[3]【今注】刺史：官名。西漢武帝元封五年（前106）每州

置刺史，秩六百石，奉詔條監察一州。成帝綏和元年（前8）罷刺史，置州牧，爲一州之長官，秩二千石。哀帝建平二年（前5）復爲刺史，元壽二年（前1）又改爲州牧。東漢光武帝建武十八年（42）又復爲刺史。靈帝時，罷刺史，置州牧，由原來單純的監察官發展爲總攬地方軍政大權的地方長官。詳見本書《百官志五》。

[4]【今注】陳留：郡名。治陳留縣（今河南開封市東南）。

[5]【今注】由趣：來源和意向。

[6]【李賢注】抵，欺也。

[7]【今注】顯宗：東漢明帝劉莊，廟號顯宗，公元57年至75年在位。紀見本書卷二。　東海：郡國名。秦置。楚漢之際也稱郯郡。王莽時改名沂平。東漢時一度改爲封國。治郯縣（今山東郯城縣西北）。

明年，復封爲扶樂鄉侯，以中郎將副伏波將軍馬援擊交阯蠻夷徵側等，[1]隆別於禁谿口破之，[2]獲其帥徵貳，[3]斬首千餘級，降者二萬餘人。還，更封大國，爲長平侯。[4]及大司馬吴漢薨，隆爲驃騎將軍，行大司馬事。

[1]【今注】馬援：字文淵，扶風茂陵（今陝西興平市東北）人。傳見本書卷二四。　徵側：麊泠縣（今越南河内西北）洛將之女。因怨交阯太守繩治其夫而反。九真、日南、合浦等地蠻夷回應，占領六十餘城，立爲王。後爲馬援所滅。事迹見本書卷二四《馬援傳》。

[2]【李賢注】交阯郡麊泠縣有金溪穴，相傳音訛，謂之“禁溪”，則徵側等所敗處也。其地今岑州新昌縣也。麊音麋，泠音零。【今注】禁谿：水名。源出今越南北部，在河内西北注入紅河。

[3]【李賢注】徵側之妹。

[4]【李賢注】長平，縣，屬汝南郡。【今注】長平：縣名。治所在今河南西華縣東北。

隆奉法自守，視事八歲，上將軍印綬，罷，賜養牛，上樽酒十斛，[1]以列侯奉朝請。三十年，定封慎侯。[2]中元二年，[3]卒，謚曰靖侯。子安嗣。

[1]【李賢注】《前書音義》曰："稻米一斗得酒一斗爲上樽，稷米一斗爲中樽，粟米一斗爲下樽也。"

[2]【李賢注】慎，縣名，屬汝南郡也。【今注】慎：縣名。治所在今安徽潁上縣西南。

[3]【今注】中元：亦稱建武中元，東漢光武帝劉秀年號(56—57)。

傅俊字子衛，潁川襄城人也。[1]世祖徇襄城，俊以縣亭長迎軍，拜爲校尉，[2]襄城收其母弟宗族，皆滅之。從破王尋等，[3]以爲偏將軍。別擊京、密，[4]破之，遣歸潁川，收葬家屬。

[1]【今注】襄城：縣名。治所在今河南襄城縣。

[2]【今注】校尉：官名。秦置。漢代，一般軍隊中，將軍以下有校尉。又有城門、司隸等校尉，以守衛城門和監察百官及京師近郡等事。武帝時置八校尉，以統領宿衛兵。

[3]【李賢注】《東觀記》曰："傅俊從上迎擊王尋等於陽關，漢兵反走，還汝水上，上以手飲水，澡盥鬚眉塵垢，謂俊曰：'今日罷倦甚，諸卿寧憊邪？'"【今注】王尋：新莽政權大司徒。更

始元年（23）六月，光武帝劉秀在昆陽大敗王尋、王邑率領的莽軍主力。王尋被殺。事迹見本書卷一上《光武帝紀上》、卷一四《宗室四王三侯傳》、卷一五《李王鄧來傳》等。

［4］【今注】京：縣名。治所在今河南滎陽市東南。　密：縣名。治所在今河南新密市東南。

及世祖討河北，俊與賓客十餘人北追，及於邯鄲，上謁，世祖使將潁川兵，常從征伐。世祖即位，以俊爲侍中。[1]建武二年，封昆陽侯。[2]三年，拜俊積弩將軍，與征南大將軍岑彭擊破秦豐，[3]因將兵徇江東，[4]揚州悉定。[5]七年，卒，謚曰威侯。

［1］【今注】侍中：官名。皇帝近侍官。侍從皇帝，出入宫廷，顧問應對。西漢非正式職官，也無定額，爲加官。東漢地位日尊，由加官發展成秩比二千石的實職，爲皇帝心腹，多以外戚、功臣子弟及師儒重臣擔任。詳見本書《百官志三》。

［2］【今注】昆陽：縣名。治所在今河南葉縣。

［3］【今注】岑彭：字君然，南陽棘陽（今河南新野縣東北）人。傳見本書卷一七。

［4］【今注】江東：地區名。一作"江左"。古人在地理上以東爲左，以西爲右，故江東又名江左，江西又名江右。長江本爲由西向東流，但在蕪湖至南京間作西南—東北流向，改爲由南向北流，先秦、漢至隋唐，是南北往來主要渡口的所在，習慣上稱自此以下的長江南岸地區爲江東。

［5］【今注】揚州：西漢武帝時所置十三刺史部之一。東漢初治歷陽縣（今安徽和縣），東漢末年移治壽春（今安徽壽縣）、合肥（今安徽合肥市西北）。

子昌嗣，徙封無湖侯。[1]建初中，[2]遭母憂，因上書，以國貧不願之封，乞錢五十萬，爲關内侯。肅宗怒，[3]貶爲關内侯，竟不賜錢。永初七年，鄧太后復封昌子鐵爲高置亭侯。[4]

［1］【李賢注】無湖（無，紹興本、大德本、殿本作“蕪”，是），縣名，屬丹陽郡。【今注】案，無，紹興本、大德本、殿本作“蕪”，是。蕪湖，縣名。治所在今安徽蕪湖市東南。

［2］【今注】建初：東漢章帝劉炟年號（76—84）。

［3］【今注】肅宗：東漢章帝劉炟，廟號肅宗，公元75年至88年在位。紀見本書卷三。

［4］【今注】高置亭：地名。故址疑在今安徽蕪湖市境内。

堅鐔字子伋，[1]潁川襄城人也。爲郡縣吏。世祖討河北，或薦鐔者，因得召見。以其吏能，署主簿。[2]又拜偏將軍，從平河北，別擊破大槍於盧奴。[3]世祖即位，拜鐔揚化將軍，封㶏强侯。[4]

［1］【李賢注】《東觀記》“伋”作“皮”。

［2］【今注】主簿：官名。兩漢太尉、御史大夫、光禄勳等中央機構及司隸校尉、地方郡縣都設有主簿，將軍出征屬官亦有主簿，負責文書簿記、掌管印鑒，爲掾史之首。

［3］【今注】大槍：西漢末農民起義軍的一支，活動於今河北定州市一帶。　盧奴：縣名。治所在今河北定州市。

［4］【李賢注】㶏强，縣名，屬汝南郡。㶏音於靳反。【今注】㶏强：縣名。治所在今河南臨潁縣東。

與諸將攻洛陽，而朱鮪别將守東城者爲反閒，私約鐔晨開上東門。[1]鐔與建義大將軍朱祐乘朝而入，與鮪大戰武庫下，[2]殺傷甚衆，至旦食乃罷，朱鮪由是遂降。又别擊内黄，[3]平之。建武二年，與右將軍萬脩徇南陽諸縣，而堵鄉人董訢反宛城，[4]獲南陽太守劉驎。鐔乃引軍赴宛，選敢死士夜自登城，斬關而入，訢遂棄城走還堵鄉。鄧奉復反新野，攻破吴漢。時萬脩病卒，鐔獨孤絶，南拒鄧奉，北當董訢，一年閒道路隔塞，糧饋不至，鐔食蔬菜，與士卒共勞苦。每急，輒先當矢石，[5]身被三創，以此能全其衆。及帝征南陽，擊破訢、奉，以鐔爲左曹，常從征伐。六年，定封合肥侯。[6]二十六年，卒。

[1]【李賢注】上東門，洛陽故城東面北頭第一門也。【今注】上東門：城門名。一名上東城門。爲東漢都邑洛陽城東面北頭第一門。在今河南洛陽市東白馬寺一帶。

[2]【李賢注】《洛陽記》曰："建始殿東有太倉（太，大德本、殿本作'大'），倉東有武庫，藏兵之所。"【今注】武庫：武器庫名。東漢儲藏兵器之所。在洛陽宫城東北隅。

[3]【今注】内黄：縣名。治所在今河南内黄縣西北。

[4]【今注】堵（zhě）鄉：地名。在今河南方城縣境。

[5]【李賢注】石謂發石以投人也。《墨子》曰："備城者積石百枚，重十鈞已上者。"

[6]【今注】合肥：縣名。治所在今安徽合肥市西北。

子鴻嗣。鴻卒，子浮嗣。浮卒，子雅嗣。

馬武字子張，南陽湖陽人也。[1]少時避讎，客居江夏。[2]王莽末，竟陵、西陽三老起兵於郡界，[3]武往從之，後入緑林中，[4]遂與漢軍合。更始立，以武爲侍郎，與世祖破王尋等，拜爲振威將軍，與尚書令謝躬共攻王郎。[5]

[1]【今注】湖陽：縣名。治所在今河南唐河縣西南。

[2]【今注】江夏：郡名。治西陵縣（今湖北武漢市新洲區西）。

[3]【今注】西陽：縣名。治所在今河南光山縣西南。　三老：官名。西漢高帝初，鄉始置三老一人，以民年五十以上，有德行威信能率服民衆者任之。後縣、郡國均置有三老，職掌教化，終兩漢之世不改。三老無俸禄，不是國家正式官吏，但地位尊崇，可免服徭役，常受賞賜，與縣令丞尉分庭抗禮。詳見本書《百官志五》。

[4]【今注】緑林：山名。今湖北大洪山。新莽末年，王匡、王鳳起義時的根據地。

[5]【今注】尚書令：官名。秦置，漢因之，秩六百石，屬少府。西漢武帝始用宦者任之，成帝時則專用士人。東漢時爲尚書臺長，總典綱紀，無所不統，職權極重。本秩千石，若以皇帝極爲賞識之臣任此職則增秩至二千石。如漢和帝時，黄香任此職，增秩二千石。詳見本書《百官志三》。

及世祖拔邯鄲，請躬及武等置酒高會，因欲以圖躬，不剋。既罷，獨與武登叢臺，[1]從容謂武曰："吾得漁陽、上谷突騎，欲令將軍將之，何如？"武曰："駑怯無方略。"世祖曰："將軍久將，習兵，豈與我掾史同哉！"武由是歸心。

[1]【李賢注】故趙王臺也，在今潞州邯鄲城中（潞，大德本作“路”，殿本作“洺”，據殿本考證，當作“洺”）。【今注】叢臺：臺名。相傳爲趙武靈王築。在今河北邯鄲市舊縣鎮東北。

及謝躬誅死，武馳至射犬降，世祖見之甚悦，引置左右，每勞饗諸將，武輒起斟酌於前，世祖以爲歡。復使將其部曲至鄴，[1]武叩頭辭以不願，世祖愈美其意，因從擊群賊。世祖擊尤來、五幡等，[2]敗於慎水，武獨殿，還陷陣，故賊不得迫及。[3]進至安定次、小廣陽，[4]武常爲軍鋒，力戰無前，諸將皆引而隨之，故遂破賊，窮追至平谷、浚靡而還。[5]

[1]【今注】部曲：漢代軍隊編制單位。大將軍營五部，部置校尉、軍司馬。部下有曲，曲設軍候。曲下有屯，有屯長一人。詳見本書《百官志一》。

[2]【今注】尤來：農民軍稱號。西漢末農民軍的一支。因起於尤來山（徂徠山）爲名。　五幡：農民軍稱號。西漢末農民軍的一支。大致以軍容特點爲名。

[3]【李賢注】殿，鎮後也，音丁殿反。言兵敗而鎮其後也。

[4]【李賢注】即廣平亭也，在今幽州范陽縣西南，以有廣陽國，故謂此亭爲小廣陽也。【今注】安定次：當據王先謙《後漢書集解》删“定”字。安次，縣名。治所在今河北廊坊市安次區西北古縣。　小廣陽：縣名。治所在今北京市房山區良鄉鎮東北。

[5]【李賢注】平谷，縣名，屬漁陽郡。浚靡，縣名，屬右北平郡。靡音糜。【今注】平谷：縣名。治所在今北京市平谷區東北。　浚靡：縣名。又作“俊靡”。治所在今河北遵化市東北。

世祖即位，以武爲侍中、騎都尉，封山都侯。[1]建武四年，與虎牙將軍蓋延等討劉永，[2]武别擊濟陰，[3]下成武、楚丘，[4]拜捕虜將軍。明年，龐萌反，攻桃城，武先與戰，破之；會車駕至，萌遂敗走。六年夏，與建威大將軍耿弇西擊隗囂，漢軍不利，引下隴。囂追急，武選精騎還爲後拒，身被甲持戟奔擊，殺數千人，[5]囂兵乃退，諸軍得還長安。

[1]【今注】山都：縣名。東漢改爲侯國，治所在今湖北穀城縣西南。

[2]【今注】劉永：梁郡睢陽（今河南商丘市南）人。傳見本書卷一二。案，曹金華《後漢書稽疑》謂劉永當作“劉紆”（第331頁）。

[3]【今注】濟陰：郡國名。西漢景帝中元六年（前144）分梁國置國，後改爲郡。治定陶縣（今山東菏澤市定陶區西北）。

[4]【今注】成武：縣名。治所在今山東成武縣。　楚丘：地名。在今山東曹縣東。

[5]【今注】案，劉攽《東漢書刊誤》云“千”當作“十”。

十三年，增邑，更封鄃侯。[1]將兵北屯下曲陽，[2]備匈奴。坐殺軍吏，[3]受詔將妻子就國。武徑詣洛陽，上將軍印綬，削户五百，定封爲楊虚侯，[4]因留奉朝請。

[1]【李賢注】鄃，縣名，屬平原郡，故城在今德州平原縣西南。鄃音俞。【今注】鄃（shū）：縣名。治所在今山東高唐縣東北。案，曹金華《後漢書稽疑》謂鄃縣，西漢時屬清河郡，東漢時

屬清河國，平原郡無鄃縣（第332頁）。

[2]【今注】下曲陽：縣名。治所在今河北晉州市西鼓城。

[3]【今注】案，曹金華《後漢書稽疑》謂“坐殺”前當有“十五年”三字（第332頁）。

[4]【今注】楊虛：縣名。治所在今山東茌平縣東北。

帝後與功臣諸侯讌語，從容言曰：“諸卿不遭際會，自度爵禄何所至乎？”高密侯鄧禹先對曰：[1]“臣少嘗學問，可郡文學博士。”[2]帝曰：“何言之謙乎？卿鄧氏子，志行脩整，何爲不掾功曹？”餘各以次對，至武，曰：“臣以武勇，可守尉督盜賊。”帝笑曰：“且勿爲盜賊，自致亭長，[3]斯可矣。”武爲人嗜酒，闊達敢言，[4]時醉在御前面折同列，言其短長，無所避忌。帝故縱之，以爲笑樂。帝雖制御功臣，而每能回容，宥其小失。[5]遠方貢珍甘，必先徧賜列侯，而太官無餘。[6]有功，輒增邑賞，不任以吏職，故皆保其福禄，終無誅譴者。

[1]【今注】高密：縣名。治所在今山東高密市西南。　案，大德本無“鄧”字。

[2]【今注】文學：官名。漢代於州郡及王國置文學，或稱文學掾，或稱文學史，爲後世教官所由來。　博士：官名。秦置博士官，掌通古今，備顧問。漢承秦制，亦置博士官。武帝時，設五經博士，掌教授經學，國有疑事，掌承問對。東漢因置。此處“郡文學博士”連稱，結合下文“帝曰”，似仍指郡文學掾。

[3]【今注】自致亭長：即到亭長那裏認罪之意。致，至，到。

[4]【李賢注】闊達，大度也。敢言謂果敢於言（大德本、殿本“謂”後有“言”字；於言，大德本、殿本作“而”，與下句連讀），無所隱也。

[5]【李賢注】回，曲也，曲法以容也。

[6]【今注】太官：官署名。隸少府。掌管皇帝飲食、宴會。設有令、丞。

二十五年，武以中郎將將兵擊武陵蠻夷，[1]還，上印綬。顯宗初，西羌寇隴右，[2]覆軍殺將，朝廷患之，復拜武捕虜將軍，以中郎將王豐副，與監軍使者竇固、右輔都尉陳訢，[3]將烏桓、黎陽營、三輔募士、[4]涼州諸郡羌胡兵及弛刑，[5]合四萬人擊之。到金城浩亹，與羌戰，[6]斬首六百級。又戰於洛都谷，爲羌所敗，[7]死者千餘人。羌乃率衆引出塞，武復追擊到東、西邯，大破之，[8]斬首四千六百級，獲生口千六百人，餘皆降散。武振旅還京師，增邑七百户，并前千八百户。永平四年，卒。

[1]【今注】武陵：郡名。治臨沅縣（今湖南常德市武陵區）。

[2]【今注】西羌：中國古代西北地區的民族之一。傳見本書卷八六。　隴右：地區名。指隴山以西地區，古代以西爲右，故名。大致相當今甘肅六盤山以西、黄河以東地區。

[3]【今注】竇固：字孟孫，扶風平陵（今陝西咸陽市西北）人。傳見本書卷二三。　右輔都尉：官名。漢代京師衛戍長官之一。右輔都尉位次右扶風下，掌轄區衛戍循徼，職屬執金吾。

[4]【李賢注】光武置黎陽營，見《鄧訓傳》。【今注】烏桓：中國古代北方民族之一。游牧部落東胡族的一支，依居烏桓山，因

而得名。主要游牧於大興安嶺南端。西漢前期依附於匈奴，武帝以後附漢，遷至東北邊郡塞外。東漢獻帝建安十二年（207），曹操遷烏桓萬餘落於中原，部分留居長城一帶。此後逐漸與漢族及其他民族相融合。傳見本書卷九〇。　黎陽營：鎮名。黎陽爲縣，治所在今河南浚縣東，東漢於此置黎陽營，爲軍事重鎮。　三輔：地區名。西漢京畿地區的合稱。景帝時分秦内史爲左、右内史，改主爵中尉名主爵都尉。武帝時，分别改左、右内史、主爵都尉名爲左馮翊、京兆尹、右扶風。同治京城長安城中，所輔皆爲京畿之地，故合稱“三輔”。轄境相當於今陝西關中地區。

［5］【今注】涼州：西漢武帝時所置十三刺史部之一。東漢時治隴縣（今甘肅張家川回族自治縣）。　案，弛，大德本作“弛”。

［6］【李賢注】浩亹，縣名，屬金城郡，故城在今蘭州廣武縣西南。浩音閤，亹音門。【今注】金城：郡名。治允吾縣（今甘肅永靖縣西北湟水南岸）。　浩亹（mén）：縣名。治所在今甘肅永登縣西南。

［7］【李賢注】湟水一名洛都水，西自吐谷渾界入，在今鄯州湟水縣。【今注】洛都谷：谷名。在今青海樂都縣北、湟水北岸附近。

［8］【李賢注】酈元《水經注》曰邯川城左右有水，自北出，南經邯亭注于河。蓋以此水分流，謂之東、西邯也，在今廓州化陰縣東（陰，據王先謙《後漢書集解》引沈欽韓説，當作“隆”）。【今注】邯：古水名。在今青海化隆回族自治縣境内。

子檀嗣，坐兄伯濟與楚王英黨顔忠謀反，[1]國除。永初七年，鄧太后紹封武孫震爲滲亭侯。[2]震卒，子側嗣。

［1］【今注】顔忠：漁陽人。與王平等爲楚王英造作圖書，事

發入獄。事迹見本書卷四二《光武十王傳》。

［2］【李賢注】滲音胡巧反（大德本無"反"字），又力彫反。【今注】滲：音 liáo，又音 liú。

論曰：中興二十八將，前世以爲上應二十八宿，未之詳也。然咸能感會風雲，奮其智勇，[1]稱爲佐命，亦各志能之士也。[2]議者多非光武不以功臣任職，至使英姿茂績，委而勿用。然原夫深圖遠筭，固將有以焉爾。若乃王道既衰，降及霸德，[3]猶能授受惟庸，[4]勳賢皆序，如管、隰之迭升桓世，先、趙之同列文朝，可謂兼通矣。[5]降自秦、漢，世資戰力，至於翼扶王運，皆武人屈起。[6]亦有鬻繒屠狗輕猾之徒，[7]或崇以連城之賞，或任以阿衡之地，[8]故執疑則隙生，力侔則亂起。[9]蕭、樊且猶縲紲，信、越終見葅戮，不其然乎！[10]自兹以降，迄于孝武，宰輔五世，莫非公侯。[11]遂使縉紳道塞，賢能蔽壅，[12]朝有世及之私，下多抱關之怨。[13]其懷道無聞，委身草莽者，亦何可勝言。故光武鑒前事之違，存矯枉之志，[14]雖寇、鄧之高勳，耿、賈之鴻烈，分土不過大縣數四，所加特進、朝請而已。[15]觀其治平臨政，課職責咎，將所謂"導之以政，齊之以刑"者乎！[16]若格之功臣，其傷已甚。[17]何者？直繩則虧喪恩舊，橈情則違廢禁典，選德則功不必厚，舉勞則人或未賢，參任則群心難塞，並列則其敝未遠。[18]不得不校其勝否，即以事相權。[19]故高秩厚禮，[20]允答元功，峻文深憲，責成吏職。建武之世，侯者百餘，若夫數公者，則與參國議，分均休咎，[21]其餘並優以寬科，完其封禄，莫不終以功名延慶于後。昔留侯以爲高祖悉用蕭、曹故人，[22]而郭伋亦譏南陽多顯，[23]鄭興又戒功臣專任。[24]夫崇恩偏授，易啓私溺之失，[25]至公均被，必廣招賢之路，意者不其然乎！

［1］【李賢注】風雲，已具《聖公傳》（《聖公傳》即本書卷一一《劉玄劉盆子傳》。參見該卷"贊曰"李賢注）。

［2］【李賢注】《易·通卦驗》曰："黄佐命。"鄭玄注云："黄者，火之子。佐命，張良是也。"已上皆華嶠之辭。

［3］【李賢注】王謂周也，霸謂齊桓、晉文公。

［4］【今注】庸：功勞。

［5］【李賢注】《史記》曰，管仲、隰朋修齊國之政，齊人皆悦事之。《管子》曰："管仲寢疾，桓公問之：'若不可諱，政將安移之？'對曰：'隰朋可。'"《國語》云，文公使趙衰爲卿，辭曰："先軫有謀，臣不若也。"乃使先軫佐下軍。公曰："趙衰，其所讓皆社稷之衛也（'衰'後當據王先謙《後漢書集解》引沈欽韓説補'三讓'二字）。"

［6］【李賢注】屈起猶勃起也。音其勿反。【今注】屈：通"崛"。

［7］【李賢注】灌嬰，睢陽販繒者，樊噲，沛人，以屠狗爲事，皆從高祖。

［8］【李賢注】樊噲封爲舞陽侯；灌嬰爲丞相，封爲潁陰侯。阿，倚也。衡，平也。言天下依倚而取平也。

［9］【李賢注】埶位過，則君臣相疑。侔，等也。【今注】埶：同"勢"。

［10］【李賢注】蕭何爲丞相，爲人請上林中空地，上大怒，

乃下廷尉械繫之。燕王盧綰反，樊噲以相國擊燕，人有惡噲黨於吕氏，帝大怒，使陳平即軍中斬噲；平畏吕氏，執噲詣長安。韓信封爲淮陰侯，人上書告信反，吕后使武士縛信，斬之。彭越爲梁王，吕后令其舍人告越謀反，遂夷宗族。《刑法志》曰："夷三族者梟其首，葅其骨肉。"彭越、韓信皆受此誅。

[11]【李賢注】自高祖至于孝武凡五代也，其中宰輔皆以公侯勳貴爲之。

[12]【李賢注】縉，赤色也。紳，帶也。或作"搢"，搢，插也，謂插笏於帶也。【今注】縉紳：插笏於紳帶間，舊時官宦的裝束。亦借指士大夫。

[13]【李賢注】世及謂父子相繼也。《禮記》曰："大人世及以爲禮。"抱關謂守門者。《前書》曰，蕭望之署小苑東門候，王仲翁謂望之曰："不肯碌碌，反抱關爲？"

[14]【李賢注】矯，正也。違，失也。枉，曲也。孟子曰："矯枉者過其正。"

[15]【李賢注】鄧禹爲大司徒，封高密侯，食邑四縣。耿弇好畤侯，食邑二縣，奉朝請。賈復封膠東侯，凡食六縣，以列侯加特進。【今注】特進：官名。漢制，凡大臣中功高德重爲朝廷所敬異者，賜位特進，以示恩寵。其地位在三公下、二千石上。

[16]【李賢注】《論語》曰："導之以政，齊之以刑，人免而無恥。"（殿本無此注）【今注】案，語出《論語·爲政》。

[17]【李賢注】格，正也。若以上法繩正功臣，則於其有害也（劉攽《東漢書刊誤》云"其"後當補"人"字）。

[18]【李賢注】參任，謂兼勳賢而任之。則群臣之心各有覬望，故難塞也。若遵高祖並用功臣，則其敝未遠。

[19]【李賢注】勝否猶可否。即，就也。權謂平其輕重。

[20]【今注】案，袟，紹興本、大德本、殿本均作"秩"，是。

[21]【李賢注】《賈復傳》曰"帝方以吏事責三公，故功臣遂不用。是時列侯唯高密、固始、膠東三侯與公卿参議國家大事，恩遇甚厚"也。

[22]【李賢注】《前書》曰，上望見諸將往往偶語，張良曰："此謀反耳。陛下起布衣爲天子，而所封皆蕭、曹故人耳（耳，殿本作'故'，屬下讀），相聚謀反也。"見《高紀》。

[23]【李賢注】《郭伋傳》曰："光武以伋爲并州牧，帝引見，伋因言：'選補衆職，當簡天下賢俊，不宜專用南陽人也。'帝深納其言。"

[24]【李賢注】《鄭興傳》曰："興徵爲太中大夫（太，大德本作'大'），上疏曰：'道路咸曰朝廷欲用功臣，功臣用則人位謬矣。'"

[25]【今注】案，啓，殿本作"起"。

永平中，顯宗追感前世功臣，乃圖畫二十八將於南宫雲臺，其外又有王常、李通、竇融、卓茂，合三十二人。故依其本弟係之篇末，[1]以志功臣之次云爾。

[1]【今注】案，弟，殿本作"第"。

太傅高密侯鄧禹　　大司馬廣平侯吴漢

左將軍膠東侯賈復　　建威大將軍好畤侯耿弇

執金吾雍奴侯寇恂　　征南大將軍舞陽侯岑彭[1]

征西大將軍夏陽侯馮異[2]　　建義大將軍鬲侯朱祐

征虜將軍潁陽侯祭遵　　驃騎大將軍櫟陽侯景丹

虎牙大將軍安平侯蓋延　　衛尉安成侯銚期

東郡太守東光侯耿純　　城門校尉朗陵侯臧宮

捕虜將軍楊虚侯馬武　　驃騎將軍慎侯劉隆

中山太守全椒侯馬成　　河南尹阜成侯王梁

琅邪太守祝阿侯陳俊　　驃騎大將軍參蘧侯杜茂

積弩將軍昆陽侯傅俊　　左曹合肥侯堅鐔

上谷太守淮陽侯王霸[3]　　信都太守阿陵侯任光

豫章太守中水侯李忠　　右將軍槐里侯萬脩

太常靈壽侯邳彤　　驍騎將軍昌成侯劉植

横野大將軍山桑侯王常　　大司空固始侯李通

大司空安豐侯竇融　　太傅宣德侯卓茂

[1]【今注】案，曹金華《後漢書稽疑》謂“舞陽”當作“舞陰”。本書《岑彭傳》及《後漢紀》卷四《光武皇帝紀》皆作“舞陰”（第334頁）。

[2]【今注】案，夏陽，大德本、殿本作“陽夏”。據本書卷一七《馮異傳》當作“陽夏”。

[3]【今注】案，淮陽，當據王先謙《後漢書集解》改作“淮陵”。

贊曰：帝績思乂，[1]庸功是存。[2]有來群后，[3]捷我戎軒。[4]婉孌龍姿，儷景同黐。[5]

[1]【今注】帝績：帝業。　思：助詞。用於句首或句中。乂：治理。安定。

[2]【李賢注】庸，勳也。言將興帝績，則念勳功之臣也。

［3］【今注】群后：古代天子及列國國君都稱“后”。這裏指獲得封侯的開國功臣。

［4］【李賢注】捷，勝也，謂寇、鄧之徒翼佐王烈，戎車所至，皆克捷也。【今注】戎軒：兵車，戰車。

［5］【李賢注】婉孌猶親愛也。龍姿謂光武也。儷，齊也，偶也。言諸將齊景飜飛而舉大功也。【今注】婉孌：美貌。　儷景：並影。指追隨左右。景，通“影”。

後漢書　卷二三

列傳第十三

竇融 弟子固 曾孫憲 玄孫章

竇融字周公，扶風平陵人也。[1]七世祖廣國，[2]孝文皇后之弟，[3]封章武侯。[4]融高祖父，宣帝時以吏二千石自常山徙焉。[5]融早孤。王莽居攝中，[6]爲强弩將軍司馬，[7]東擊翟義，還攻槐里，[8]以軍功封建武男。[9]女弟爲大司空王邑小妻。[10]家長安中，出入貴戚，連結閭里豪傑，以任俠爲名；然事母兄，養弱弟，内修行義。王莽末，青、徐賊起，[11]大師王匡[12]請融爲助軍，與共東征。

[1]【今注】扶風：即右扶風，政區名。相當於郡級，因地屬西漢長安京畿地區，故不稱郡。治長安縣（今陝西西安市西北）。平陵：縣名。本西漢昭帝劉弗陵之陵墓名。西漢制度，以每一皇帝陵墓所在地設一縣。故昭帝時置平陵縣，治所在今陝西咸陽市西北。

［2］【今注】廣國：即竇廣國，字少君。孝文竇皇后之弟。曾在宜陽入山作炭，岸崩，所幸不死。孝文竇皇后立，家於長安。景帝時封章武侯。事見《漢書》卷九七上《外戚傳上》。

［3］【今注】孝文皇后：即孝文竇皇后。河間清河人。以良家子選入宫。後至代國。文帝即位後立爲皇后。景帝和長公主劉嫖之母。傳見《漢書》卷九七上。

［4］【李賢注】章武，縣，屬勃海郡，故城在今滄州魯縣也（殿本、中華本"魯"後有"城"字，是）。【今注】章武：縣名。治所在今河北黄驊市西北。

［5］【今注】宣帝：西漢宣帝劉詢，公元前74年至前49在位。紀見《漢書》卷八。　二千石：漢代官吏秩俸等級名，又分爲中二千石、真二千石、二千石、比二千石等，列卿、郡守、都尉、王國相等均屬二千石。詳見本書《百官志》。　常山：郡國名。秦置恒山郡。西漢避文帝諱改爲常山郡。景帝、武帝時一度改爲國。治元氏縣（今河北元氏縣西北）。

［6］【今注】王莽：字巨君，西漢元帝皇后王政君之侄，新朝建立者，公元8年至23年在位。在位期間依託儒家經典推出諸多改制措施，激化了社會矛盾。在緑林、赤眉軍打擊下，王莽被殺，新朝滅亡。傳見《漢書》卷九九。　居攝：西漢孺子劉嬰年號（6—8）。因王莽效仿周公居攝踐祚而改元。

［7］【李賢注】强弩將軍即莽明義侯王俊（據《漢書》卷八四《翟義傳》，"俊"當作"駿"）。【今注】强弩將軍司馬：官名。領軍將軍置司馬主兵事。　案，據曹金華《後漢書稽疑》謂，《漢書·王莽傳》《翟義傳》，從翟義起兵至趙明、霍鴻被平定期間，先後有王駿、趙恢任强弩將軍。竇融作爲强弩將軍司馬，先屬王駿，後屬趙恢。（中華書局2014年版，第335—336頁）

［8］【李賢注】槐里趙明、霍鴻等起兵以應翟義，王邑等破義還，合軍擊明、鴻等滅之，融時隨其軍也。見《前書》。【今

注】翟義：汝南上蔡（今河南上蔡縣西南）人。丞相翟方進之子。曾任南陽都尉，弘農、河内、東郡太守。王莽居攝時，起兵反莽，立劉信爲帝，自號柱天大將軍。後被王莽軍擊敗，自殺。傳見《漢書》卷八四。　槐里：縣名。西漢高帝時改廢丘縣置。治所在今陝西興平市東南。

[9]【李賢注】《東觀記》《續漢書》並云“寧武男”。

[10]【今注】大司空：官名。東漢光武帝時省“大”字。金印紫綬。詳見本書《百官志一》。　王邑：西漢末新莽時期人。新莽時爲大司空，封成都侯、隆新公。劉玄更始元年（23），在昆陽爲劉秀等率領緑林軍擊敗。事迹見本書卷一上《光武帝紀上》、卷一四《宗室四王三侯傳》、卷一五《李王鄧來傳》等。

[11]【今注】青：青州。西漢武帝時所置十三刺史部之一。東漢治臨淄縣（今山東淄博市臨淄區北）。　徐：徐州。西漢武帝時所置十三刺史部之一。東漢治郯縣（今山東郯城縣）。

[12]【李賢注】匡，王舜之子。【今注】大師：太師。官名。西漢元帝時始置太師，位處太傅、太保上，同稱上公。後居三公上。位高禄厚，但無常職。東漢上公無太師，僅太傅一人。詳見本書《百官志一》。大，紹興本、大德本、殿本作“太”。　王匡：王莽政權太師。更始元年昆陽之戰後，守洛陽。同年九月，洛陽城陷被俘，後被斬首。事迹見本書卷一一《劉玄傳》。

及漢兵起，融復從王邑敗於昆陽下，[1]歸長驅入關，[2]王邑薦融，拜爲波水將軍，[3]賜黄金千斤，引兵至新豐。[4]莽敗，融以軍降更始大司馬趙萌，[5]萌以爲校尉，[6]甚重之，薦融爲鉅鹿太守。[7]

[1]【今注】昆陽：縣名。治所在今河南葉縣。更始元年（23）六月，劉秀在昆陽大敗王尋、王邑率領的莽軍主力。

［2］【今注】案，大德本、殿本“歸”後有“長安漢兵”四字。是。句讀爲“歸長安。漢兵長驅入關”。

［3］【李賢注】《前書音義》曰：“波水在長安南。”

［4］【今注】新豐：縣名。治所在今陝西西安市臨潼區東北。

［5］【今注】更始：兩漢之際劉玄稱帝時的年號（23—25）。這裏指劉玄。傳見本書卷一一。　大司馬：官名。西漢武帝元狩四年（前119）初置，但無印綬、官屬。成帝時以王根爲大司馬，置印綬、官屬，與大司徒、大司空並爲“三公”。東漢光武帝建武二十七年（51）改名爲太尉。靈帝末復置大司馬。　趙萌：更始政權官員。棘陽（今河南新野縣東北）人。與李松勸説更始帝分封諸功臣爲王，任爲右大司馬。其女爲劉玄夫人，由是秉政專權。事迹見本書卷一一《劉玄傳》。

［6］【今注】校尉：官名。秦置。西漢武帝時置八校尉，以統領宿衛兵。漢代，一般軍隊中，將軍以下有校尉。又有城門、司隸等校尉，以守衛城門和監察百官及京師近郡等事。

［7］【今注】鉅鹿：郡名。西漢時治鉅鹿縣（今河北雞澤縣東北）。

融見更始新立，東方尚擾，不欲出關，而高祖父嘗爲張掖太守，[1]從祖父爲護羌校尉，[2]從弟亦爲武威太守，[3]累世在河西，[4]知其土俗，獨謂兄弟曰：“天下安危未可知，河西殷富，帶河爲固，張掖屬國精兵萬騎，[5]一旦緩急，杜絶河津，足以自守，此遺種處也。”[6]兄弟皆然之。融於是日往守萌，[7]辭讓鉅鹿，圖出河西。[8]萌爲言更始，乃得爲張掖屬國都尉。[9]融大喜，即將家屬而西。既到，撫結雄傑，懷輯羌虜，[10]甚得其歡心，河西翕然歸之。

［1］【今注】張掖：郡名。治觻得縣（今甘肅張掖市西北）。

［2］【今注】護羌校尉：官名。西漢武帝時置，持節以護西羌，王莽時罷。東漢光武帝時復置此官。

［3］【今注】武威：郡名。治姑臧縣（今甘肅武威市）。

［4］【今注】河西：地區名。春秋、戰國時指今山西、陝西兩省間黄河南段以西地區。漢、魏以後指今甘肅、青海二省間黄河以西，即今河西走廊與湟水流域一帶。

［5］【李賢注】漢邊郡皆置屬國。

［6］【李賢注】遺，留也，可以保全不畏絶滅。

［7］【李賢注】守猶求也。

［8］【李賢注】圖，謀也。

［9］【今注】張掖屬國：國名。在今甘肅高臺縣北、金塔縣東與内蒙古交界地區。　都尉：官名。秦漢時期，以都尉官稱呼者很多，大都爲主武事者，也有部分任其他專職，如水衡都尉、奉事都尉等。領兵之都尉，位在將軍、校尉下。地方郡國都尉，亦主兵事。

［10］【李賢注】輯，和也。

是時酒泉太守梁統、金城太守庫鈞、[1]張掖都尉史苞、[2]酒泉都尉竺曾、敦煌都尉辛肜，[3]並州郡英俊，融皆與爲厚善。及更始敗，融與梁統等計議曰："今天下擾亂，未知所歸。河西斗絶在羌胡中，[4]不同心勠力[5]則不能自守；權鈞力齊，復無以相率。當推一人爲大將軍，共全五郡，觀時變動。"議既定，而各謙讓，咸以融世任河西爲吏，人所敬向，乃推融行河西五郡大將軍事。[6]是時武威太守馬期、張掖太守任仲並孤立無黨，乃共移書告示之，二人即解印綬去。於是以梁統爲武威太守，史苞爲張掖太守，竺曾爲酒泉太守，辛肜爲敦煌太守，厙鈞爲金城太守。融居屬國，[7]領都尉職如故，置從事監察五郡。河西民俗質樸，而融等政亦寬和，上下相親，晏然富殖。修兵馬，習戰射，明烽燧之警，羌胡犯塞，融輒自將與諸郡相救，皆如符要，[8]每輒破之。[9]其後匈奴懲乂，[10]稀復侵寇，而保塞羌胡皆震服親附，安定、北地、上郡流人避凶飢者，[11]歸之不絶。

[1]【李賢注】《前書音義》曰，厙姓，即倉庫吏後也。今羌中有姓厙，音舍，云承鈞之後也。【今注】酒泉：郡名。治禄福縣（今甘肅酒泉市）。　金城：郡名。治允吾縣（今甘肅永靖縣西北湟水南岸）。　厙：音 shè。

[2]【李賢注】《三輔決録》注："苞字叔文，茂陵人也。"

[3]【今注】敦煌：郡名。治敦煌縣（今甘肅敦煌市西）。案，肜，紹興本、大德本及中華點校本作"彤"。

[4]【李賢注】斗，峻絶也，《前書》曰："成山斗入海。"【今注】羌胡：族名。一名羌。泛指羌地羌族及其他少數民族。主要分布於中國西北地區，又名西羌，有"八種西羌"之説。傳見本書卷八七。

[5]【李賢注】勠，并也。【今注】案，勠，大德本、殿本作"戮"。

[6]【今注】行河西五郡大將軍事：攝行河西五郡大將軍的職權。

[7]【今注】屬國：西漢武帝時置屬國都尉，掌邊郡安置歸附的少數民族。詳見本書《百官志五》。

[8]【李賢注】赴敵不失期契也。

[9]【今注】案，大德本、殿本“輒”後有“自”字。

[10]【李賢注】懲，創也。《説文》云乂亦懲也。

[11]【今注】安定：郡名。西漢時治高平縣（今寧夏固原市），東漢時移治臨涇縣（今甘肅鎮原縣東南）。　北地：郡名。西漢時治馬嶺縣（今甘肅慶陽市西北馬嶺鎮），東漢時移治富平縣（今寧夏吴忠市西南黄河東岸）。　上郡：治膚施（今陝西榆林市東南）。

融等遥聞光武即位，而心欲東向，以河西隔遠，未能自通。時隗囂先稱建武年號，[1]融等從受正朔，囂皆假其將軍印綬。囂外順人望，内懷異心，使辯士張玄游説河西曰：“更始事業已成，尋復亡滅，此一姓不再興之效。今即有所主，便相係屬，一旦拘制，自令失柄，後有危殆，雖悔無及。今豪傑競逐，雌雄未決，[2]當各據其土宇，與隴、蜀合從，[3]高可爲六國，下不失尉佗。”[4]融等於是召豪傑及諸太守計議，其中智者皆曰：“漢承堯運，[5]歷數延長。今皇帝姓號見於圖書，[6]自前世博物道術之士谷子雲、夏賀良等，建明漢有再受命之符，言之久矣，[7]故劉子駿改易名字，冀應其占。[8]及莽末，道士西門君惠言劉秀當爲天子，遂謀立子駿。事覺被殺，出謂百姓觀者曰：‘劉秀真汝主也。’皆近事暴著，[9]智者所共見也。除言天命，且以人事論之：今稱帝者數人，而洛陽土地最廣，甲兵最彊，號令最明。觀符命而察人事，它姓殆未能當也。”諸郡太守各有賓客，或同或異。融小心精詳，遂決策東向。五年夏，遣長史劉鈞奉書獻馬。[10]

［1］【今注】隗囂：字季孟，天水成紀（今甘肅静寧縣西南）人。傳見本書卷一三。　建武：東漢光武帝劉秀年號（25—56）。

［2］【李賢注】項羽謂高祖曰："願與沛公决雌雄。"

［3］【李賢注】《前書音義》曰："以利合爲從，以威埶相脅曰横。"【今注】隴蜀：這里指割據隴西的隗囂和割據蜀地的公孫述。二人傳見本書卷一三。

［4］【李賢注】佗姓趙，真定人也。陳勝起，佗行南海尉，遂王有南越，故曰尉佗也。【今注】尉佗：本名趙佗。真定（今河北正定縣南）人。秦末任龍川令。南海尉死後，行南海尉事。秦亡，趙佗兼併桂林、象郡，自立爲南越武王。西漢高后時稱南越武帝。文帝時復去帝號，如諸侯。

［5］【李賢注】《左傳》曰，陶唐氏既衰，其後有劉累，學擾龍，事孔甲，爲御龍氏。春秋時晉卿士會即其後也。士會奔秦，後歸晉，其處者爲劉氏。戰國時，劉氏自秦獲於魏，魏遷大梁都於豐，號豐公，即太上皇父也，故曰"漢承堯運"。

［6］【李賢注】謂《河圖赤伏符》曰"劉秀發兵捕不道"。

［7］【李賢注】《前書》成帝時谷永上書曰："陛下當陽數之標季，涉三七之節紀。"哀帝時夏賀良言："赤精子讖，漢家曆運中衰，當再受命矣。"【今注】谷子雲：谷永，字子雲，長安（今陝西西安市）人。西漢成帝時待詔公車，陳災異之説。後託於大將軍王鳳，任光禄大夫、安定太守等職。後爲王音所危，病免三月。後任營軍長史。王商秉政，谷永任涼州刺史、北地太守。王商死後，王根薦爲大司農。因病免，卒於家。傳見《漢書》卷八五。　夏賀良：西漢成帝時，從齊人甘忠可學《天官曆》《包元太平經》。後坐不敬論罪。哀帝時，李尋薦待詔黄門，陳"改元易號"之説。哀帝從之，再受命，號陳聖劉太平皇帝。後因言無驗證，下獄伏誅。

［8］【李賢注】劉歆以哀帝建平元年改名秀，字潁叔（潁，

《漢書》卷三六《劉歆傳》作“穎”)，冀應符命。

[9]【李賢傳】暴，露也。著，見也。

[10]【今注】長史：官名。秦置。漢代，丞相、太尉、公及將軍府屬吏均有長史，邊郡守亦置長史，掌兵屬。詳見本書《百官志》。

先是，帝聞河西完富，地接隴、蜀，常欲招之以逼囂、述，亦發使遺融書，遇鈞於道，即與俱還。帝見鈞歡甚，禮饗畢，乃遣令還，賜融璽書曰：“制詔行河西五郡大將軍事、屬國都尉：[1]勞鎮守邊五郡，兵馬精彊，倉庫有蓄，民庶殷富，外則折挫羌胡，内則百姓蒙福。威德流聞，虚心相望，道路隔塞，邑邑何已！長史所奉書獻馬悉至，深知厚意。今益州有公孫子陽，[2]天水有隗將軍，[3]方蜀漢相攻，權在將軍，舉足左右，便有輕重。[4]以此言之，欲相厚豈有量哉！諸事具長史所見，將軍所知。王者迭興，千載一會。[5]欲遂立桓、文，輔微國，當勉卒功業；[6]欲三分鼎足，連衡合從，亦宜以時定。[7]天下未并，吾與爾絶域，非相吞之國。今之議者，必有任囂效尉佗制七郡之計。[8]王者有分土，無分民，自適己事而已。今以黄金二百斤賜將軍，便宜輒言。”因授融爲涼州牧。[9]

[1]【今注】屬國都尉：官名。掌邊郡安置歸附的少數民族。秦置典屬國，管理歸義蠻夷。西漢武帝時，置屬國都尉，東漢沿置。屬國都尉分治所屬縣，職掌與郡守同。詳見本書《百官志五》。

[2]【今注】益州：西漢武帝時所置十三刺史部之一。武帝開

西南夷，疆壤益大，故名。東漢時治雒縣（今四川廣漢市北）。靈帝中平年間移治綿竹縣（今四川德陽市東北）。獻帝興平年間移治成都縣（今四川成都市）。轄境包括今雲南全部，四川、貴州大部，陝西、甘肅、廣西、越南、緬甸等各部分地區。　公孫子陽：即公孫述，字子陽。

［3］【今注】天水：郡名。西漢武帝元鼎三年（前114）置。治平襄縣（今甘肅通渭縣西北）。東漢明帝永平十七年（74）改置爲漢陽郡，移治冀縣（今甘肅甘谷縣東）。

［4］【李賢注】猶蒯通曰“與楚即楚勝，與漢即漢捷（捷，殿本作‘勝’。《史記》卷九二《淮陰侯列傳》、《漢書》卷四五《蒯通傳》均作‘勝’）。”

［5］【李賢注】言時難得而易失也。

［6］【李賢注】周室微弱，齊桓、晉文輔之以霸天下。

［7］【李賢注】蒯通説韓信曰：“三分天下，鼎足而立。”

［8］【李賢注】秦胡亥時，南海尉任囂病且死，召龍川令趙佗語曰：“番禺負山險阻，南北東西數千里，頗有中國人相輔，此亦一州之主，可爲國，故召公即令行南國尉事（國，《史記》卷一一三《南越列傳》、《漢書》卷九五《兩粤傳》作‘海’）。”《地理志》曰蒼梧、鬱林、合浦、交阯、九真、南海、日南，皆越之分也，此爲七郡也。效，致也，流俗本作“教”者誤也。【今注】任囂：秦二世時爲南海尉，臨終前誡龍川令趙佗割據南海番禺自立。

［9］【今注】涼州：西漢武帝時所置十三刺史部之一。東漢時治隴縣（今甘肅張家川回族自治縣）。

璽書既至，河西咸驚，以爲天子明見萬里之外，網羅張立[1]之情。融即復遣鈞上書曰：“臣融竊伏自惟，幸得託先后末屬，[2]蒙恩爲外戚，累世二千石。至臣之身，復備列位，假歷將帥，[3]守持一隅。以委質則易爲辭，以納忠則易爲力。書不足以深達至誠，故遣劉鈞口陳肝膽。自以底裏上露，長無纖介。[4]而璽書盛稱蜀、漢二主，三分鼎足之權，任囂、尉佗之謀，竊自痛傷。臣融雖無識，猶知利害之際，順逆之分。豈可背真舊之主，事姦僞之人；廢忠貞之節，爲傾覆之事；弃已成之基，求無冀之利。此三者雖問狂夫，猶知去就，而臣獨何以用心！謹遣同產弟友詣闕，口陳區區。"友至高平，[5]會囂反叛，道絶，馳還，遣司馬席封閒行通書。[6]帝復遣席封賜融、友書，所以尉藉之甚備。[7]

[1]【李賢注】一作"玄"。

[2]【今注】先后：即孝文竇皇后。

[3]【李賢注】假猶濫也。【今注】案，王先謙《後漢書集解》引洪亮吉曰：融以前爲將軍，由隗囂所假，及行河西五郡大將軍事，又屬權時所推，故云假耳，非濫叨之義也。

[4]【李賢注】底裏皆露，言無臧隱。

[5]【李賢注】高平，今涼州縣也（據王先謙《後漢書集解》引陳景雲説，當爲"今原州平高縣也"）。【今注】高平：縣名。治所在今寧夏固原市。

[6]【李賢注】《東觀記》及《續漢書》"席"皆作"虎"字（虎，大德本、殿本作"虡"）。

[7]【李賢注】尉藉，解見《隗囂傳》。【今注】尉藉：慰勞，撫慰。

融既深知帝意，乃與隗囂書責讓之曰："伏惟將軍國富政修，士兵懷附。親遇戹會之際，國家不利之時，[1]守節不回，[2]承事本朝，後遣伯春[3]委身於國，無疑之誠，於斯有效。融等所以欣服高義，願從役於將軍者，良爲此也。而忿悁之間，[4]改節易圖，君臣分争，上下接兵。[5]委成功，造難就，[6]去從義，爲横謀，[7]百年累之，一朝毁之，豈不惜乎！殆執事者貪功建謀，以至於此，[8]融竊痛之！當今西州地埶局迫，人兵離散，易以輔人，難以自建。計若失路不反，聞道猶迷，[9]不南合子陽，則北入文伯耳。[10]夫負虚交而易强禦，恃遠救而輕近敵，[11]未見其利也。融聞智者不危衆以舉事，仁者不違義以要功。今以小敵大，於衆何如？[12]弃子徼功，於義何如？[13]且初事本朝，稽首北面，忠臣節也。[14]及遣伯春，垂涕相送，慈父恩也。俄而背之，謂吏士何？忍而弃之，謂留子何？[15]自兵起以來，[16]轉相攻擊，城郭皆爲丘墟，生人轉於溝壑。今其存者，非鋒刃之餘，則流亡之孤。迄今傷痍之體未愈，[17]哭泣之聲尚聞。幸賴天運少還，而大將軍復重於難，[18]是使積痾不得遂瘳，幼孤將復流離，其爲悲痛，尤足愍傷，言之可爲酸鼻！[19]庸人且猶不忍，況仁者乎？融聞爲忠甚易，得宜實難。[20]憂人大過，以德取怨，[21]知且以言獲罪也。區區所獻，唯將軍省焉。”囂不納。融乃與五郡大守共砥厲兵馬，上疏請師期。

[1]【李賢注】謂漢遭王莽篡奪也。

［2］【李賢注】回，邪也。【今注】回：轉變，改變。

［3］【李賢注】囂子恂之字也。【今注】伯春：即隗恂，字伯春，隗囂長子。東漢建武五年（29），入侍光武帝。六年，隗囂起兵謀反。八年，光武帝誅隗恂。事迹見本書卷一《光武帝紀》、卷一三《隗囂傳》、卷二四《馬援傳》等。

［4］【李賢注】悁，恚也。

［5］【李賢注】言違背光武也。

［6］【李賢注】委，弃也。

［7］【李賢注】去從，背山東也。爲横，通西蜀也。

［8］【李賢注】言隗囂執政事者，貪有其功而立此逆謀也。

［9］【李賢注】《淮南子》曰："通於道者如車軸，不運於己，而輿轂致數千里（輿，大德本、殿本誤作"與"）。不通於道者若迷惑，告以東西南北，然猶復迷惑矣。"

［10］【李賢注】文伯，盧芳也。【今注】文伯：盧芳，字君期，安定三水（今寧夏同心縣東）人。傳見本書卷一二。

［11］【李賢注】負亦恃也。易，輕也。恃公孫述而輕光武也。易音以豉反。

［12］【李賢注】言危衆也。

［13］【李賢注】言違義也。

［14］【李賢注】稽首，拜天子禮也。禮，君南嚮，答陽之義；臣北面，答君也。

［15］【李賢注】留子謂見在之子，對伯春，故曰留也。【今注】留子：當指伯春，留於漢爲質子，非"見在之子"（參見曹金華《後漢書稽疑》，第337頁）。

［16］【今注】案，兵起，大德本、殿本作"起兵"。

［17］【今注】案，體，大德本誤作"耻"。

［18］【今注】案，大將軍，王先謙《後漢書集解》云"大"字誤衍當删，曹金華《後漢書稽疑》認爲"據《隗囂傳》，囂時稱

‘西州大將軍’，《後漢紀》卷五亦引作‘而大將軍復重於難’，王説泥也”（第337頁）。

［19］【李賢注】宋玉曰：“孤子寡婦，寒心酸鼻。”

［20］【李賢注】《左傳》曰：“忠爲令德，非其人猶不可，況不令乎？”

［21］【李賢注】《詩》曰：“不以我爲德，反以我爲讎。”

帝深嘉美之，乃賜融以外屬圖及太史公《五宗》《外戚世家》[1]《魏其侯列傳》。[2]詔報曰：“每追念外屬，孝景皇帝出自竇氏，[3]定王，景帝之子，朕之所祖。昔魏其一言，繼統以正，[4]長君、少君尊奉師傅，[5]修成淑德，施及子孫，[6]此皇太后神靈，上天祐漢也。從天水來者寫將軍所讓隗囂書，痛入骨髓。畔臣見之，當股慄慙愧，忠臣則酸鼻流涕，義士則曠若發矇，[7]非忠孝慤誠，孰能如此？[8]豈其德薄者所能剋堪！囂自知失河西之助，族禍將及，欲設閒離之説，亂惑真心，轉相解搆，[9]以成其姦。又京師百僚，不曉國家及將軍本意，多能採取虚僞，誇誕妄談，令忠孝失望，傳言乖實。毀譽之來，皆不徒然，不可不思。今關東盜賊已定，[10]大兵今當悉西，將軍其抗厲威武，以應期會。”融被詔，即與諸郡守將兵入金城。

［1］【李賢注】景帝子十三人爲王，而母五人，同母者爲一宗，故曰五宗。言景帝以竇氏所生，而致子孫衆多也。【今注】五宗：栗姬子榮、德、閼于，程姬子餘、非、端，賈夫人子彭祖、勝，唐姬子發，王夫人兒姁子越、寄、乘、舜。

［2］【李賢注】竇嬰，太后從兄子也，封魏其侯。魏其，縣，屬琅邪郡。【今注】魏其侯：即竇嬰。西漢孝文竇皇后之侄。文帝時，爲吴相。景帝時任詹事。吴楚七國之亂時，守滎陽，封魏其侯，用事禁中。爲栗太子傅。武帝時，爲丞相，因崇儒術而免。後與景帝王皇后異父弟田蚡有隙，以矯詔之罪，棄市。傳見《史記》卷一〇七、《漢書》卷五二。

［3］【李賢注】出，生也。《爾雅》曰："男子謂姊妹之子曰出。"【今注】孝景皇帝：西漢景帝劉啓，公元前157年至前141年在位。紀見《史記》卷一一、《漢書》卷五。

［4］【李賢注】梁孝王，景帝弟也，亦竇太后所生。梁王朝，因昆弟燕飲，是時景帝未立太子，酒酣，帝從容曰："千秋之後傳梁王。"太后驩，竇嬰引巵酒進上曰："天下者，高祖天下，父子相傳，漢之約也，帝何以得傳梁王！"帝遂止矣。

［5］【李賢注】長君，竇太后兄也。少君，太后弟廣國之字也。絳、灌等以兩人所出微，爲擇師傅，長者有節行者與居，長君、少君由此爲退讓君子，不以富貴驕人。見《前書》。【今注】長君：早死。其子竇彭祖封南皮侯。

［6］【李賢注】施，延也，音牟豉反（牟，大德本、殿本作"羊"，是）。

［7］【李賢注】《説文》曰："曠，明也。"有眸子而無見曰矇。《前書》楊雄曰："乃今日發矇，廓然光照矣。"

［8］【李賢注】《説文》曰："愨，謹也。""愨"或作"懿"也。

［9］【李賢注】相解説而結搆。

［10］【今注】關東：地區名。秦漢定都關中地區，因指函谷關或潼關以東的地區爲關東。

初，更始時，先零羌封何諸種殺金城太守，[1]居其郡，隗囂使使賂遺封何，與共結盟，欲發其衆。融等因軍出，進擊封何，大破之，斬首千餘級，得牛馬羊萬頭，穀數萬斛，因並河揚威武，[2]伺候車駕。時大兵未進，融乃引還。

［1］【今注】先零羌：部族名。是羌族先零種的主要分支。包括滇零、鐘羌等部族或小支。主要分布在今甘肅臨夏回族自治州以西和青海東北等地。西漢武帝時移居西海（今青海湖）鹽池地區。東漢初，被隴西太守馬援征服，遷徙至天水、隴西、扶風一帶。

［2］【李賢注】並音蒲浪反。

帝以融信効著明，益嘉之。詔右扶風修理融父墳塋，祠以太牢。[1]數馳輕使，致遺四方珍羞。梁統乃使人刺殺張玄，遂與囂絶，皆解所假將軍印綬。七年夏，酒泉太守竺曾以弟報怨殺人而去郡，[2]融承制拜曾爲武鋒將軍，更以辛彤代之。

［1］【今注】太牢：古代祭祀，牛、羊、豕三牲具備謂之太牢，亦作“大牢”。

［2］【李賢注】《東觀記》曰：“曾弟嬰報怨（嬰，一説作‘晏’，參見王先謙《後漢書集解》及曹金華《後漢書稽疑》第339頁），殺屬國候王胤等，曾慙而去郡。”

秋，隗囂發兵寇安定，帝將自西征之，先戒融期。會遇雨，道斷，且囂兵已退，乃止。融至姑臧，[1]被詔罷歸。融恐大兵遂久不出，乃上書曰：“隗囂聞車駕當西，臣融東下，士衆騷動，計且不戰。囂將高峻之屬皆欲逢迎大軍，[2]後聞兵罷，峻等復疑。囂揚言東方有變，西州豪桀遂復附從。囂又引公孫述將，令守突門。[3]臣融孤弱，介在其間，[4]雖承威靈，宜速救助。國家當其前，臣融促其後，緩急迭用，首尾相資，囂埶排迮，[5]不得進退，此必破也。若兵不早進，久生持疑，則外長寇讎，内示困弱，復令讒邪得有因緣，臣竊憂之。惟陛下哀憐！”帝深美之。

[1]【李賢注】姑臧，縣名，屬武威郡，今涼州縣也。《西河舊事》曰：“涼州城昔匈奴故蓋臧城。”後人音訛，名“姑臧”也。【今注】姑臧：縣名。治所在今甘肅武威市。爲武威郡治。

[2]【今注】高峻：安定（今寧夏固原市）人。占據高平。東漢光武帝拜爲通路將軍，封關内侯。後又反助隗囂。隗囂死，堅守高平。後投降。事迹見本書卷一下《光武帝紀下》、卷一六《寇恂傳》等。

[3]【李賢注】突門，守城之門，墨子曰“城百步爲一突門”也。

[4]【李賢注】杜預注《左傳》云“介猶間也”。

[5]【李賢注】排迮謂蹙迫也。【今注】排迮（zé）：困窘，窘迫。

八年夏，車駕西征隗囂，融率五郡太守及羌虜小月氏等[1]步騎數萬，輜重五千餘兩，與大軍會高平第一。[2]融先遣從事問會見儀適，[3]是時軍旅代，[4]諸將與三公交錯道中，[5]或背使者交私語。帝聞融先問禮儀，甚善之，以宣告百僚。乃置酒高會，引見融等，待以殊禮。拜弟友爲奉車都尉，[6]從弟士太中大夫。[7]

遂共進軍，囂衆大潰，城邑皆降。帝高融功，下詔以安豐、陽泉、蓼、安安風四縣[8]封融爲安豐侯，弟友爲顯親侯。[9]遂以次封諸將帥：武鋒將軍竺曾爲助義侯，武威太守梁統爲成義侯，[10]張掖太守史苞爲褒義侯，金城太守庫鈞爲輔義侯，酒泉太守辛肜爲扶義侯。封爵既畢，乘輿東歸，悉遣融等西還所鎮。

[1]【李賢注】小月氏，西域胡國名。【今注】小月氏：漢代西北少數民族名。秦漢時期月氏人游牧於敦煌、祁連一帶。後遭匈奴攻擊，一部分月氏人西遷，這部分人稱大月氏；另一部分月氏人則遷入南山（今祁連山）一帶，與西羌族民雜居，史稱小月氏。

[2]【李賢注】高平，今原州縣，《郡國志》云高平有第一城。

[3]【李賢注】猶言儀注（殿本句末有“也”字）。

[4]【今注】案，大德本、殿本“代”後有“興”字，是。

[5]【今注】三公：周代，三公一般指太師、太傅、太保。秦至西漢，稱丞相、太尉、御史大夫爲三公。至西漢成帝時，三公指大司馬、大司徒、大司空。東漢三公指太尉、司徒、司空，位高祿厚，名義上還分轄九卿，但軍國要務，多由皇帝近臣尚書辦理，實權削弱，即所謂“雖置三公，事歸臺閣”。

[6]【今注】奉車都尉：官名。隸光祿勳，秩比二千石。掌御乘輿馬。詳見本書《百官志二》。

[7]【今注】太中大夫：官名。西漢時秩比千石，東漢時秩比二千石。侍從皇帝，掌議論，顧問應對。爲光祿勳屬官。詳見本書《百官志二》。

[8]【李賢注】四縣並屬廬江郡。安豐，今壽州縣也，故城在今霍山縣西北。安風本漢六安國（風，大德本誤作“豐”），及陽泉故城並在今安豐縣南。杜預注《左傳》曰：“蓼在安豐。”

蓼音了。【今注】安豐：縣名。治所在今河南固始縣東南、史河西岸。　陽泉：縣名。治所在今安徽霍邱縣西北。　蓼：縣名。治所在今河南固始縣東北。　案，安安風，劉攽《東漢書刊誤》云衍一“安”字，當據删。安風，縣名。西漢置，治所在今安徽霍邱縣西南。

［9］【李賢注】顯親，縣，故城在今秦州成紀縣東南也。【今注】顯親：縣名。治所在今甘肅通渭縣東南。

［10］【今注】案，成義，《後漢紀》卷六《光武皇帝紀》作“歸義”。

融以兄弟並受爵位，久專方面，懼不自安，數上書求代。詔報曰：“吾與將軍如左右手耳，[1]數執謙退，何不曉人意？勉循士民，無擅離部曲。”[2]

［1］【李賢在】韓信亡，蕭何自追之，人曰“丞相何亡”，高祖聞之，如失左右手耳。見《前書》。

［2］【今注】部曲：漢代軍隊編制單位。大將軍營五部，部置校尉、軍司馬。部下有曲，曲設軍候。曲下有屯，有屯長一人。詳見本書《百官志一》。

及隴、蜀平，詔融與五郡太守奏事京師，官屬賓客相隨，駕乘千餘兩，馬牛羊被野。融到，詣洛陽城門，上涼州牧、張掖屬國都尉、安豐侯印綬，詔遣使者還侯印綬。引見，就諸侯位，賞賜恩寵，傾動京師。數月，拜爲冀州牧，[1]十餘日，又遷大司空。[2]融自以非舊臣，一旦入朝，在功臣之右，每召會進見，容貌辭氣卑恭已甚，帝以此愈親厚之。融小心，久不自安，數辭讓爵位，因侍中金遷口達至誠。[3]又上疏曰："臣融年五十三。有子年十五，質性頑鈍。臣融朝夕教導以經蓺，不得令觀天文，見讖記。誠欲令恭肅畏事，恂恂循道，不願其有才能，何況乃當傳以連城廣土，享故諸侯王國哉？"因復請間求見，帝不許。後朝罷，逡巡席後，帝知欲有讓，遂使左右傳出。它日會見，迎詔融曰："日者知公欲讓職還土，[4]故命公暑熱且自便。今相見，宜論它事，勿得復言。"融不敢重陳請。

［1］【今注】冀州：西漢武帝時所置十三刺史部之一。東漢時治高邑縣（今河北柏鄉縣北）。末期移治鄴縣（今河北臨漳縣西南）。轄境相當於今河北中南部、山東西端及河南北端。

［2］【今注】大司空：官名。金印紫綬。掌水土及營建工程。西漢成帝綏和元年（前8）改御史大夫爲大司空，與大司馬、大司徒並爲"三公"。東漢時改稱司空，與太尉、司徒並爲"三公"。詳見本書《百官志一》。

［3］【李賢注】金遷，安上之曾孫。安上，日磾弟倫之子。遷哀帝時爲尚書令，見《前書》（見前書，大德本作"見弟論前漢"，殿本無"見前書"三字）。【今注】金遷：金日磾弟倫之子都成侯安上之孫，西漢哀帝時任尚書令。曹金華《後漢書稽疑》："《漢書·金日磾傳》，金安上'四子，常、敞、岑、明'，'敞子涉'，'涉之從父弟欽'，'欽從父弟遷'；'欽父明'，'祖父安上'。故金遷乃安上之孫，非'曾孫'也。"（第339頁）

［4］【李賢注】日者猶往日也。

二十年，大司徒戴涉坐所舉人盜金下獄，[1]帝以三公參職，不得已乃策免融。明年，加位特進。二十三年，代陰興行衛尉事，[2]特進如故，[3]又兼領將作大匠。[4]弟友爲城門校尉，[5]兄弟並典禁兵。融復乞骸骨，[6]輒賜錢帛，太官致珍奇。及友卒，帝愍融年衰，遣中常侍、中謁者即其卧内强進酒食。[7]

[1]【今注】大司徒：官名。金印紫綬。西漢哀帝元壽二年（前1）改丞相爲大司徒，與大司馬、大司空（由御史大夫改）並爲"三公"。東漢時改稱司徒，與太尉、司空並爲"三公"。詳見本書《百官志一》。

[2]【今注】陰興：字君陵，南陽新野（今河南新野縣）人。傳見本書卷三二。　衛尉：官名。九卿之一，秩中二千石。掌宫門衛士、宫中徼循事。詳見本書《百官志二》。

[3]【今注】特進：官名。漢制，凡大臣中功德高重爲朝廷所敬異者，賜位特進，以示恩寵，其地位在三公下、二千石上。

[4]【今注】將作大匠：官名。列卿之一，秩二千石。掌修作宗廟、路寢、宫室、園陵土木之功。詳見本書《百官志四》。

[5]【今注】城門校尉：官名。西漢始置，東漢因之。主管京師城門屯兵。詳見本書《百官志四》。

[6]【李賢注】《説苑》曰，晏子任東阿，乞骸骨以避賢者之路。【今注】乞骸骨：古代官吏因年老請求退職，稱爲乞骸骨。意爲使骸骨得歸葬其故鄉。

[7]【今注】中常侍：官名。西漢中常侍爲加官，加此官者得入禁中。東漢以宦者爲之，名義上隸屬少府，掌侍皇帝左右，從入内宫，顧問應對。原秩千石，後增秩比二千石。詳見本書《百官志三》。　中謁者：官名。秦置謁者。漢代有中謁者。西漢武帝始以宦者典事尚書，改中謁者爲中書謁者，置令、僕射。成帝時復舊稱，以士人爲之，名義上隸屬少府。東漢因置。中謁者或爲中謁者令省稱。

融長子穆，尚内黄公主，[1]代友爲城門校尉。穆子勳，尚東海恭王彊女沘陽公主，[2]友子固，亦尚光武女涅陽公主。[3]顯宗即位，[4]以融從兄子林爲護羌校尉。竇氏一公，兩侯，三公主，四二千石，[5]相與並時。[6]自祖及孫，官府邸弟相望京邑，[7]奴婢以千數，於親戚、功臣中莫與爲比。

[1]【今注】内黄公主：光武帝之女。内黄，縣名。治所在今河南内黄縣西北。

[2]【今注】東海恭王彊：東漢光武帝劉秀長子劉彊。傳見本書卷四二。　沘陽公主：東海恭王劉彊之女。沘陽，縣名。治所在今河南泌陽縣。案，沘，殿本誤作"泚"。

[3]【今注】涅陽公主：名中禮。東漢章帝時尊爲長公主。涅陽，縣名。治所在今河南鄧州市東北。

[4]【今注】顯宗：東漢明帝劉莊的廟號，這裏指劉莊。

[5]【李賢注】一公，大司空也；兩侯，安豐、顯親也；四二千石，衛尉、城門校尉、護羌校尉、中郎將。

[6]【今注】案，相，大德本誤作"有"。

[7]【今注】案，弟，殿本作"第"。

永平二年，[1]林以罪誅，事在《西羌傳》。帝由是數下詔切責融，戒以竇嬰、田蚡禍敗之事。[2]融惶恐乞骸骨，詔令歸弟養病。[3]歲餘，聽上衛尉印綬，賜養牛，上樽酒。[4]融在宿衛十餘年，年老，子孫縱誕，多不法。穆等遂交通輕薄，屬託郡縣，干亂政事。以封在安豐，欲令姻戚悉據故六安國，[5]遂矯稱陰太后詔，[6]令六安侯劉盱去婦，[7]因以女妻之。五年，盱婦家上書言狀，帝大怒，乃盡免穆等官，諸竇爲郎吏者皆將家屬歸故郡，獨留融京師。穆等西至函谷關，[8]有詔悉復追還。會融卒，時年七十八，謚曰戴侯，賻送甚厚。[9]

[1]【今注】永平：東漢明帝劉莊年號（58—75）。

[2]【李賢注】田蚡，武帝王皇后異父弟也，爲丞相，搆會竇嬰之罪，使至誅戮。事見《前書》。（此注底本漫漶不清，據紹興本、大德本、殿本補）【今注】田蚡：西漢孝景王皇后之同母弟。景帝晚年，貴幸，爲中大夫。武帝即位，封武安侯，爲太尉，後遭免。建元六年（前135），爲丞相，權移主上。元光時，嫉妒魏其侯竇嬰爲灌夫言而詆毀竇嬰，竇嬰終被論罪棄市。元光五年（前130）春，田蚡死。傳見《史記》卷一〇七、《漢書》卷五二。

[3]【今注】案，弟，殿本作“第”。

[4]【今注】上樽：也作“上尊”。指上等的酒。

[5]【今注】六安國：西漢武帝元狩二年（前121）改衡山郡置，治六縣（今安徽六安市北）。東漢光武帝建武十三年（37），其地併入廬江郡。

[6]【今注】陰太后：即東漢光武帝劉秀的皇后。紀見本書卷一〇上。

[7]【今注】六安：侯國、縣名。西漢時屬六安國，名六。東漢時屬廬江郡，改名六安。治所在今安徽六安市北。

[8]【今注】函谷關：關隘名。東自崤山，西至潼津，通名函谷，因谷以名關。秦置函谷關，故址在今河南靈寶市東北。西漢武帝元鼎三年（前114），東徙關於新安縣（今河南澠池縣東）。

[9]【今注】賻送：饋贈給死者家庭的財物。

帝以穆不能修尚，[1]而擁富貲，居大弟，[2]常令謁者一人監護其家。居數年，謁者奏穆父子自失執，數出怨望語，帝令將家屬歸本郡，唯勳以沘陽主壻留京師。[3]穆坐賂遺小吏，郡捕繫，與子宣俱死平陵獄，勳亦死洛陽獄。久之，詔還融夫人與小孫一人居洛陽家舍。

[1]【李賢注】不能修整自高尚也。

[2]【今注】案，弟，殿本作“第”。

[3]【今注】案，沘，殿本誤作“泚”。

十四年，封勳弟嘉爲安豐侯，食邑二千户，奉融後。和帝初，[1]爲少府。[2]及勳子大將軍憲被誅，免就國。嘉卒，子萬全嗣。萬全卒，子會宗嗣。萬全弟子武，[3]别有傳。

[1]【今注】和帝：東漢和帝劉肇，公元 88 年至 105 年在位。紀見本書卷四。

[2]【今注】少府：官名。九卿之一，秩中二千石。西漢時主管皇室財政，東漢時掌管宮中服御諸物、衣服、寶貨、珍膳等。詳見本書《百官志三》。

[3]【今注】武：竇武，字游平，扶風平陵（今陜西咸陽市西北）人。傳見本書卷六九。

論曰：竇融始以豪俠爲名，拔起風塵之中，[1]以投天隙。[2]遂蟬蜕王侯之尊，[3]終膺卿相之位，此則徼功趣埶之士也。及其爵位崇滿，至乃放遠權寵，恂恂似若不能已者，又何智也！[4]嘗獨詳味此子之風度，雖經國之術無足多談，而進退之禮良可言矣。

［1］【李賢注】拔音步末反。拔，卒也。亦音彭八反，義兩通。

［2］【李賢注】投會天之間隙。

［3］【李賢注】《説文》曰，蟬蜕所解皮也，言去微至貴也。蜕音税。

［4］【李賢注】言融之心實欲去權貴，以帝不納，故常恂恂恭順，似若不得已然者也。

固字孟孫，少以尚公主爲黄門侍郎。[1]好覽書傳，喜兵法，貴顯用事。中元元年，[2]襲父友封顯親侯。顯宗即位，遷中郎將，監羽林士。[3]後坐從兄穆有罪，廢于家十餘年。時天下乂安，帝欲遵武帝故事，[4]擊匈奴，通西域，以固明習邊事，[5]十五年冬，拜爲奉車都尉，[6]以騎都尉耿忠爲副，[7]謁者僕射耿秉爲駙馬都尉，[8]秦彭爲副，[9]皆置從事、司馬，[10]並出屯涼州。明年，固與忠率酒泉、敦煌、張掖甲卒及盧水羌胡[11]萬二千騎出酒泉塞，耿秉、秦彭率武威、隴西、天水募士及羌胡萬騎出居延塞，[12]又太僕祭肜、度遼將軍吴棠將河東北地、西河羌胡及南單于兵萬一千騎出高闕塞，[13]騎都尉來苗、護烏桓校尉文穆將太原、鴈門、代郡、上谷、漁陽、右北平、定襄郡兵及烏桓、鮮卑萬一千騎出平城塞。[14]固、忠至天山，[15]擊呼衍王，斬首千餘級。呼衍王走，[16]追至蒲類海。[17]留吏士屯伊吾盧城。[18]耿秉、秦彭絶漠六百餘里，至三木樓山，[19]來苗、文穆至匈奴河水上，[20]虜皆奔走，無所獲。祭肜、吴棠坐不至涿邪山，[21]免爲庶人。時諸將唯固有功，加位特進。明年，復出玉門擊西域，[22]詔耿秉及騎都尉劉張皆去符傳以屬固。[23]固遂破白山，[24]降車師，[25]事已具《耿秉傳》。固在邊數年，羌胡服其恩信。[26]

［1］【李賢注】《續漢書》曰："給事黄門侍郎，六百石。"【今注】黄門侍郎：官名。秩六百石，無定員。掌侍從左右，關通中外。諸王朝見，則引王朝坐。詳見本書《百官志三》。

［2］【今注】中元：亦稱建武中元，東漢光武帝劉秀年號（56—57）。

［3］【李賢注】《續漢志》曰，宣帝命中郎將、騎都尉監羽林，秩比二千石。【今注】中郎將：官名。爲中郎的長官。西漢武帝設中郎三將，分五官、左、右三署，隸署光禄勳，秩比二千石。職掌護衛侍從天子。至東漢，三署中郎將主要協助光禄勳考課察舉三署諸郎。東漢還遣中郎將領兵，遂增設東、西、南、北四中郎將，以征討四方，類似將軍。詳見本書《百官志二》。　羽林士：皇帝衛軍名。即羽林騎士之省稱。西漢武帝時置建章營騎，後更名爲羽林騎。

［4］【今注】武帝：西漢武帝劉徹，公元前141年至前87年在位。紀見《史記》卷一二、《漢書》卷六。

［5］【李賢注】固舊隨融在河西，曉知邊事也。

［6］【李賢注】《續漢志》曰，比二千石，掌御乘輿。

［7］【李賢注】忠，弇子也。【今注】騎都尉：官名。光禄勳屬官，秩比二千石。無定員，掌監羽林騎。詳見本書《百官志二》。

耿忠：曾任騎都尉，出擊匈奴。事迹見本書卷一九《耿弇傳》。

[8]【今注】謁者僕射：官名。謁者爲光禄勳之屬官，秩比六百石。掌賓贊受事。謁者僕射爲謁者之長，秩比千石。　耿秉：字伯初，扶風茂陵（今陝西興平市東北）人。傳見本書卷一九。　駙馬都尉：官名。秩比二千石。西漢武帝時始置。掌皇帝副車之馬，爲侍從親近之要職，多以宗室及外戚諸人充任。魏晉以後，帝婿例加駙馬都尉稱號，簡稱“駙馬”。詳見本書《百官志二》。

[9]【今注】秦彭：字伯平，扶風茂陵（今陝西興平市）人。傳見本書卷七六。

[10]【今注】從事：官名。漢制，司隸校尉和州刺史，置從事，也稱從事史，分掌政事。郡國從事，每郡國各一人，主督促文書，察舉非法。　司馬：官名。漢宫門及大將軍、將軍、校尉屬官皆有司馬。邊郡則置千人司馬。

[11]【李賢注】案：湟水東經臨羌縣故城北，又東盧溪水注之，水出西南盧川，即其地也。

[12]【李賢注】居延塞在今甘州張掖縣東北。【今注】居延塞：關塞名。西漢武帝時，伏波將軍路博德築於居延縣城外（一説築於居延澤附近），以遮斷匈奴由此侵入河西之路，故又稱爲遮虜障。東漢初，於此置居延屬國，轄居延澤、居延縣等地。

[13]【李賢注】高闕，山名，在朔方北。【今注】太僕：官名。九卿之一，秩中二千石。掌皇帝車馬。皇帝每出，奏駕上鹵簿用，大駕則執馭。詳見本書《百官志二》。　祭肜：字次孫，潁川潁陽（今河南許昌市西南）人。傳見本書卷二〇。　度遼將軍：官名。雜號將軍之一。西漢已有，不常設。東漢明帝復置，最初用以防備南匈奴新降有二心者，後成爲常設官職。銀印青綬，秩二千石。詳見本書《百官志一》。　吴棠：東漢將領。明帝初，爲中郎將。永平八年（65），行度遼將軍事，屯駐五原。永平十六年，與太僕祭肜征北匈奴，出朔方高闕，因不到涿邪山而免。章帝建初元

年（76）以度遼將軍領護羌校尉，居安夷。二年，與燒當羌首領滇吾弟迷吾戰，不能制，徵免。事迹見本書卷八七《西羌傳》、卷八九《南匈奴傳》。　高闕塞：關塞名。在今内蒙古烏拉特後旗西南狼山南麓呼和温都爾鎮西。

［14］【今注】護烏桓校尉：即烏桓校尉，官名。秩比二千石。持節監領烏桓諸部。　太原：郡名。治晉陽縣（今山西太原市西南營西古城）。　鴈門：郡名。秦、西漢時治善無縣（今山西左雲縣西南），東漢時移治陰館縣（今山西代縣西北）。　代郡：秦、西漢時治代縣（今河北蔚縣東北）。新莽改名厭敵。東漢時復爲代郡，移治高柳縣（今山西陽高縣西北），後復還故治。　上谷：郡名。治沮陽縣（今河北懷來縣東南）。　漁陽：郡名。治漁陽縣（今北京市懷柔區北房鎮梨園莊東）。　右北平：郡名。西漢時治平剛縣（今遼寧凌源市西南）。新莽改名北順。東漢時復爲右北平，移治土垠縣（今河北唐山市豐潤區東土垠城）。　定襄郡：西漢分雲中郡置。治成樂縣（今内蒙古和林格爾縣西北土城子）。　烏桓：中國古代北方民族之一。游牧部落東胡族的一支，依居烏桓山，因以爲名。主要游牧於大興安嶺南端。西漢前期依附於匈奴，武帝以後附漢，遷至東北邊郡塞外。東漢獻帝建安十二年（207），曹操遷烏桓萬餘落於中原，部分留居長城一帶。此後逐漸與漢族及其他民族相融合。傳見本書卷九〇。　鮮卑：中國古代北方民族之一。游牧部落東胡族的一支，相傳依居鮮卑山而得名。秦與西漢時期游牧於大興安嶺一帶，後來逐漸南遷。西漢時期至兩漢之際附於匈奴，常隨其騷擾中原。東漢北匈奴西遷後，鮮卑據其故地，勢力漸趨强盛。傳見本書卷九〇。

［15］【李賢注】即祁連山也，今在西州交河縣東北，今名祁縣羅漫山（本書卷二《明帝紀》注作“折羅漢山”，皆誤，當作“折羅漫山”。參見曹金華《後漢書稽疑》，第340—341頁。王先謙《後漢書集解》引沈欽韓説，謂天山有二，名祁連山者在今甘

州府張掖縣西南；名白山者在唐之伊州，今哈密城北百二十里。固所至乃哈密白山也)。【今注】天山：即今新疆天山。一名白山，冬夏有雪，又名雪山。位於今新疆烏魯木齊市與哈密市之間。

[16]【今注】呼衍王：東漢明帝時北匈奴首領。奉車都尉竇固破之於天山。

[17]【李賢注】蒲類海今名婆悉海，在今庭州蒲昌縣東南也。【今注】蒲類海：湖泊名。即今新疆巴里坤湖。

[18]【李賢注】伊吾，今伊州縣也，本匈奴地，明帝置宜禾都尉以爲屯田，故地今伊州納職縣伊吾故小城地是。【今注】伊吾盧城：城邑名。簡稱伊吾。即今新疆哈密城。本爲匈奴呼衍王庭。東漢時取之以通西域，置宜禾都尉，爲屯田、兵鎮之所。

[19]【李賢注】匈奴中山名。【今注】三木樓山：山名。其地當在今蒙古西南、阿爾泰山東部一帶。

[20]【今注】匈奴河：水名。即今蒙古國西部杭愛山脈西南端烏能烏蘇境河。

[21]【今注】涿邪山：山名。一作“涿塗山”。在古代高闕塞北千餘里，今蒙古國境内滿達勒戈壁附近。

[22]【今注】玉門：即玉門關，關隘名。在今甘肅敦煌市西北小方盤城。西漢武帝時置，爲通往西域各地的門户。因西域輸入玉石取道於此而得名。六朝時關址東移至今甘肅安西縣東雙塔堡附近。

[23]【李賢注】專將兵者並有符傳，擬合之取信。今去符，皆受固之節度。

[24]【今注】白山：即天山。

[25]【今注】車師：漢西域國名。分前國、後國二部。在今新疆吐魯番市一帶。

[26]【李賢注】《東觀記》曰：“羌胡見客，炙肉未熟，人人長跪前割之，血流指間，進之於固，固輒爲啗，不穢賤之，是以

愛之如父母也。”【今注】羌胡：泛指羌地羌族及其他少數民族。

肅宗即位，[1]以公主修勑慈愛，累世崇重，加號長公主，[2]增邑三千户；徵固代魏應爲大鴻臚。[3]帝以其曉習邊事，每被訪及。建初三年，[4]追録前功，增邑一千三百户。七年，代馬防爲光禄勳。[5]明年，復代馬防爲衛尉。[6]

［1］【今注】肅宗：東漢章帝劉炟，廟號肅宗，公元 75 年至 88 年在位。紀見本書卷三。

［2］【今注】長公主：皇后所生諸公主中年長位尊者稱長公主。皇帝之姊妹多封爲長公主。

［3］【今注】大鴻臚：官名。秦置典客，西漢景帝中元六年（前 144）更名爲大行令，武帝太初元年（前 104）更名爲大鴻臚，王莽時稱典樂，東漢復名大鴻臚。掌諸侯王和邊疆民族首領使臣入京朝見諸禮儀，秩中二千石。詳見本書《百官志二》。

［4］【今注】建初：東漢章帝劉炟年號（76—84）。

［5］【今注】馬防：字江平，扶風茂陵（今陝西興平市）人。傳見本書卷二四。　光禄勳：官名。九卿之一，秩中二千石。掌宫殿門户，統領皇帝的顧問參議、宿衛侍從、傳達接待等。詳見本書《百官志二》。

［6］【今注】案，據本書卷二四《馬援傳》，爲衛尉者乃馬光，“馬防”當作“馬光”（參見曹金華《後漢書稽疑》，第 341 頁）。

固久歷大位，甚見尊貴，賞賜租禄，貲累巨億，而性謙儉，愛人好施，士以此稱之。章和二年卒，[1]謚曰文侯。子彪，至射聲校尉，[2]先固卒，無子，國除。

[1]【今注】章和：東漢章帝劉炟年號（87—88）。

[2]【今注】射聲校尉：官名。漢代京師屯兵八校尉之一，秩比二千石。掌待詔射聲士，以宿衞京師。所謂射聲士，指聞聲即能射中的善射者。詳見本書《百官志四》。

憲字伯度。父勳被誅，憲少孤。建初二年，[1]女弟立爲皇后，拜憲爲郎，稍遷侍中、虎賁中郎將；[2]弟篤，爲黄門侍郎。兄弟親幸，並侍宫省，賞賜累積，寵貴日盛，自王、主及陰、馬諸家，[3]莫不畏憚。憲恃宫掖聲埶，遂以賤直請奪沁水公主園田，[4]主逼畏，不敢計。後肅宗駕出過園，指以問憲，憲陰喝不得對。[5]後發覺，帝大怒，召憲切責曰："深思前過，奪主田園時，何用愈趙高指鹿爲馬？[6]久念使人驚怖。昔永平中，常令陰黨、陰博、鄧疊三人更相糾察，[7]故諸豪戚莫敢犯法者，而詔書切切，猶以舅氏田宅爲言。[8]今貴主尚見枉奪，何況小人哉！國家弃憲如孤雛腐鼠耳。"[9]憲大震懼，皇后爲毁服深謝，良久乃得解，使以田還主。雖不繩其罪，然亦不授以重任。

[1]【今注】案，據本書卷三《章帝紀》、卷一〇上《皇后紀上·章德竇皇后》，"二年" 當作 "三年"。

[2]【今注】侍中：官名。皇帝近侍官。侍從皇帝，出入宫廷，顧問應對。西漢非正式職官，也無定額，衹作爲官員本官外新加稱號。東漢地位日尊，由加官發展成秩比二千石的實職，爲皇帝心腹，多以外戚、功臣子弟及師儒重臣擔任。詳見本書《百官志三》。　虎賁中郎將：官名。西漢武帝時置期門郎，掌執兵送從。平帝時更名爲虎賁郎，置中郎將統領虎賁中郎、侍郎、郎中，掌宿

衛侍從。屬光禄勳。詳見本書《百官志二》。

[3]【今注】王主：藩王、公主。東漢光武帝、明帝的子女。陰馬：指光烈陰皇后、明德馬皇后的家族。

[4]【李賢注】沁水公主，明帝女（本注底本漫漶不清，據紹興本、大德本、殿本補）。【今注】沁水公主：東漢明帝之女。名致。嫁鄧禹之孫鄧乾。

[5]【李賢注】陰喝猶噎塞也。陰音於禁反，喝音一介反。或作"嗚"，音烏故反。

[6]【李賢注】愈猶差也。趙高解見《靈帝紀》（殿本無"趙高解見靈帝紀"七字）。【今注】趙高：秦朝大臣。通獄法，善史書，任中車府令，兼行符璽令事。秦始皇死，與丞相李斯矯詔逼始皇長子扶蘇自殺，立胡亥爲二世皇帝，爲郎中令。復誣殺李斯，任丞相，獨秉朝政。又殺二世，立子嬰爲秦王。終爲子嬰所殺。見《史記》卷六《秦始皇本紀》。

[7]【李賢注】以陰、鄧皆外戚，恐其踰侈，故使更相糾察也。博，陰興之子。【今注】陰博：陰興之子。東漢明帝時封陰博爲濦强侯。事迹見本書卷三二《陰興傳》。 鄧疊：曾爲步兵校尉，行征西將軍事，後封穰侯。事迹見本書卷四《和帝紀》、卷二三《竇融傳》、卷四一《鍾離意傳》等。

[8]【李賢注】切切猶勤勤也（殿本此注在"切切"下）。

[9]【李賢注】鳥子生而啄者曰雛。

和帝即位，太后臨朝，[1]憲以侍中，内幹機密，[2]出宣誥命。肅宗遺詔以篤爲虎賁中郎將，篤弟景、瓌並中常侍，[3]於是兄弟皆在親要之地。憲以前太尉鄧彪有義讓，[4]先帝所敬，而仁厚委隨，[5]故尊崇之，以爲太傅，[6]令百官總己以聽。其所施爲，輒外令彪奏，内白太后，事無不從，又屯騎校尉桓郁，[7]累世帝師，而性和退自守，故上書薦之，令授經禁中。所以内外協附，莫生疑異。

[1]【今注】太后：即章德竇皇后。紀見本書卷一〇上。

[2]【李賢注】幹，主也，或曰古"管"字也。【今注】案，王先謙《後漢書集解》引沈欽韓説，謂"幹"當作"斡"。

[3]【今注】案，王先謙《後漢書集解》引錢大昕説，謂中常侍宦者之職，非外戚所宜居，恐有誤。本《傳》下文"景、瓌皆侍中、奉車、駙馬都尉"，《後漢紀》卷一一"並侍宫省"。（參見曹金華《後漢書稽疑》，第342頁）

[4]【今注】太尉：官名。金印紫綬，掌軍事。東漢時與司徒、司空並爲三公，地位最尊。詳見本書《百官志一》。　鄧彪：字智伯，南陽新野（今河南新野縣）人。傳見本書卷四四。

[5]【李賢注】委隨猶順從也。

[6]【今注】太傅：官名。古三公之一。周始置。西漢高后時置太傅，位次太師，後省。哀帝時復置太傅，與太師、太保並爲上公，位三公上。東漢上公僅有太傅，其録尚書事者，參預朝政，不加録尚書事者則無常職。詳見本書《百官志一》。

[7]【今注】屯騎校尉：官名。西漢武帝時始置。東漢光武帝時改屯騎爲驍騎。秩比二千石，領司馬一人，員吏百二十八，兵士七百人。詳見本書《百官志四》。　桓郁：字仲恩，沛郡龍亢（今安徽懷遠縣西北）人。傳見本書卷三七。

憲性果急，睚眦之怨莫不報復。[1]初，永平時，謁者韓紆嘗考劾父勳獄，[2]憲遂令客斬紆子，以首祭勳冢。齊殤王子都鄉侯暢[3]來弔國憂，[4]暢素行邪僻，與步兵校尉鄧疊親屬數往來京師，[5]因疊母元自通長樂宫，[6]得幸太后，被詔召詣上東門。[7]憲懼見幸，分宫省之權，遣客刺殺暢於屯衛之中，[8]而歸罪於暢弟利侯剛，乃使侍御史與青州刺史雜考剛等。[9]後事發覺，太后怒，閉憲於内宫。

［1］【李賢注】睚音語解反，眦音仕懈反。《廣雅》："睚，裂也。"或謂裂眦瞋目貌。《史記》曰范雎"睚眦之怨必報"。

［2］【今注】謁者：官名。爲光禄勳之屬官，秩比六百石。掌賓贊受事。謁者僕射爲謁者之長，秩比千石。　案，當，大德本、殿本作"嘗"。

［3］【李賢注】齊殤王名石（殤，劉攽《東漢書刊誤》曰當作"煬"），伯升孫，章之子。

［4］【李賢注】章帝崩也。

［5］【今注】步兵校尉：官名。西漢武帝時始置，掌上林苑門屯兵。東漢沿置，掌宿衛兵。詳見本書《百官志四》。

［6］【今注】長樂宫：宫殿名。東漢都邑洛陽北宫建築群中之宫名。爲皇后或妃嬪所居之地。故址在今河南洛陽市東白馬寺一帶。

［7］【今注】上東門：城門名。一名上東城門。爲東漢都邑洛陽城東面北頭第一門。故址在今河南洛陽市東白馬寺一帶。

［8］【李賢注】屯兵宿衛之所。【今注】案，本書卷四三《何敞傳》作"刺殺暢於城門屯衛之中"。

［9］【今注】侍御史：官名。掌察舉非法，受公卿群吏奏事，有違失舉劾之。西漢時爲御史大夫屬官，東漢時名義上隸屬少府。詳見本書《百官志三》。　青州：西漢武帝時所置十三刺史部之一。東漢時治臨淄縣（今山東淄博市臨淄區北）。

憲懼誅，自求擊匈奴以贖死。會南單于請兵北伐，[1]乃拜憲車騎將軍，[2]金印紫綬，官屬依司空，[3]以執金吾耿秉爲副，[4]發北軍五校、[5]黎陽、雍營、緣邊十二郡騎士，[6]及羌胡兵出塞。明年，憲與秉各將四千騎及南匈奴左谷蠡王師子[7]萬騎出朔方雞鹿塞，[8]南單于屯屠河，[9]將萬餘騎出滿夷谷，[10]度遼將軍鄧鴻[11]及緣邊義從羌胡八千騎，與左賢王安國萬騎出襢陽塞，[12]皆會涿邪山。憲分遣副校尉閻盤、司馬耿夔、耿譚將左谷蠡王師子、右呼衍王須訾等，[13]精騎萬餘，與北單于戰於稽落山，大破之，虜衆崩潰，單于遁走，追擊諸部，遂臨私渠比鞮海。[14]斬名王已下萬三千級，獲生口馬牛羊橐駝百餘萬頭。[15]於是温犢須、日逐、温吾、夫渠王柳鞮等八十一部率衆降者，[16]前後二十餘萬人。[17]憲、秉遂登燕然山，[18]去塞三千餘里，刻石勒功，紀漢威德，令班固作銘曰：[19]

［1］【今注】南單于：單于爲匈奴首領稱號。當時匈奴分南北兩部，南匈奴首領稱爲南單于。

［2］【今注】車騎將軍：官名。漢制，車騎將軍位次大將軍、驃騎將軍，地位相當於上卿或比三公，典京師兵衛，掌宫衛。東漢末分左右。

［3］【李賢注】依，準也。長史一人，千石；掾屬二十九人，令史及御屬三十二人，見《續漢志》也。【今注】司空：官名。金印紫綬。掌水土及營建工程。西漢成帝綏和元年（前8）改御史大夫爲大司空，與大司馬、大司徒並爲“三公”。東漢時改稱司空，與太尉、司徒並爲“三公”。詳見本書《百官志一》。

［4］【今注】執金吾：官名。列卿之一，秩中二千石。掌執兵革以禦非常，爲京師宫外之警衛及防非常水火之事。詳見本書《百

官志四》。

［5］【李賢注】漢有南北軍，中候一人，六百石，掌臨五營，見《續漢志》（《續漢志》即本書《百官志》，“掌臨五營”作“掌監五營”）。【今注】北軍五校：指東漢京師常備軍之一的北軍兵士。因北軍分屯騎、越騎、長水、射聲、步兵五校，故稱五校士。

［6］【李賢注】《漢官儀》曰：“光武中興，以幽、冀、并州兵騎克定天下，故於黎陽立營，以謁者監之。”又曰：“扶風都尉部在雍縣，以涼州近羌，數犯三輔，將兵衞護園陵，故俗稱雍營。”【今注】黎陽：縣名。治所在今河南浚縣東。東漢置黎陽營於此，爲當時軍事重鎮。　雍營：軍營名。即右扶風都尉屯。涼州近羌，數犯三輔，右扶風都尉將兵衞護園陵，都尉居雍縣（今陝西鳳翔縣西南），故稱雍營。

［7］【李賢注】師子其名也（本注底本漫漶不清，據紹興本、大德本、殿本補）。【今注】左谷蠡王：匈奴諸王之一。本書卷八九《南匈奴傳》：匈奴單于之下“大臣貴者左賢王，次左谷蠡王，次右賢王，次右谷蠡王，謂之四角……皆單于子弟，次第當爲單于者也”。

［8］【今注】雞鹿塞：在今内蒙古杭錦後旗西。

［9］【李賢注】屯屠河，單于名也（本注底本漫漶不清，據紹興本、大德本、殿本補）。【今注】屯屠河：也寫作屯屠何。即南匈奴單于休蘭尸逐侯鞮單于。東漢章帝章和二年（88）立，立六年卒。

［10］【今注】滿夷谷：關隘名。在今内蒙古包頭市北。

［11］【李賢注】鄧禹少子。【今注】鄧鴻：南陽新野（今河南新野縣）人，鄧禹少子。東漢將領。

［12］【李賢注】𩕁陽在五原郡。𩕁音固（本注底本漫漶不清，據紹興本、大德本、殿本補）。【今注】左賢王：匈奴諸王之

一。本書《南匈奴傳》稱“左賢王即是單于儲副”。 案，㮯陽，《漢書·地理志下》作“稒陽”。當據王先謙《後漢書集解》説改“稒陽”。稒陽塞，要塞名。在今内蒙古固陽縣附近。

[13]【李賢注】呼衍其號，因以爲姓，匈奴貴種也，今呼延姓是其後。須訾，名也（本注底本漫漶不清，據紹興本、大德本、殿本補）。【今注】右呼衍王：匈奴諸王之一。呼衍氏爲匈奴四大異姓貴族之首，世與單于所出之攣鞮氏通婚。右，本書《南匈奴傳》作“左”。

[14]【李賢注】匈奴中海名也（本注底本漫漶不清，據紹興本、大德本、殿本補）。【今注】私渠比鞮海：湖泊名。一作“私渠海”。在今蒙古國西部杭愛山脈東南麓與戈壁阿爾泰山脈東北麓之間的巴彦洪戈爾省境。

[15]【李賢注】橐音託（殿本此注在“羊橐”下）。

[16]【今注】温犢須：部族名。東漢北匈奴的一支。 日逐：部族名。秦漢北方、西北部少數民族中狄族的分支，屬匈奴的一支。 温吾：部族名。匈奴部落之一。 夫渠王柳鞮：部族名。東漢匈奴部落之一。

[17]【今注】案，二十，本書《天文志中》作“三十”。

[18]【今注】燕然山：山名。即今蒙古國杭愛山。

[19]【今注】班固：字孟堅，扶風安陵（今陝西咸陽市東北）人。東漢史學家。傳見本書卷四〇。

惟永元元年秋七月，有漢元舅曰車騎將軍竇憲，寅亮聖明，登翼王室，[1]納于大麓，惟清緝熙。[2]乃與執金吾耿秉，述職巡御，理兵於朔方。[3]鷹揚之校，螭虎之士，爰該六師，[4]暨南單于、東烏桓、西戎氐羌侯王君長之群，驍騎三萬。元戎輕武，長轂四分，[5]雲輜蔽路，萬有三千餘乘。[6]勒以八陣，莅以威神，[7]玄甲耀日，朱旗絳天。[8]遂陵高闕，下鷄鹿，經磧鹵，絶大漠，[9]斬温禺以釁鼓，血尸逐以染鍔。[10]然後四校横徂，星流彗埽，蕭條萬里，野無遺寇。於是域滅區單，反旆而旋，考傳驗圖，窮覽其山川。遂踰涿邪，跨安侯，乘燕然，躡冒頓之區落，焚老上之龍庭。[11]上以攄高、文之宿憤，光祖宗之玄靈；下以安固後嗣，恢拓境宇，振大漢之天聲。[12]兹所謂一勞而久逸，暫費而永寧者也。[13]乃遂封山刊石，昭銘上德。[14]其辭曰：

[1]【李賢注】寅，敬；亮，信也。《尚書》曰："二公弘化，寅亮天地。"登，升也。翼，輔也。

[2]【李賢注】孔安國注《尚書》曰："麓，録也，納之使大録萬機也。"《周頌》曰："惟清緝熙。"鄭玄注云："光明也。"

[3]【李賢注】《左傳》曰："小有述職，大有巡功。"又曰："出曰理兵。"

[4]【李賢注】鷹揚，如鷹之飛揚也。《詩》云："惟師尚父，時惟鷹揚。"螭，山神，獸形也。《史記》曰："如熊如羆，如豺如離。"徐廣曰："離與螭同。"該，備也。《詩》云："整我六師，以脩我戎。"

[5]【李賢注】暨，及也。元戎，兵車也。《詩》云："元戎十乘，以先啓行。"輕武，言疾也。長轂，兵車。

[6]【李賢注】輜，車也。稱雲，言多也。

[7]【李賢注】兵法有八陣圖。

[8]【李賢注】玄甲，鐵甲也。《前書》曰"發屬國之玄甲"也。

［9］【李賢注】沙土曰漠。直度曰絶。

［10］【李賢注】温禺、尸逐，皆匈奴王號也。周禮，殺人以血塗鼓謂之釁。鍔，刃也。

［11］【李賢注】四校，四面之校。横徂，横行也。星流彗埽，言疾也。安侯，水名。冒頓，單于頭曼子也。區落謂東滅東胡，西走月氏，南取樓煩，悉收秦所奪匈奴地。冒頓子稽粥號老上單于。匈奴五月大會龍庭，祭其先、天地、鬼神，今皆焚蕩之。

［12］【李賢注】高帝被冒頓單于圍於平城七日。孝文帝時匈奴寇邊，殺太守，帝欲自征，太后不許。拓，開也。天聲，雷霆之聲。《甘泉賦》曰：“天聲起兮勇士厲。”恢，大也。

［13］【李賢注】揚雄曰“以爲不一勞者不久逸，不暫費者不永寧”也。

［14］【李賢注】上猶至也。《老子》曰：“上德不德，是以有德。”

鑠王師兮征荒裔，[1]勦凶虐兮戳海外，[2]夐其邈兮亘地界，[3]封神丘兮建隆嵑，[4]熙帝載兮振萬世。[5]

［1］【李賢注】鑠，美也。《詩》曰：“於鑠王師，遵養時晦。”

［2］【李賢注】勦，絶；戳，整齊也。《詩》云：“相土裂裂，海外有戳。”

［3］【李賢注】夐、邈皆遠也。亘，竟也。【今注】案，邈，大德本、殿本作“邈”，是。

［4］【李賢注】神丘即燕然山也。方者謂之碑，員者謂之碣。嵑亦碣也，協韻音其例反。

［5］【李賢注】熙，廣也。載，事也。《書》曰：“奮庸熙帝

之載。"

憲乃班師而還。遣軍司馬吴汜、梁諷，奉金帛遺北單于，宣明國威，而兵隨其後。時虜中乖亂，汜、諷所到，輒招降之，前後萬餘人。遂及單于於西海上，[1]宣國威信，致以詔賜，單于稽首拜受。諷因説宜修呼韓邪故事，保國安人之福。[2]單于喜悦，即將其衆與諷俱還，到私渠海，聞漢軍已入塞，乃遣弟右温禺鞮王奉貢入侍，[3]隨諷詣闕。憲以單于不自身到，奏還其侍弟。南單于於漠北遺憲古鼎，容五斗，其傍銘曰"仲山甫鼎，其萬年子子孫孫永保用"，憲乃上之。詔使中郎將持節即五原拜憲大將軍，[4]封武陽侯，食邑二萬户。憲固辭封，賜策許焉。

[1]【今注】西海：湖名。即今杜爾格湖。位於蒙古國阿爾泰山以東、科布多東南。

[2]【李賢注】言依附漢家，自保護其國也。宣帝時呼韓邪單于款塞，朝于甘泉宫，請留居光禄塞下，有急，保漢受降城也。

[3]【今注】右温禺鞮王：匈奴諸王之一。漢代南匈奴單于子弟爲大臣者以王稱。有左、右温禺鞮王，位次左、右日逐王。

[4]【今注】五原：郡名。治九原縣（今内蒙古包頭市西）。東漢初匈奴南單于分部衆屯此。　大將軍：官名。始於戰國，漢代沿置，爲將軍最高稱號，多由貴戚擔任，外主征戰，内秉國政，職位極高。詳見本書《百官志一》。

舊大將軍位在三公下，置官屬依太尉。[1]憲威權震朝庭，公卿希旨，奏憲位次太傅下，三公上；長史、司馬秩中二千石，從事中郎二人六百石，[2]自下各有增。振旅還京師。於是大開倉府，勞賜士吏，其所將諸郡二千石子弟從征者，悉除太子舍人。[3]

[1]【李賢注】《續漢志》，太尉長史千石，掾屬二十四人，令史及御屬二十二人也（二十二，當作“二十三”。參見曹金華《後漢書稽疑》第344頁。十，大德本誤作“千”）。

[2]【今注】從事中郎：官名。漢制，三公及大將軍府均設從事中郎，位在長史、司馬下，秩六百石，職參謀議。

[3]【李賢注】《續漢志》曰，太子舍人秩二百石，無員，更直宿衛也。

是時篤起爲衛尉，[1]景、瓌皆侍中、奉車、駙馬都尉，四家競修弟宅，[2]窮極工匠。明年，詔曰：“大將軍憲，前歲出征，克滅北狄，朝加封賞，固讓不受。舅氏舊典，並蒙爵土。[3]其封憲冠軍侯，[4]邑二萬户；篤郾侯，[5]景汝陽侯，[6]瓌夏陽侯，[7]各六千户。”憲獨不受封，遂將兵出鎮涼州，以侍中鄧疊行征西將軍事爲副。[8]

[1]【今注】案，紹興本、大德本、殿本無“起”字，是。

[2]【今注】案，弟，殿本作“第”。

[3]【李賢注】西漢故事，帝舅皆封侯。【今注】案，並，大德本誤作“弟”。

[4]【今注】冠軍：縣名。治所在今河南鄧州市西北、湍河西岸。

[5]【今注】郾：縣名。治所在今河南漯河市郾城區南。

［6］【今注】汝陽：縣名。治所在今河南商水縣西北。

［7］【今注】夏陽：縣名。治所在今陝西韓城市南。

［8］【今注】行征西將軍事：攝行征西將軍職責。

北單于以漢還侍弟，復遣車諧儲王等款居延塞，[1]欲入朝見，願請大使。憲上遣大將軍中護軍班固行中郎將，[2]與司馬梁諷迎之。會北單于爲南匈奴所破，被創遁走，固至私渠海而還。憲以北虜微弱，遂欲滅之。明年，復遣右校尉耿夔、司馬任尚、趙博等將兵擊北虜於金微山，[3]大破之，克獲甚衆。北單于逃走，不知所在。

［1］【今注】車諧儲王：匈奴王號之一。

［2］【今注】中護軍：官名。秦置護軍都尉。西漢初又有護軍中尉。武帝時設護軍將軍。東漢又有中護軍、護軍之號，有時即護軍將軍或中護軍之簡稱。

［3］【今注】右校尉：官名。秦漢軍隊皆以一部爲一校，有左、右校之稱，漢置校尉領之。案，右校尉，本書卷四《和帝紀》作“左校尉”。　金微山：又名金山，即阿爾泰山。

憲既平匈奴，威名大盛，以耿夔、任尚等爲爪牙，[1]鄧疊、郭璜爲心腹。[2]班固、傅毅之徒，[3]皆置幕府，以典文章。刺史、守令多出其門。尚書僕射郅壽、樂恢並以忤意，相繼自殺。[4]由是朝臣震慴，望風承旨。而篤進位特進，得舉吏，[5]見禮依三公。景爲執金吾，瓌光禄勳，權貴顯赫，傾動京都。雖俱驕縱，而景爲尤甚，奴客緹騎依倚形埶，侵陵小人，[6]强奪財貨，篡取罪人，妻略婦女。商賈閉塞，如避寇讎。有司畏懦，莫敢舉奏。太后聞之，使謁者策免景官，以特進就朝位。瓌少好經書，節約自修，出爲魏郡，[7]遷潁川太守。[8]竇氏父子兄弟並居列位，充滿朝廷。叔父霸爲城門校尉，霸弟襃將作大匠，襃弟嘉少府，其爲侍中、將、大夫、郎吏十餘人。

[1]【今注】耿夔：字定公，扶風茂陵（今陝西興平市東北）人。傳見本書卷一九。　任尚：東漢將領。章帝章和二年（88）爲護羌校尉長史。和帝永元元年（89）遷大將軍司馬。五年，任中郎將，討滅匈奴單于於除鞬。六年，遷護烏桓校尉，討南匈奴出塞叛胡。安帝永初元年（107）遷征西校尉，與鄧騭等人征滇零羌等，封樂亭侯。後坐徵免。元初二年（115）以中郎將屯駐三輔。四年，募人刺殺先零羌首領。五年，與度遼將軍鄧遵争功，又詐增殺敵首級，檻車徵入京師，棄市。事迹見本書卷四《和帝紀》、卷五《安帝紀》、卷一六《鄧騭傳》、卷二三《竇憲傳》、卷四七《班超傳》、卷八七《西羌傳》、卷八九《南匈奴傳》等。

[2]【今注】郭璜：陽安侯郭況之子，尚淯陽公主，因除璜爲郎，章帝時爲長樂少府。事迹見本書卷一〇《皇后紀》等。

[3]【今注】傅毅：字武仲，扶風茂陵（今陝西興平市東北）人。傳見本書卷八〇。

[4]【李賢注】壽，郅惲子。【今注】尚書僕射：官名。尚書臺副長官。秦置尚書僕射，屬少府，漢因之。成帝時置尚書五人，一人爲僕射，主文書啓封。東漢爲尚書令之副職，尚書令缺則奏下衆事。詳見本書《百官志三》。　郅壽：事見本書卷二九《郅惲傳》。　樂恢：字伯奇，京兆長陵（今陝西咸陽市）人。傳見本書卷四三。

［5］【李賢注】漢法三公得舉吏。

［6］【李賢注】《漢官儀》曰："執金吾緹騎二百人。"《説文》曰："緹，帛丹黄色也。"言奴客及緹騎並爲縱横也。

［7］【今注】魏郡：治鄴縣（今河北臨漳縣西南）。"魏郡"之後，劉攽《東漢書刊誤》謂少"太守"二字。

［8］【今注】潁川：郡名。治陽翟縣（今河南禹州市）。相傳夏禹在此建都。

憲既負重勞，陵肆滋甚。四年，封鄧疊爲穰侯。[1]疊與其弟步兵校尉磊及母元，又憲女壻射聲校尉郭舉，舉父長樂少府璜，[2]皆相交結。元、舉並出入禁中，舉得幸太后，遂共圖爲殺害。帝陰知其謀，乃與近幸中常侍鄭衆定議誅之，[3]以憲在外，慮其懼禍爲亂，忍而未發。會憲及鄧疊班師還京師，詔使大鴻臚持節郊迎，賜軍吏各有差。憲等既至，帝乃幸北宫，詔執金吾、五校尉勒兵屯衛南、北宫，[4]閉城門，收捕疊、磊、璜、舉，皆下獄誅，家屬徙合浦。[5]遣謁者僕射收憲大將軍印綬，更封爲冠軍侯。憲及篤、景、瓌皆遣就國。帝以太后故，不欲名誅憲，爲選嚴能相督察之。憲、篤、景到國，皆迫令自殺，宗族、賓客以憲爲官者皆免歸本郡。瓌以素自修，不被逼迫，明年坐稟假貧人，[6]徙封羅侯，不得臣吏人。[7]初，竇后之譖梁氏，憲等豫有謀焉，永元十年，梁棠兄弟[8]徙九真還，[9]路由長沙，[10]逼瓌令自殺。後和熹鄧后臨朝，[11]永初三年，[12]詔諸竇前歸本郡者與安豐侯萬全俱還京師。萬全少子章。

[1]【今注】穰：縣名。治所在今河南鄧州市。

[2]【李賢注】太后居長樂宫，故有少府，秩二千石。

[3]【今注】鄭衆：字季産，南陽犨（今河南魯山縣東南）人。傳見本書卷七八。

[4]【今注】南北宫：東漢都邑洛陽的兩大宫殿群，位於宫城南面的稱南宫、位於宫城北面的稱北宫。

[5]【今注】合浦：郡名。西漢時治徐聞縣（今廣東徐聞縣南）。東漢時移治合浦縣（今廣西合浦縣東北舊州）。

[6]【李賢注】稟，給也。假貸貧人，非侯家之法，故坐焉。

[7]【李賢注】羅，縣，屬長沙郡，在今岳州湘陰縣東北。【今注】案，羅侯，《後漢紀》卷一三《孝和皇帝紀上》作“長沙侯”。羅，縣名。西漢時屬長沙國，東漢時屬長沙郡。治所在今湖南汨羅市西北。

[8]【李賢注】棠及兄雍（兄，當作“弟”，參見曹金華《後漢書稽疑》第345頁），雍弟翟，並梁竦子也。【今注】梁棠：梁竦之子。後封樂平侯。事迹見本書卷三四《梁竦傳》。

[9]【今注】九真：郡名。治胥浦縣（今越南清化省清化西北東山縣）。

[10]【今注】長沙：郡名。治臨湘縣（今湖南長沙市）。西漢高帝時曾改爲國。東漢復改爲郡。

[11]【今注】和熹鄧后：即東漢和帝皇后鄧氏。紀見本書卷一〇上。

[12]【今注】永初：東漢安帝劉祜年號（107—113）。

論曰：衛青、霍去病資强漢之衆，[1]連年以事匈奴，國秏太半矣，而猾虜未之勝，後世猶傳其良將，豈非以身名自終邪！竇憲率羌胡邊雜之師，一舉而空朔庭，至乃追奔稽落之表，飲馬比鞮之曲，銘石負鼎，薦告清廟。列其功庸，兼茂於前多矣，而後世莫稱者，章末釁以降其實也。[2]是以下流，君子所甚惡焉。[3]夫二三子得之不過房幄之間，非復搜揚仄陋，選衆而登也。[4]當青病奴僕之時，[5]竇將軍念咎之日，[6]乃庸力之不暇，思鳴之無晨，[7]何意裂膏腴，享崇號乎？東方朔稱"用之則爲虎，不用則爲鼠"，信矣。以此言之，士有懷琬琰以就煨塵者，亦何可支哉！[8]

[1]【今注】衛青：字仲卿，河東平陽（今山西臨汾市西南）人。西漢名將。武帝皇后衛子夫同母弟。初爲武帝姊平陽長公主家騎。衛子夫得幸，衛青爲太中大夫。後爲車騎將軍，多次出擊匈奴。封長平侯，官至大將軍。傳見《史記》卷一一一、《漢書》卷五五。　霍去病：河東平陽人。西漢名將。衛青姊衛少兒之子。善騎射。多次出擊匈奴，爲驃騎將軍，爵冠軍侯。傳見《史記》卷一一一、《漢書》卷五五。

[2]【李賢注】降，損也。

[3]【李賢注】《論語》曰："紂之不善不如是之甚也，是以君子惡居下流，天下之惡皆歸焉。"（殿本無此注）

[4]【李賢注】二三子謂衛、霍及憲也，皆緣椒房幃幄之恩耳。【今注】案，衆，大德本、殿本作"舉"，是。

[5]【李賢注】衛青本平陽公主家童所生，相者見之，曰："貴人，官至封侯。"青笑曰："人奴之生，無笞罵足矣，安得封侯哉！"

[6]【李賢注】謂太后閉之南宫，欲誅之日也。

[7]【李賢注】《吴志·諸葛瑾》曰"失旦之鷄，復思一鳴"也。

[8]【李賢注】琬琰，美玉也。《楚詞》曰："懷琬琰以爲

心。”支，計也。亦何可計，言其多也。【今注】煨塵：塵埃。喻卑賤的境地。

章字伯向。少好學，有文章，與馬融、崔瑗同好，[1]更相推薦。[2]

［1］【今注】馬融：字季長，扶風茂陵（今陝西興平市東北）人。傳見本書卷六〇上。　崔瑗：字子玉，涿郡安平（今河北安平縣）人。傳見本書卷五二。

［2］【李賢注】《融集·與竇伯向書》曰：“孟陵奴來，賜書，見手跡，歡喜何量，欠於面也（欠，紹興本、大德本、殿本作‘見’，是）。書雖兩紙，紙八行，行七字。”

永初中，三輔遭羌寇，章避難東國，家於外黄。[1]居貧，蓬户蔬食，[2]躬勤孝養，然講讀不輟，太僕鄧康[3]聞其名，請欲與交，章不肯往，康以此益重焉。是時學者稱東觀爲老氏臧室，道家蓬萊山，[4]康遂薦章入東觀爲校書郎。

［1］【李賢注】外黄，縣，屬陳留郡，城在今汴州雍丘縣東（“城”前，中華本據文例補“故”字）。【今注】外黄：縣名。治所在今河南蘭考縣東南。

［2］【李賢注】莊子“原憲編蓬爲户”，《論語》“顔回飯蔬食”也。

［3］【李賢注】鄧珍之子，禹之孫。【今注】鄧康：鄧禹孫，夷安侯鄧珍子。兄鄧良襲夷安侯爵，無後。安帝永初六年（112），紹封康爲夷安侯。永寧元年（120），因上書諫言鄧太后應自損私

權，尊崇公室，遭鄧太后免官，絶屬籍，就國。鄧太后卒，鄧騭等被誅，安帝徵鄧康爲侍中。順帝立，爲太僕。以病免國，加位特進。順帝陽嘉三年（134），卒。謚義侯。事見本書卷一六《鄧禹傳》。

［4］【李賢注】老子爲守臧史，復爲柱下史，四方所記文書皆歸柱下，事見《史記》。言東觀經籍多也。蓬萊，海中神山，爲仙府，幽經祕録並皆在焉。

順帝初，[1]章女年十二，能屬文，以才貌選入掖庭，有寵，與梁皇后並爲貴人。[2]擢章爲羽林郎將，[3]遷屯騎校尉。[4]章謙虚下士，收進時輩，甚得名譽。是時梁、竇並貴，各有賓客，多交搆其間，章推心待之，故得免於患。

［1］【今注】順帝：東漢順帝劉保，公元125年至144年在位。紀見本書卷六。

［2］【今注】梁皇后：即東漢順帝皇后梁妠，梁商之女。紀見本書卷一〇下。

［3］【李賢注】《續漢志》曰，羽林郎秩二百石，無員，常宿衞侍從也。【今注】案，本書《百官志二》："羽林中郎將，比二千石。本注曰：主羽林郎。羽林郎，比三百石。本注曰：無員，掌宿衞侍從。"羽林郎將，當即"羽林中郎將"之省稱，李賢注有誤（參見曹金華《後漢書稽疑》，第345頁）。羽林郎，官名。西漢宣帝命中郎將、騎都尉監羽林，率郎百人，稱羽林郎。東漢羽林郎秩比三百石，主宿衞侍從，選良家子善騎射者爲之，執鞍以衞險要之處。

［4］【今注】案，校，殿本誤作"都"。

貴人早卒，帝追思之無已，詔史官樹碑頌德，章自爲之辭。[1]貴人殁後，帝禮待之無衰。永和五年，遷少府。漢安二年，轉大鴻臚。建康元年，[2]梁后稱制，章自免，卒于家。中子唐，有俊才，官至虎賁中郎將。

[1]【今注】案，曹金華《後漢書稽疑》謂帝貴人卒，何能由貴人之父竇章爲辭？“章”乃“帝”字之訛（第345頁）。

[2]【今注】建康：東漢順帝劉保年號（144）。

贊曰：悃悃安豐，亦稱才雄。[1]提挈河右，奉圖歸忠。[2]孟孫明邊，伐北開西。[3]憲實空漠，遠兵金山。聽笳龍庭，鏤石燕然。[4]雖則折鼎，王靈以宣。[5]

[1]【李賢注】《楚詞》曰“悃悃款款”也。王逸注曰“志純一也”。亦猶實也。

[2]【李賢注】奉圖者，謂既奉外戚圖，乃歸於漢也。【今注】提挈：即提挈。扶持、帶領之意。　圖：外戚圖。

[3]【李賢注】叶韻音先。【今注】孟孫：竇固，字孟孫。明邊：通曉邊地事務。

[4]【李賢注】笳，胡樂也，老子作之。

[5]【李賢注】鼎三足，三公象。折足者，言其不勝任也。《易》曰“鼎折足，覆公餗”也（殿本無“也”字）。【今注】王靈：漢王朝的神威。

後漢書　卷二四

列傳第十四

馬援 子廖 子防 兄子嚴 族孫棱

馬援字文淵，扶風茂陵人也。[1]其先趙奢爲趙將，號曰馬服君，子孫因爲氏。[2]武帝時，[3]以吏二千石自邯鄲徙焉。[4]曾祖父通，以功封重合侯，坐兄何羅反，被誅，[5]故援再世不顯。[6]援三兄況、余、員，[7]並有才能，王莽時皆爲二千石。[8]

[1]【今注】扶風：即右扶風，政區名。相當於郡級，因地屬西漢長安京畿地區，故不稱郡。治長安縣（今陝西西安市西北）。茂陵：縣名。西漢制度，以每一皇帝陵墓所在地設一縣，故於建元二年（前139）以武帝陵墓茂陵及周圍地區置縣，治所在今陝西興平市東北。

[2]【李賢注】馬服者，言能服馭馬也。《史記》曰，趙惠文王以奢有功，賜爵號爲馬服君。【今注】趙奢：戰國時趙國將領。曾任趙國的田部吏。後率軍解閼與之圍。趙惠文王賜趙奢號爲馬服君。

［3］【今注】武帝：西漢武帝劉徹，公元前141年至前87年在位。紀見《史記》卷一二、《漢書》卷六。

［4］【李賢注】《東觀記》曰："徙茂陵成懽里。"【今注】二千石：漢代官吏秩俸等級名。分爲中二千石、真二千石、二千石、比二千石等，列卿、郡守、都尉、王國相等均屬二千石。詳見本書《百官志》。　邯鄲：縣名。治所在今河北邯鄲市。

［5］【李賢注】重合，縣，屬勃海郡，故城在今滄州樂陵縣東。馬何羅與江充相善，充既誅，遂懼罪及己，謀反，伏誅。事見《前書》。【今注】重合：縣名。治所在今山東樂陵市西北。案，反，殿本作"及"。

［6］【李賢注】祖及父不得爲顯任也。《東觀漢記》，通生賓，宣帝時以郎持節，號使君；使君生仲，仲官至玄武司馬；仲生援。

［7］【李賢注】　《東觀記》曰："況字長平（長，殿本作'君'），余字聖卿，員字季主。"

［8］【李賢注】況，河南太守。余，中壘校尉。員，增山連率。【今注】王莽：字巨君，西漢元帝皇后王政君之侄，新朝建立者，公元8年至23年在位。在位期間依託儒家經典推出諸多改制措施，激化了社會矛盾。在緑林、赤眉軍打擊下，公元23年，王莽被殺，新朝滅亡。傳見《漢書》卷九九。

援年十二而孤，少有大志，諸兄奇之。嘗受《齊詩》，意不能守章句，[1]乃辭況，欲就邊郡田牧。[2]況曰："汝大才，當晚成。良工不示人以朴，[3]且從所好。"[4]會況卒，援行服朞年，不離墓所；敬事寡嫂，不冠不入廬。[5]後爲郡督郵，送囚至司命府，[6]囚有重罪，援哀而縱之，遂亡命北地。[7]遇赦，因留牧畜，賓客多歸附者，遂役屬數百家。[8]轉游隴漢閒，常謂賓客曰："丈夫爲志，窮當益堅，老當益壯。"因處田牧，至有牛馬羊數千頭，穀數萬斛。既而歎曰："凡殖貨財產，貴其能施賑也，否則守錢虜耳。"乃盡散以班昆弟故舊，身衣羊裘皮絝。

[1]【李賢注】《東觀記》曰："受齊詩，師事潁川滿昌（滿，大德本作'蒲'）。"【今注】齊詩：漢代今文經學《詩》學之一。爲漢初齊人轅固生所創立，故有此名。《齊詩》與當時魯人申培公所傳之《魯詩》、燕人韓嬰所傳之《韓詩》合稱爲"三家詩"，並立於學官。　章句：對儒家經典的傳注及闡釋。

[2]【李賢注】《東觀記》曰"援以況出爲河南太守，次兩兄爲吏京師，見家用不足，乃辭況欲就邊郡畜牧"也。

[3]【今注】案，朴，《後漢紀》卷四《光武皇帝紀》作"璞"。

[4]【李賢注】從其所請也。

[5]【李賢注】廬，舍也。

[6]【李賢注】王莽置司命官，上公已下皆糾察。【今注】督郵：官名。漢置，爲郡之屬官，主督察所轄縣長吏政績、社會治安、法紀行政、催租點兵等，爲太守之耳目。每郡分若干部，每部設督郵一人領其職。　司命：官名。五威司命的省稱。王莽時置，掌糾察上公以下百官。

[7]【今注】北地：郡名。西漢時治馬嶺縣（今甘肅慶陽市西北馬嶺鎮），東漢時移治富平縣（今寧夏吴忠市西南黄河東岸）。

[8]【李賢注】《續漢書》："援過北地任氏畜牧。自援祖賓，本客天水，父仲又嘗爲牧帥令（帥，王先謙《後漢書集解》引陳景雲説，當作'師'，是）。是時員爲護苑使者，故人賓客皆依援。"

王莽末，四方兵起，莽從弟衛將軍林廣招雄俊，[1]

乃辟援及同縣原涉爲掾，[2]薦之於莽。莽以涉爲鎮戎大尹，[3]援爲新成大尹。[4]及莽敗，援兄員時爲增山連率，[5]與援俱去郡，復避地涼州。[6]世祖即位，[7]員先詣洛陽，帝遣員復郡，卒於官。援因留西州，[8]隗囂甚敬重之，[9]以援爲綏德將軍，與決籌策。

［1］【今注】案，曹金華《後漢書稽疑》謂據《漢書》卷九九上《王莽傳上》載，安陽侯王舜爲王莽從弟，衛將軍説德侯王林爲王舜之子，故"從弟"當作"從弟子"。（中華書局2014年版，第348頁）　衛將軍：官名。西漢文帝時始置，秩位比公，爲將軍中高位者之一。詳見本書《百官志一》。

［2］【李賢注】涉字巨先，見《前書》。【今注】原涉：字巨先。西漢游俠。内隱好殺。傳見《漢書》卷九二。

［3］【李賢注】王莽改天水爲鎮戎，改太守爲大尹。【今注】鎮戎：郡名。西漢武帝元鼎三年（前114）置天水郡，治平襄縣（今甘肅通渭縣西北）。王莽改名鎮戎（又作填戎）。東漢初復名天水郡。明帝永平十七年（74）改爲漢陽郡，治冀縣（今甘肅甘谷縣東）。

［4］【李賢注】莽改漢中爲新成也（殿本無"也"字）。【今注】新成：郡名。秦置漢中郡，治南鄭縣（今陝西漢中市）。西漢時移治西城縣（今陝西安康市西北）。王莽改名新成郡。東漢時復爲漢中郡，還治南鄭縣。

［5］【李賢注】莽改上郡爲增山，連率亦太守也。莽法，典郡者公爲牧，侯稱卒正，伯稱連率，其無封爵者爲尹也。【今注】增山：郡名。戰國魏置上郡，治膚施縣（今陝西榆林市東南）。王莽改名增山郡。東漢初復名上郡。

［6］【今注】涼州：西漢武帝時所置十三刺史部之一。東漢時治隴縣（今甘肅張家川回族自治縣）。

［7］【今注】世祖：東漢光武帝劉秀，公元25年至57年在位。世祖爲其廟號。紀見本書卷一。

［8］【今注】西州：地區名。秦漢時期，指涼州、朔方。因在中原之西得名。故地即今河西走廊至玉門關附近一帶。

［9］【今注】隗囂：字季孟，天水成紀（今甘肅静寧縣西南）人。傳見本書卷一三。

是時公孫述稱帝於蜀，[1]囂使援往觀之。援素與述同里閈，[2]相善，以爲既至當握手歡如平生，而述盛陳陛衞，以延援入，交拜禮畢，使出就館，更爲援制都布單衣、[3]交讓冠，會百官於宗廟中，立舊交之位。述鸞旗旄騎，[4]警蹕就車，[5]磬折而入，[6]禮饗官屬甚盛，欲授援以封侯大將軍位。[7]賓客皆樂留，援曉之曰："天下雄雌未定，公孫不吐哺走迎國士，[8]與圖成敗，反修飾邊幅，[9]如偶人形。[10]此子何足久稽天下士乎？"[11]因辭歸，謂囂曰："子陽井底蛙耳，[12]而妄自尊大，不如專意東方。"

［1］【今注】公孫述：字子陽，扶風茂陵（今陝西興平市東北）人。傳見本書卷一三。　蜀：地區名。今四川中部偏西一帶，爲古蜀國。新莽末，公孫述稱帝於此。

［2］【李賢注】《説文》曰："閈，閭也。"杜預注《左傳》："閈，閭門也。"【今注】閈：音hàn。

［3］【李賢注】《東觀記》曰"都"作"荅"。《史記》曰："荅布千匹。"《前書音義》曰："荅布，白疊布也。"何承天《纂文》曰："都致、錯履、無極，皆布名。"《方言》曰："禪衣，江、淮、南楚之閒謂之褋，關之東西謂之禪衣。"

[4]【李賢注】解在《公孫述傳》。【今注】鸞旗：天子儀仗中的旗子。上繡鸞鳥，故名。　旄騎：即旄頭之騎。古代皇帝儀仗中一種擔任先驅的騎兵。

[5]【今注】警蹕：古代帝王出行，要對途經之處侍衛警戒，清道止行。

[6]【李賢注】磬折者，屈身如磬之曲折，敬也。

[7]【今注】大將軍：官名。始於戰國，漢代沿置，爲將軍最高稱號，多由貴戚擔任，外主征戰，内秉國政，職位極高。

[8]【李賢注】哺，食也。《史記》，周公誡伯禽曰："吾一沐三握髮，一食三吐哺（食，大德本作'飯'），猶恐失天下士心也。"

[9]【李賢注】言若布帛脩整其邊幅也。《左傳》曰："如布帛之有幅焉，爲之度，使無遷。"

[10]【李賢注】《禮記》曰："謂爲俑者不仁。"鄭玄云："俑，偶人也。有面目機發，有似於生人也。"俑音勇。

[11]【李賢注】稽，留也。

[12]【李賢注】言述志識褊狹，如坎井之蛙。事見《莊子》。

建武四年冬，[1]囂使援奉書洛陽。[2]援至，引見於宣德殿。[3]世祖迎笑謂援曰："卿遨游二帝閒，今見卿，使人大慙。"援頓首辭謝，因曰："當今之世，非獨君擇臣也，臣亦擇君矣。[4]臣與公孫述同縣，少相善。臣前至蜀，述陛戟而後進臣。臣今遠來，陛下何知非刺客姦人，而簡易若是？"[5]帝復笑曰："卿非刺客，顧説客耳。"援曰："天下反覆，盜名字者不可勝數。[6]今見陛下，恢廓大度，同符高祖，[7]乃知帝王自有真也。"帝甚壯之。援從南幸黎丘，[8]轉至東海。[9]及還，以爲待詔，[10]使太中大夫來歙持節送援西歸隴右。[11]

[1]【今注】建武：東漢光武帝劉秀年號（26—56）。

[2]【今注】洛陽：都城名。東漢故城在今河南洛陽東白馬寺一帶之洛水北岸。

[3]【今注】宣德殿：宫殿名。爲東漢都邑洛陽宫殿建築群中所屬宫殿之一。故址在今河南洛陽市東白馬寺一帶。

[4]【李賢注】《家語》曰："君擇臣而任之，臣亦擇君而事之。"

[5]【李賢注】《東觀記》曰"援初到，勑令中黄門引入，時上在宣德殿南廡下，但幘坐（但，殿本作'袒'）"，故云"簡易"也。

[6]【李賢注】盗猶竊也。

[7]【今注】高祖：西漢高帝劉邦，公元前206年至前195在位。紀見《史記》卷八、《漢書》卷一。

[8]【今注】黎丘：城邑名。範圍大致在今湖北襄陽市東南。

[9]【今注】東海：郡名。治郯縣（今山東郯城縣西北）。東漢時曾改爲封國。

[10]【今注】待詔：官名。兩漢時對待有名望的才異之士，欲重用而尚未重用者，則給以待詔之名，意爲等待詔命重用。

[11]【今注】太中大夫：官名。西漢秩比千石，東漢秩比二千石。侍從皇帝，掌議論，顧問應對。爲光禄勳屬官。詳見本書《百官志二》。　來歙：字君叔，南陽新野（今河南新野縣）人。傳見本書卷一五。　隴右：地區名。指隴山以西地區，古代以西爲右，故名。大致相當今甘肅六盤山以西、黄河以東地區。

隗囂與援共卧起，問以東方流言及京師得失。[1]援説囂曰："前到朝廷，上引見數十，[2]每接讌語，自夕至旦，才明勇略，非人敵也。且開心見誠，無所隱伏，闊達多大節，略與高帝同。[3]經學博覽，政事文辯，前世無比。”囂曰：“卿謂何如高帝？”援曰：“不如也。高帝無可無不可；[4]今上好吏事，動如節度，又不喜飲酒。”囂意不懌，曰：“如卿言，反復勝邪？”然雅信援，故遂遣長子恂入質。援因將家屬隨恂歸洛陽。居數月而無它職任。援以三輔地曠土沃，[5]而所將賓客猥多，乃上書求屯田上林苑中，[6]帝許之。[7]

[1]【李賢注】流猶傳也。

[2]【李賢注】《東觀記》曰凡十四見。

[3]【今注】高帝：漢高祖劉邦。

[4]【李賢注】此《論語》孔子自言己之所行也。

[5]【今注】三輔：地區名。西漢京畿地區的合稱。景帝時分秦内史爲左、右内史，改主爵中尉名主爵都尉。武帝時，分别改左、右内史、主爵都尉名爲左馮翊、京兆尹、右扶風。同治京城長安城中，所輔皆爲京畿之地，故合稱“三輔”。轄境相當於今陝西關中地區。

[6]【今注】上林苑：苑囿名。秦代在渭南修建上林苑。西漢武帝時沿渭水擴大規模。西漢文學家司馬相如的《上林賦》描述了上林苑的景色和武帝出獵的盛大場景。

[7]【今注】案，殿本無“帝”字。

會隗囂用王元計，[1]意更狐疑，[2]援數以書記責譬於囂。囂怨援背己，得書增怒，其後遂發兵拒漢。援乃上疏曰：“臣援自念歸身聖朝，奉事陛下，本無公輔一言之薦，[3]左右爲容之助。[4]臣不自陳，陛下何因聞之。夫居前不能令人輊，居後不能令人軒，[5]與人怨不能爲人患，臣所恥也。故敢觸冒罪忌，昧死陳誠。臣與隗囂，本實交友。初，囂遣臣東，謂臣曰：'本欲爲漢，願足下往觀之。於汝意可，即專心矣。'及臣還反，報以赤心，實欲導之於善，非敢譎以非義。而囂自挾姦心，盜憎主人，[6]怨毒之情遂歸於臣。臣欲不言，則無以上聞。願聽詣行在所，極陳滅囂之術，得空匈腹，申愚策，[7]退就隴畝，死無所恨。"帝乃召援計事，援具言謀畫。因使援將突騎五千，往來游説囂將高峻、任禹之屬，下及羌豪，爲陳禍福，以離囂友黨。[8]

[1]【今注】王元：字惠孟，長陵（今陝西咸陽市東北）人。兩漢之際地方割據者隗囂部將。先從隗囂事漢，後勸隗囂背漢。漢平隴右後，王元奔蜀投公孫述。後降漢，任上蔡令，遷東平相。坐墾田不實，下獄死。事迹見本書卷一下《光武帝紀下》、卷一三《隗囂公孫述傳》等。

[2]【李賢注】狐性多疑，故曰狐疑。

[3]【今注】公輔：指太尉、司徒、司空三公，是輔佐皇帝處理政務的高級官員，可以向朝廷推薦人才。

[4]【李賢注】《鄒陽書》曰："蟠木成萬乘之器者，左右爲之容。"

[5]【李賢注】言爲人無所輕重也。《詩》云："如輊如軒。"輊音丁利反（丁，大德本作"陟"）。【今注】輊：車子前低後高之貌。這裏指輕視、看輕。 軒：車子前高後低貌。這裏指重視、看重。

[6]【李賢注】《左傳》晉伯宗妻曰："盜憎主人，民惡其上

（其，大德本作‘於’）。”

［7］【今注】案，申，大德本作“中”。

［8］【今注】案，友，劉攽《東漢書刊誤》謂當作“支”，可從。

援又爲書與囂將楊廣，[1]使曉勸於囂，曰：“春卿無恙。[2]前别冀南，[3]寂無音驛。援閒還長安，因留上林。竊見四海已定，兆民同情，而季孟閉拒背畔，爲天下表的。[4]常懼海内切齒，思相屠裂，故遺書戀戀，以致惻隱之計。乃聞季孟歸罪於援，而納王游翁諂邪之説，[5]自謂函谷以西，舉足可定，以今而觀，竟何如邪？援閒至河内，過存伯春，[6]見其奴吉從西方還，説伯春小弟仲舒望見吉，[7]欲問伯春無它否，竟不能言，曉夕號泣，婉轉塵中。又説其家悲愁之狀，不可言也。夫怨讎可刺不可毁，援聞之，不自知泣下也。[8]援素知季孟孝愛，曾、閔不過。夫孝於其親，豈不慈於其子？可有子抱三木，而跳梁妄作，自同分羹之事乎？[9]季孟平生自言所以擁兵衆者，欲以保全父母之國而完墳墓也，又言苟厚士大夫而已。而今所欲全者將破亡之，所欲完者將毁傷之，所欲厚者將反薄之。季孟嘗折愧子陽而不受其爵，[10]今更共陸陸，[11]欲往附之，將難爲顔乎？若復責以重質，當安從得子主給是哉！[12]往時子陽獨欲以王相待，[13]而春卿拒之；今者歸老，更欲低頭與小兒曹共槽櫪而食，併肩側身於怨家之朝乎？[14]男兒溺死何傷而拘游哉！[15]今國家待春卿意深，宜使牛孺卿與諸耆老大人[16]共説季孟，若計畫不從，真可引領去矣。前披輿地圖，見天下郡國百有六所，奈何欲以區區二邦以當諸夏百有四乎？春卿事季孟，外有君臣之義，内有朋友之道。言君臣邪，固當諫争；語朋友邪，應有切磋。[17]豈有知其無成，而但萎腇咋舌，叉手從族乎？[18]及今成計，殊尚善也；過是，欲少味矣。[19]且來君叔天下信士，[20]朝廷重之，其意依依，常獨爲西州言。援商朝廷，尤欲立信於此，[21]必不負約。援不得久留，願急賜報。”廣竟不答。

［1］【今注】楊廣：字春卿。隗囂之大將軍，隗囂失敗，楊廣不肯降漢，不久即死。事迹見本書卷一三《隗囂傳》。

［2］【李賢注】春卿，楊廣字。

［3］【李賢注】天水冀縣也。【今注】冀：縣名。治所在今甘肅甘谷縣東南。

［4］【李賢注】表猶標也，言爲標準，謂射的也（謂，殿本作“爲”）。言背畔之罪，爲天下所指射也。【今注】季孟：隗囂，字季孟。

［5］【李賢注】游翁，王元字也。

［6］【李賢注】存猶問也。

［7］【今注】伯春：隗囂長子恂字。東漢光武帝建武五年（29）隗囂遣長子恂入侍，封鐫羌侯。事迹見本書《隗囂傳》。仲舒：隗純，字仲舒。隗囂子。事迹見本書《隗囂傳》。

［8］【今注】案，泣，大德本作“其”。

［9］【李賢注】三木者，謂桎、梏及械也，司馬遷曰：“衣赭關三木。”分羹謂樂羊也，解見《公孫述傳》。

［10］【李賢注】媿猶辱也（媿，正文作“愧”）。【今注】子陽：公孫述，字子陽。

［11］【李賢注】陸陸猶碌碌也。

［12］【今注】案，主，大德本作“王”。

［13］【李賢注】謂欲封爲朔寧王也。

［14］【李賢注】《字林》：“併音卑正反。”

［15］【李賢注】游，浮也。

［16］【李賢注】大人謂豪傑也。

［17］【李賢注】骨曰切，象曰磋，言朋友之道如切磋以成器也。《詩》云：“如切如磋，如琢如磨。”

［18］【李賢注】萎腇，耎弱也。萎音於罪反。腇音乃罪反。【今注】腇：音 něi。　案，叉，紹興本、大德本、殿本作“义”。

［19］【李賢注】以食爲諭。【今注】案，矣，大德本作“也”。

［20］【今注】來君叔：即來歙，字君叔。

［21］【李賢注】商，度也。

八年，帝自西征囂，至漆，[1]諸將多以王師之重，不宜遠入險阻，計冘豫未決。[2]會召援，夜至，[3]帝大喜，引入，具以群議質之。[4]援因説隗囂將帥有土崩之埶，兵進有必破之狀。又於帝前聚米爲山谷，指畫形埶，開示衆軍所從道徑往來，分析曲折，昭然可曉。帝曰：“虜在吾目中矣。”明旦，遂進軍至第一，囂衆大潰。[5]

［1］【李賢注】漆，縣，屬右扶風。【今注】漆：縣名。治所在今陝西彬州市。

［2］【李賢注】冘，行貌也，義見《説文》。豫亦未定也。冘音以林反。【今注】冘（yóu）豫：遲疑不定貌。

［3］【今注】案，會召援夜至，《後漢紀》卷六《光武皇帝紀》

作“會馬援夜至”。

［4］【李賢注】《廣雅》曰：“質，定也。”【今注】質：質詢。

［5］【李賢注】第一，解見《竇融傳》。【今注】第一：城名。西漢高平縣。因其城險固而號稱“第一城”。在今寧夏固原市。

九年，拜援爲太中大夫，副來歙監諸將平涼州。自王莽末，西羌寇邊，[1]遂入居塞内，金城屬縣多爲虜有。[2]來歙奏言隴西侵殘，[3]非馬援莫能定。十一年夏，璽書拜援隴西太守。援迺發步騎三千人，擊破先零羌於臨洮，[4]斬首數百級，獲馬牛羊萬餘頭。守塞諸羌八千餘人詣援降。諸種有數萬，屯聚寇鈔，拒浩亹隘。[5]援與揚武將軍馬成擊之。[6]羌因將其妻子輜重移阻於允吾谷，[7]援乃潛行閒道，掩赴其營。羌大驚壞，[8]復遠徙唐翼谷中，[9]援復追討之。羌引精兵聚北山上，援陳軍向山，而分遣數百騎繞襲其後，乘夜放火，擊鼓叫譟，虜遂大潰，凡斬首千餘級。援以兵少，不得窮追，收其穀糧畜産而還。援中矢貫脛，帝以璽書勞之，賜牛羊數千頭，援盡班諸賓客。

［1］【今注】西羌：族名。爲東漢時羌人内徙的一支。定居在金城（今甘肅永靖縣西北湟水南岸）、隴西（今甘肅臨洮縣南）、漢陽（今甘肅甘谷縣東）等郡。因住地偏西，故中原内地稱其爲西羌。傳見本書卷八七。

［2］【今注】金城：郡名。治允吾縣（今甘肅永靖縣西北湟水南岸）。

［3］【今注】隴西：郡名。因在隴山之西而得名。治狄道縣（今甘肅臨洮縣南）。

［4］【今注】先零羌：部族名。是羌族先零種的主要分支。包括滇零、鐘羌等部族或小支。主要分布在今甘肅臨夏回族自治州以西和青海東北等地。西漢武帝時移居西海（今青海湖）鹽池地區。東漢初，被隴西太守馬援征服，遷徙至天水、隴西、扶風一帶。臨洮：縣名。以臨洮水而得名。治所在今甘肅岷縣。

［5］【李賢注】浩亹音告門，縣名，屬金城郡。浩，水名也。亹者，水流夾山閒（夾，紹興本作“峽”；閒，大德本作“門”），兩岸深若門也。《詩》曰“鳧鷖在亹”，亦其義也。今俗呼此水爲閤門河，蓋疾言之耳。【今注】浩亹（mén）：縣名。治所在今甘肅永登縣西南大通河東岸。

［6］【今注】馬成：字君遷，南陽棘陽（今河南新野縣東北）人。傳見本書卷二二。

［7］【李賢注】允吾音鈆牙。【今注】允吾谷：山谷名。當在允吾縣境湟水流域一帶。允吾，縣名。治所在今甘肅永靖縣西北湟水南岸。一説在今青海民和回族土族自治縣馬場垣鄉下川口村。

［8］【今注】案，壞，大德本、殿本作“潰”。

［9］【今注】唐翼谷：峽谷名。故地當在今青海海東市樂都區一帶。本書《西羌傳》作“唐谷”。

是時，朝臣以金城破羌之西，[1]塗遠多寇，議欲棄之。援上言，破羌以西城多完牢，易可依固；其田土肥壤，[2]灌溉流通。如令羌在湟中，[3]則爲害不休，不可弃也。帝然之，於是詔武威太守，[4]令悉還金城客民。[5]歸者三千餘口，[6]使各反舊邑。援奏爲置長吏，繕城郭，起塢候，[7]開導水田，勸以耕牧，郡中樂業。又遣羌豪楊封譬説塞外羌，皆來和親。又武都氐人背公孫述來降者，[8]援皆上復其侯王君長，賜印綬，帝悉從之。乃罷馬成軍。

[1]【李賢注】破羌，縣名，屬金城郡，故城在今鄯州湟水縣西。【今注】破羌：縣名。治所在今青海海東市樂都區東南、湟水北岸。

[2]【李賢注】無塊曰壤。

[3]【李賢注】湟，水名。據《前書》，出金城臨羌縣，東至允吾入河，今鄯州湟水縣取其名也。一名樂都水。

[4]【李賢注】《東觀記》曰梁統也。【今注】武威：郡名。治姑臧縣（今甘肅武威市）。

[5]【李賢注】金城客人在武威者。

[6]【今注】案，口，《後漢紀》卷六《光武皇帝紀》作“户”。

[7]【李賢注】《字林》曰：“塢，小障也，一曰小城。字或作‘隖’，音一古反。”

[8]【今注】武都：郡名。西漢武帝時置，治武都縣（今甘肅西和縣南）。 氐：族名。也泛指氐人所居之地。分布在今陝西、甘肅、四川等省。

十三年，[1]武都參狼羌與塞外諸種爲寇，[2]殺長吏。援將四千餘人擊之，至氐道縣，[3]羌在山上，援軍據便地，奪其水草，不與戰，羌遂窮困，豪帥數十萬户亡出塞，諸種萬餘人悉降，於是隴右清静。

[1]【今注】案，十三年，當作“十二年”。參見本書卷一下《光武帝紀下》、卷八七《西羌傳》。

[2]【今注】參狼羌：部族名。羌人的一支。分布在今甘肅南部武都附近、白龍江沿岸地區。白龍江古稱羌水，其上源有“參狼

谷”，因稱居此的羌人稱爲參狼羌。

［3］【李賢注】氐道縣屬隴西郡。縣管蠻夷曰道。【今注】氐道：縣、道名。蠻夷之縣曰道。治所在今甘肅禮縣西北。

援務開寬信，恩以待下，[1]任吏以職，但總大體而已。賓客故人，日滿其門。諸曹時白外事，援輒曰：“此丞、掾之任，何足相煩。[2]頗哀老子，使得遨游。若大姓侵小民，黠羌欲旅距，此乃太守事耳。”[3]傍縣嘗有報仇者，吏民驚言羌反，百姓奔入城郭。狄道長詣門，[4]請閉城發兵。援時與賓客飲，大笑曰：“燒虜何敢復犯我。[5]曉狄道長歸守寺舍，[6]良怖急者，可牀下伏。”[7]後稍定，郡中服之。視事六年，徵入爲虎賁中郎將。[8]

［1］【今注】案，當據劉攽《東漢書刊誤》改爲“務開恩信，寬以待下”。

［2］【李賢注】《續漢志》曰：“郡當邊戍，丞爲長史。”又：“置諸曹掾史。”

［3］【李賢注】旅拒（拒，大德本、殿本作“距”，是），不從之貌。

［4］【李賢注】狄道，縣，屬隴西郡，今蘭州縣也。【今注】狄道：縣名。治所在今甘肅臨洮縣。

［5］【李賢注】燒虜即燒羌也。【今注】燒虜：即燒當羌，是當時羌部族中勢力較大者。傳見本書卷八七。

［6］【李賢注】曉，喻也。寺舍，官舍也。

［7］【李賢注】良，甚也。

［8］【今注】虎賁中郎將：官名。西漢武帝時置期門郎，掌執

兵送從。平帝時更名爲虎賁郎，置中郎將統領虎賁中郎、侍郎、郎中，掌宿衞侍從。屬光禄勳。詳見本書《百官志二》。

初，援在隴西上書，言宜如舊鑄五銖錢。[1]事下三府，三府奏以爲未可許，[2]事遂寢。及援還，從公府求得前奏，難十餘條，乃隨牒解釋，[3]更具表言。帝從之，天下賴其便。援自還京師，數被進見。爲人明須髮，眉目如畫。[4]閑於進對，尤善述前世行事。每言及三輔長者，下至閭里少年，皆可觀聽。自皇太子、諸王侍聞者，莫不屬耳忘倦。又善兵策，帝常言"伏波論兵，[5]與我意合"，每有所謀，未嘗不用。

[1]【今注】五銖錢：錢幣名。上有"五銖"二篆字，重如其文，故名。西漢武帝時將鑄幣權收歸中央。由水衡都尉的屬官鐘官、辨銅、技巧三官負責鑄造。

[2]【今注】三府：謂太尉、司徒、司空府。

[3]【李賢注】《東觀記》曰"凡十三難，援一一解之，條奏其狀"也。

[4]【李賢注】《東觀記》曰："援長七尺五寸（五，大德本作'三'），色理髮膚眉目容貌如畫。"

[5]【今注】伏波：東漢光武帝建武十七年（41），封馬援爲伏波將軍。

初，卷人維汜，[1]訞言稱神，有弟子數百人，坐伏誅。後其弟子李廣等宣言汜神化不死，以誑惑百姓。十七年，遂共聚會徒黨，攻没晥城，[2]殺晥侯劉閔，自稱"南岳大師"。遣謁者張宗將兵數千人討之，[3]復爲廣所敗。於是使援發諸郡兵，合萬餘人，擊破廣等，斬之。

［1］【李賢注】卷，縣名，屬河南郡，故城在今鄭州原武縣西北也。【今注】卷（quān）：縣名。治所在今河南原陽縣原武故城西北。

［2］【李賢注】睆，縣名，屬廬江郡，今舒州懷寧縣。睆音下板反，又下管反。【今注】睆（wǎn）：縣名。即"皖"。治所在今安徽潛山市。

［3］【今注】謁者：官名。爲光禄勳之屬官，秩比六百石。掌賓贊受事。謁者僕射爲謁者之長，秩比千石。

又交阯女子徵側及女弟徵貳反，[1]攻没其郡，九真、日南、合浦蠻夷皆應之，[2]寇略嶺外六十餘城，側自立爲王。於是璽書拜援伏波將軍，[3]以扶樂侯劉隆爲副，[4]督樓船將軍段志等南擊交阯。[5]軍至合浦而志病卒，詔援并將其兵。遂緣海而進，隨山刊道千餘里。[6]十八年春，軍至浪泊上，[7]與賊戰，破之，斬首數千級，降者萬餘人。援追徵側等至禁谿，[8]數敗之，賊遂散走。明年正月，斬徵側、徵貳，傳首洛陽。[9]封援爲新息侯，食邑三千户。援乃擊牛釃酒，勞饗軍士。[10]從容謂官屬曰："吾從弟少游常哀吾慷慨多大志，曰：'士生一世，但取衣食裁足，乘下澤車，[11]御款段馬，[12]爲郡掾史，[13]守墳墓，鄉里稱善人，斯可矣。致求盈餘，但自苦耳。'當吾在浪泊、西里閒，[14]虜未滅之時，下潦上霧，毒氣重蒸，仰視飛鳶跕跕墯水中，[15]卧念少游平生時語，何可得也！今賴士大夫之力，被蒙大恩，猥先諸君紆佩金紫，[16]且喜且慙。”吏士皆伏稱萬歲。

[1]【李賢注】徵側者，麊泠縣雒將之女也，嫁爲朱䳒人詩索妻（《水經注·葉榆水》載：“朱䳒雒將子名詩，索麊泠雒將女征側爲妻。”“索妻”爲娶婦之意，李賢注誤。參見曹金華《後漢書稽疑》，第1194頁），甚雄勇。交阯太守蘇定以法繩之，側忿怒，故反。【今注】交阯：郡名。東漢時治龍編縣（今越南河内市西北）。

[2]【今注】九真：郡名。治胥浦縣（今越南清化省清化市西北）。 日南：郡名。即秦象郡，西漢武帝時更名日南。治西卷縣（今越南廣治省甘露河與廣治河合流處）。 合浦：郡名。西漢時治徐聞縣（今廣東徐聞縣南）。東漢時移治合浦縣（今廣西合浦縣東北舊州）。

[3]【李賢注】《東觀記》曰：“援上書：‘臣所假伏波將軍印，書“伏”字，“犬”外嚮。城皋令印，“皋”字爲“白”下“羊”；丞印“四”下“羊”；尉印“白”下“人”，“人”下“羊”。即一縣長吏，印文不同，恐天下不正者多。符印所以爲信也，所宜齊同。’薦曉古文字者，事下大司空正郡國印章。奏可。”

[4]【李賢注】扶樂，縣名，屬九真郡。【今注】扶樂：縣、侯國名。治所在今河南太康縣西北。東漢光武帝建武十六年（40），封劉隆爲扶樂鄉侯。初屬汝南郡，建武三十年劃歸淮陽國（參見曹金華《後漢書稽疑》，第352頁）。 劉隆：字元伯，南陽安衆侯宗室，雲臺二十八將之一。傳見本書卷二二。

[5]【今注】樓船將軍：官名。因率領水兵作戰，故名。

[6]【李賢注】刊，除也。

[7]【今注】浪泊：鄉里名。故址當在今越南河内市西北

一帶。

［8］【今注】禁谿：地名。東漢交阯郡有金溪穴，相傳音訛，謂之“禁谿”。在今越南河内市西北。

［9］【李賢注】《越志》云：“徵側兵起，都麊泠縣。及馬援討之，奔入金溪穴中，二年乃得之（穴，當據王先謙《後漢書集解》引沈欽韓説及中華本校勘記改作‘究’）。”【今注】案，正月，當作“四月”（參見曹金華《後漢書稽疑》，第351頁）。

［10］【李賢注】釃猶濾也（猶，殿本作“酒”）。《詩》曰：“釃酒有藇。”毛萇注云：“以筐曰釃。”釃音所宜反。

［11］【李賢注】《周禮》曰“車人爲車，行澤者欲短轂，行山者欲長轂，短轂則利，長轂則安”也。

［12］【李賢注】款猶緩也，言形段遲緩也。

［13］【今注】案，史，大德本、殿本作“吏”。

［14］【今注】案，王先謙《後漢書集解》謂《東觀記》“里”下有“塢”字。

［15］【李賢注】鳶，鴟也。跕跕，墯貌也。跕音都牒、泰牒二反。【今注】跕（dié）跕：下墜貌。

［16］【今注】金紫：金印紫綬簡稱。漢相國、丞相、太尉、左右前後將軍，皆金印紫綬。

援將樓船大小二千餘艘，戰士二萬餘人，進擊九真賊徵側餘黨都羊等，[1]自無功至居風，[2]斬獲五千餘人，嶠南悉平。[3]援奏言西于縣户有三萬二千，[4]遠界去庭千餘里，[5]請分爲封溪、望海二縣，許之。[6]援所過輒爲郡縣治城郭，穿渠灌溉，以利其民。條奏越律與漢律駁者十餘事，[7]與越人申明舊制以約束之，自後駱越奉行馬將軍故事。[8]

［1］【今注】案，大德本、殿本無“進”字。都羊，本書卷一下《光武帝紀下》作“都陽”。

［2］【李賢注】無功、居風，二縣名，並屬九真郡。居風，今愛州。【今注】無功：縣名。西漢置。屬九真郡。治所在今越南南定省西南。　居風：縣名。西漢置。治所在今越南清化省。

［3］【李賢注】嶠，嶺嶠也。《爾雅》曰：“山鋭而高曰嶠。”嶠音渠廟反。《廣州記》曰：“援到交阯，立銅柱，爲漢之極界也。”【今注】嶠南：今五嶺以南地區。

［4］【李賢注】西于縣屬交阯郡，故城在今交州龍編縣東也。【今注】西于縣：西漢置，治所在今越南河内市西北。

［5］【李賢注】庭，縣庭也。

［6］【李賢注】封溪、望海，縣，並屬交阯郡。【今注】封溪：縣名。一作“封谿”。東漢光武帝置，治所在今越南永福省安朗東。　望海：縣名。東漢光武帝時分西于縣置，屬交阯郡。治所在今越南河内市東北。

［7］【李賢注】駮，乖舛也。

［8］【李賢注】駱者，越别名。【今注】駱越：衆越族之一支。

二十年秋，振旅還京師，軍吏經瘴疫死者十四五。賜援兵車一乘，朝見位次九卿。[1]

［1］【今注】九卿：位次於“公”的朝廷高級官員的統稱。秦漢高級官吏可稱爲“卿”者包括奉常（太常）、郎中令（光禄勳）、衛尉、太僕、廷尉、典客（大鴻臚）、宗正、治粟内史（大司農）、少府、中尉（執金吾）等。但可稱爲“九卿”者不限九個，“九”衹是統稱虚數，用以泛指地位相當的高級官員。

援好騎，善别名馬，於交阯得駱越銅鼓，乃鑄爲馬式，[1]還上之。因表曰：[2]"夫行天莫如龍，行地莫若馬。[3]馬者甲兵之本，國之大用。安寧則以別尊卑之序，有變則以濟遠近之難。昔有騏驥，一日千里，伯樂見之，昭然不惑。[4]近世有西河子輿，亦明相法。子輿傳西河儀長孺，長孺傳茂陵丁君都，君都傳成紀楊子阿，臣援嘗師事子阿，受相馬骨法。考之於事，[5]輒有驗効。臣愚以爲傳聞不如親見，視景不如察形。今欲形之於生馬，則骨法難備具，又不可傳之於後。孝武皇帝時，[6]善相馬者東門京[7]鑄作銅馬法獻之，有詔立馬於魯班門外，則更名魯班門曰金馬門。[8]臣謹依儀氏鞨，中帛氏口齒，謝氏脣鬐，丁氏身中，備此數家骨相以爲法。"[9]馬高三尺五寸，圍四尺五寸。[10]有詔置於宣德殿下，以爲名馬式焉。

[1]【李賢注】式，法也。裴氏《廣州記》曰："俚獠鑄銅爲鼓，鼓唯高大爲貴，面闊丈餘。初成，懸於庭，剋晨置酒，招致同類，來者盈門。豪富子女以金銀爲大釵，執以叩鼓，叩竟，留遺主人也。"

[2]【今注】案，大德本無"還上之因"四字。

[3]【李賢注】《史記·平準書》曰："以爲在天莫如龍，在地莫如馬。"【今注】案，若，大德本、殿本作"如"。

[4]【李賢注】伯樂，秦穆公時善相馬者也。桓寬《鹽鐵論》曰："騏驥負鹽車，垂頭於太行之坂，見伯樂則噴而長鳴。"

[5]【今注】案，大德本、殿本"事"前有"行"字，是。

[6]【今注】孝武皇帝：即西漢武帝劉徹。

[7]【李賢注】東門，姓也；京，名也。

[8]【今注】金馬門：宫署門名。西漢都邑長安未央宫北門魯

班門。因門傍有銅馬，故名金馬門。漢代徵召來的人，都待詔公車，其中才能優異的待詔金馬門。

[9]【李賢注】援《銅馬相法》曰："水火欲分明。水火在鼻兩孔閒也。上脣欲急而方，口中欲紅而有光，此馬千里。頷下欲深，下脣欲緩。牙欲前向。牙欲去齒一寸（欲，當據劉攽《東漢書刊誤》刪），則四百里；牙劍鋒，則千里。目欲滿而澤。腹欲充，膁欲小，季肋欲長，懸薄欲厚而緩。懸薄，股也。腹下欲平滿，汗溝欲深長，而膝本欲起，肘腋欲開，膝欲方，蹄欲厚三寸（三，殿本作'二'），堅如石。"鞬音居奇反。

[10]【今注】案，五，殿本作"四"。

初，援軍還，將至，故人多迎勞之，平陵人孟冀，[1]名有計謀，於坐賀援。援謂之曰："吾望子有善言，反同衆人邪？昔伏波將軍路博德開置七郡，裁封數百户；[2]今我微勞，猥饗大縣，功薄賞厚，何以能長久乎？先生奚用相濟？"冀曰："愚不及。"援曰："方今匈奴、烏桓尚擾北邊，欲自請擊之。男兒要當死於邊野，以馬革裹屍還葬耳，[3]何能卧牀上在兒女子手中邪？"冀曰："諒爲烈士，當如此矣。"

[1]【今注】平陵：縣名。本西漢昭帝劉弗陵墓。西漢制度，以每一皇帝陵墓所在地設一縣。故昭帝時置平陵縣，治所在今陝西咸陽市西北。

[2]【李賢注】《漢書》曰，平南越以爲南海、蒼梧、鬱林、合浦、交阯、九真、日南、朱崖、儋耳九郡。今此言"七郡"，則與《前書》不同也。【今注】路博德：西漢武帝時期將領。元狩四年（前119），以右北平太守隨驃騎將軍霍去病北征匈奴，封邳離

侯。元鼎六年（前 111），以衛尉、伏波將軍的身份與樓船將軍楊僕等進擊嶺南，伐破南越國。太初元年（前 104），因罪被削爵。太初三年，以彊弩都尉屯守居延。傳見《漢書》卷五五。

［3］【今注】案，褢，紹興本、大德本、殿本作“裹”，是。

還月餘，會匈奴、烏桓寇扶風，[1]援以三輔侵擾，園陵危逼，因請行，許之。自九月至京師，十二月復出屯襄國。[2]詔百官祖道。援謂黄門郎梁松、竇固曰：[3]“凡人爲貴，當使可賤，如卿等欲不可復賤，居高堅自持，勉思鄙言。”松後果以貴滿致災，固亦幾不免。

［1］【今注】匈奴：中國古代北方民族之一，亦稱胡。戰國後期興起。秦至西漢前期，占有大漠南北廣大地區。武帝大規模反擊後，匈奴勢力漸衰。宣帝以後，南匈奴在呼韓邪單于帶領下附漢。東漢光武帝建武二十四年（48），匈奴又分裂爲南北二部，南匈奴附漢，北匈奴在漢與南匈奴的打擊下逐漸西遷。傳見本書卷八九。　烏桓：中國古代北方民族之一。游牧部落東胡族的一支，依居烏桓山，因以爲名。主要游牧於大興安嶺南端。西漢前期依附於匈奴，武帝以後附漢，遷至東北邊郡塞外。東漢獻帝建安十二年（207），曹操遷烏桓萬餘落於中原，部分留居長城一帶。此後逐漸與漢族及其他民族相融合。傳見本書卷九〇。

［2］【李賢注】襄國，縣名，屬趙國，今邢州龍崗縣也。【今注】襄國：縣名。秦時爲信都，項羽改信都縣置。以趙襄子謚爲名。治所在今河北邢臺市西南。

［3］【今注】黄門郎：官名。即黄門侍郎。秩六百石，無定員。掌侍從左右，關通中外。諸王朝見，則引王朝坐。　梁松：字伯孫，安定烏氏（今寧夏固原市東南）人。傳見本書卷三四。　竇

固：字孟孫，扶風平陵（今陜西咸陽市西北）人。傳見本書卷二三。

明年秋，援乃將三千騎出高柳，[1]行鴈門、代郡、上谷障塞。[2]烏桓候者見漢軍至，虜遂散去，援無所得而還。

[1]【今注】高柳：縣名。治所在今山西陽高縣西北。

[2]【今注】鴈門：郡名。秦、西漢時治善無縣（今山西左雲縣西南），東漢移治陰館縣（今山西代縣西北）。　代郡：因位處古之代國地，故名。秦、西漢時治代縣（今河北蔚縣東北）。東漢時移治高柳縣（今山西陽高縣西北）。　上谷：郡名。治沮陽縣（今河北懷來縣東南）。

援嘗有疾，梁松來候之，獨拜牀下，援不答。松去後，諸子問曰："梁伯孫帝壻，[1]貴重朝廷，公卿已下莫不憚之，大人奈何獨不爲禮？"援曰："我乃松父友也。[2]雖貴，何得失其序乎？"[3]松由是恨之。

[1]【李賢注】松尚舞陰公主。《爾雅》曰："女子之夫爲壻。"

[2]【李賢注】松父統也。

[3]【李賢注】《禮記》曰："見父之執友（殿本無'友'字），不謂之進不敢進，不謂之退不敢退，不問不敢對。"鄭玄曰："敬父同志如事父也。"

二十四年，武威將軍劉尚擊武陵五溪蠻夷，[1]深入，軍没，援因復請行。時年六十二，帝愍其老，未許之。援自請曰："臣尚能被甲上馬。"帝令試之。援據鞍顧眄，以示可用。帝笑曰："矍鑠哉是翁也！"[2]遂遣援率中郎將馬武、耿舒、劉匡、孫永等，[3]將十二郡募士及弛刑四萬餘人征五溪。[4]援夜與送者訣，謂友人謁者杜愔曰："吾受厚恩，年迫餘日索，[5]常恐不得死國事。今獲所願，甘心瞑目，但畏長者家兒或在左右，或與從事，殊難得調；介介獨惡是耳。"[6]明年春，軍至臨鄉，[7]遇賊攻縣，援迎擊，破之，斬獲二千餘人，皆散走入竹林中。

[1]【李賢注】酈元注《水經》云"武陵有五溪，謂雄溪、樠溪、酉溪、潕溪、辰溪，悉是蠻夷所居，故謂五溪蠻"。皆槃瓠之子孫也。土俗"雄"作"熊"，"樠"作"朗"，"潕"作"武"，在今辰州界。【今注】劉尚：東漢將領。光武帝建武初年，爲武威將軍，參與討伐公孫述、隗囂等。建武十九年（43），西南蠻寇益州郡，尚率軍討之。二十三年，南郡蠻叛，尚討破之。旋進討武陵蠻，戰於沅水，死。事迹見本書卷一下《光武帝紀下》、卷一八《吴漢傳》、卷八六《南蠻西南夷傳》等。　武陵：郡名。秦昭王時置黔中郡，西漢高帝時改爲武陵郡，治義陵縣（今湖南溆浦縣南）。東漢時移治臨沅縣（今湖南常德市武陵區）。　五溪蠻夷：部族名。五溪，也作"武溪"。秦漢時南方少數民族中蠻族的一支。爲盤瓠蠻的分支。

[2]【李賢注】矍鑠，勇貌也。《東觀記》作"矆哉是翁"。矆音許縛反。

[3]【今注】馬武：字子張，南陽湖陽（今河南唐河縣西南）人。傳見本書卷二二。　耿舒：耿弇之弟。事迹見本書卷一九《耿

弇傳》。

［4］【今注】弛刑：即弛刑徒。以戍邊或從事其他兵役、勞役爲代價而獲得減免刑罰的刑徒。他們被解除枷鎖，所以稱弛刑徒。在居延漢簡中常常寫作“施刑”。

［5］【李賢注】索，盡也。

［6］【李賢注】長者家兒謂權要子弟等。介介猶耿耿也。

［7］【李賢注】《東觀記》曰“二月到武陵臨鄉”也（鄉，大德本作“縣”）。【今注】臨鄉：縣名。治所在今湖南常德市西南古城山上。

初，軍次下雋，[1]有兩道可入，從壺頭則路近而水嶮，[2]從充則塗夷而運遠，[3]帝初以爲疑。及軍至，耿舒欲從充道，援以爲弃日費糧，不如進壺頭，搤其喉咽，[4]充賊自破。以事上之，帝從援策。三月，進營壺頭。賊乘高守隘，水疾，船不得上。會暑甚。士卒多疫死，援亦中病，遂困，乃穿岸爲室，以避炎氣。[5]賊每升險鼓譟，援輒曳足以觀之，左右哀其壯意，莫不爲之流涕。耿舒與兄好畤侯弇書曰：“前舒上書當先擊充，糧雖難運而兵馬得用，軍人數萬争欲先奮。今壺頭竟不得進，大衆怫鬱行死，誠可痛惜。前到臨鄉，賊無故自致，若夜擊之，即可殄滅。伏波類西域賈胡，到一處輒止，[6]以是失利。今果疾疫，皆如舒言。”弇得書，奏之。帝乃使虎賁中郎將梁松乘驛責問援，因代監軍。會援病卒，松宿懷不平，[7]遂因事陷之。帝大怒，追收援新息侯印綬。

［1］【李賢注】下雋，縣名，屬長沙國，故城今辰州沅陵縣。雋音字兖反。【今注】下雋：縣名。治所在今湖北通城縣西北。

［2］【李賢注】壺頭，山名也，在今辰州沅陵東（沅，紹興本、大德本作“元”）。《武陵記》曰“此山頭與東海方壺山相似，神仙多所游集，因名壺頭山”也。【今注】壺頭：山名。在今湖南沅陵縣東北。

［3］【李賢注】充，縣名，屬武陵郡。充音昌容反。【今注】充：縣名。治所在今湖南桑植縣東。

［4］【李賢注】搤，持也。

［5］【李賢注】《武陵記》曰“壺頭山邊有石窟，即援所穿室也（室，大德本作‘石’）。室内有蛇如百斛舩大，云是援之餘靈”也。

［6］【李賢注】言似商胡，所至之處輒停留。賈音古。

［7］【李賢注】以援往受其拜。

初，兄子嚴、敦並喜譏議，[1]而通輕俠客。援前在交阯，還書誡之曰：“吾欲汝曹聞人過失，如聞父母之名，耳可得聞，口不可得言也。好論議人長短，妄是非正法，[2]此吾所大惡也，寧死不願聞子孫有此行也。汝曹知吾惡之甚矣，所以復言者，施衿結褵，申父母之戒，[3]欲使汝曹不忘之耳。龍伯高敦厚周慎，口無擇言，謙約節儉，廉公有威，吾愛之重之，願汝曹效之。杜季良豪俠好義，憂人之憂，樂人之樂，清濁無所失，[4]父喪致客，數郡畢至，吾愛之重之，不願汝曹効也。効伯高不得，猶爲謹勑之士，所謂刻鵠不成尚類鶩者也。[5]效季良不得，陷爲天下輕薄子，所謂畫虎不成反類狗者也。訖今季良尚未可知，郡將下車輒切齒，州郡以爲言，吾常爲寒心，是以不願子孫效也。”季良名保，京兆人，[6]時爲越騎司馬。[7]保仇人上書，訟保“爲行浮薄，亂群惑衆，伏波將軍萬里還書以誡兄子，而梁松、竇固以之交結，將扇其輕僞，敗亂諸夏”。書奏，帝召責松、固，以訟書及援誡書示之，松、固叩頭流血，而得不罪。詔免保官。伯高名述，亦京兆人，爲山都長，[8]由此擢拜零陵太守。[9]

[1]【李賢注】並余之子也。喜音許吏反（吏，殿本作“慮”）。

[2]【李賢注】謂譏刺時政也。

[3]【李賢注】《説文》曰：“衿，交衽也。”《詩》云：“親結其褵。”毛萇注云：“褵，婦人之褘也，女施衿結帨。”《爾雅》曰：“褵，緌也。”郭璞注曰：“即今之香纓也。”《儀禮》，父戒女曰“戒之敬之，夙夜無違命”；母戒之曰“戒之敬之，夙夜無違宫事”也。

[4]【李賢注】輕重合宜。

[5]【李賢注】鶩，鴨也。

[6]【今注】京兆：即京兆尹，政區名。相當於郡級，因地屬西漢長安京畿地區，故不稱郡。景帝時分秦内史爲左、右内史，武帝太初元年（前104）更右内史名京兆尹，治長安縣（今陝西西安市西北）。

[7]【李賢注】《續漢書》曰：“越騎司馬秩千石。”【今注】越騎司馬：官名。越騎校尉之屬官。秩千石。

[8]【李賢注】山都，縣，屬南陽郡，故城在今襄州義清縣東北，今名固城也。【今注】山都：縣名。秦置。東漢改爲侯國，治所在今湖北穀城縣西南。

[9]【李賢注】今永州也。【今注】零陵：郡名。西漢武帝時置，治零陵縣（今廣西興安縣東北）。東漢時移治泉陵縣（今湖南永州市零陵區）。

初，援在交阯，常餌薏苡實，用能輕身省慾，以勝瘴氣。[1]南方薏苡實大，援欲以爲種，軍還，載之一車。時人以爲南土珍怪，權貴皆望之。援時方有寵，故莫以聞。及卒後，有上書譖之者，以爲前所載還，皆明珠文犀。[2]馬武與於陵侯侯昱等[3]皆以章言其狀，帝益怒。援妻孥惶懼，不敢以喪還舊塋，裁買城西數畝地槀葬而已。[4]賓客故人莫敢弔會。嚴與援妻子草索相連，詣闕請罪。帝乃出松書以示之，方知所坐，上書訴冤，前後六上，辭甚哀切，然後得葬。

[1]【李賢注】《神農本草經》曰："薏苡味甘，微寒，主風溼痹下氣，除筋骨邪氣，久服輕身益氣。"

[2]【李賢注】犀之有文彩也。

[3]【李賢注】昱，司徒侯霸之子也。【今注】侯昱：河南密（今河南新密市東南）人。事見本書卷二六《侯霸傳》。

[4]【李賢注】裁，僅也，與纔同。槀，草也。以不歸舊塋，時權葬，故稱槀。

又前雲陽令同郡朱勃詣闕上書曰：[1]

[1]【今注】雲陽：縣名。治所在今陝西淳化縣西北。

臣聞王德聖政，不忘人之功，[1]採其一美，不求備於衆。[2]故高祖赦蒯通而以王禮葬田横，[3]大臣曠然，咸不自疑。夫大將在外，讒言在内，微過輒記，大功不計，誠爲國之所慎也。故章邯畏口而奔楚，[4]燕將據聊而不下。[5]豈其甘心末規哉，悼巧言之傷類也。[6]

[1]【李賢注】《周書》曰："記人之功，忘人之過，宜爲君也。"

[2]【李賢注】《論語》周公謂魯公曰："不使大臣怨乎不以，無求備於一人。"

[3]【李賢注】蒯通説韓信背漢，高祖徵通至，釋不誅。田横初自稱齊王，漢定天下，横猶以五百人保於海島，高祖追横，横自殺，以王禮葬之。並見《前書》也。【今注】蒯通：范陽（今河北淶水縣南）人。楚漢相爭時，曾説服韓信背漢自立。傳見《漢書》卷四五。 田横：戰國時齊國田氏之後。秦末陳勝、吴廣起義後，與其從兄田儋、田榮起兵反秦。田儋死後，與兄田榮擁田儋子田市爲齊王。秦亡後，因不滿項羽分封，齊國反楚。田市、田榮死後，田横立榮子田廣。田廣被韓信擊殺後，田横自立爲王。兵敗，率賓客五百餘人逃至海島。後漢高祖劉邦招降，田横於路上自殺。事見《史記》卷九四《田儋列傳》、《漢書》卷三三《田儋傳》。

[4]【李賢注】章邯爲秦將，使人請事，至咸陽，趙高不見，有不信之心。使還報，邯畏趙高讒之，遂降項羽。【今注】章邯：曾爲秦少府，陳勝、吴廣起義後，率軍先後擊破陳勝部將周文及陳勝的主力，又擊敗項梁，進而包圍趙鉅鹿。後爲項羽所敗，投降項羽，被封爲雍王。

[5]【李賢注】《史記》曰，燕將攻下聊城，人或讒之於燕，

燕將懼誅，因保守聊城不敢歸。聊即今博州聊城縣也。【今注】燕將：即樂毅。戰國時期燕昭王任爲上將軍，率五國攻打齊國，占領齊國七十餘城。燕昭王死後，燕惠王猜忌樂毅，樂毅降趙。

[6]【李賢注】末規猶下計也。《詩》云："巧言如簧。"類，善也。

竊見故伏波將軍新息侯馬援，拔自西州，欽慕聖義，閒關險難，[1]觸冒萬死，孤立群貴之間，傍無一言之佐，馳深淵，入虎口，豈顧計哉！[2]寧自知當要七郡之使，徼封侯之福邪？八年，車駕西討隗囂，國計狐疑，衆營未集，援建宜進之策，卒破西州。及吴漢下隴，冀路斷隔，唯獨狄道爲國堅守，士民飢困，寄命漏刻。援奉詔西使，鎮慰邊衆，乃招集豪傑，曉誘羌戎，謀如涌泉，埶如轉規，[3]遂救倒縣之急，[4]存幾亡之城，[5]兵全師進，因糧敵人，隴、冀略平，而獨守空郡，[6]兵動有功，師進輒克。誅鋤先零，緣入山谷，猛怒力戰，飛矢貫脛。又出征交阯，土多瘴氣，援與妻子生訣，無悔吝之心，[7]遂斬滅徵側，克平一州。[8]閒復南討，立陷臨鄉，師已有業，未竟而死，吏士雖疫，援不獨存。夫戰或以久而立功，或以速而致敗，深入未必爲得，不進未必爲非。人情豈樂久屯絶地，不生歸哉！惟援得事朝廷二十二年，北出塞漠，南度江海，[9]觸冒害氣，僵死軍事，[10]名滅爵絶，國土不傳。海内不知其過，衆庶未聞其毁，卒遇三夫之言，横被誣罔之讒，[11]家屬杜門，葬不歸墓，怨隙並興，宗親怖慄。死者不能自列，生者莫爲之訟，臣竊傷之。

[1]【李賢注】閒關猶崎嶇也。

[2]【李賢注】《戰國策》曰："魏安釐王畏秦，將入朝，周訢止之。王曰：'許綰爲我呪曰："若入不出，請徇寡人以首。"'周訢對曰：'今有人謂臣，入不測之泉，而徇臣以鼠首，可乎？綰之首猶鼠首也（鼠，大德本作"舅"）。囚王於不測之秦而徇王以首，竊爲王不取也（取，大德本作"用"）。'"司馬遷書曰"垂餌虎口"，又曰"夫人臣出萬死不顧一生之計，赴公家之難"。謂援使隗囂也。

[3]【李賢注】規，員也。《孫子》曰："戰如轉員石於萬仞之山者，埶也。"

[4]【李賢注】《孟子》曰："當今之時，行仁政，人悦之，猶解於倒縣也。"

[5]【李賢注】幾音祈。幾，近也。

[6]【李賢注】守音式授反。

[7]【李賢注】吝猶恨也。

[8]【李賢注】南海、蒼梧、鬱林、合浦、交阯、日南、九真皆屬交州。

[9]【今注】案，度，大德本作"渡"。

[10]【李賢注】僵，仆也。

[11]【李賢注】韓子曰："龐共與魏太子質於邯鄲，共謂魏王曰：'今一人言市有虎，王信乎？'王曰：'否。''二人言，王信乎？'王曰：'否。''三人言，王信乎？'曰：'寡人信。'龐共曰：'夫市無虎明矣，然三人言，誠市有虎。今邯鄲去魏遠於市，謗臣者過三人，願王熟察之（王，大德本作"主"）。'"

夫明主醲於用賞，約於用刑。高祖嘗與陳平金四萬斤以間楚軍，[1]不問出入所爲，豈復疑以錢穀間哉？夫操孔父之忠而不能自免於讒，此鄒陽之所悲也。[2]詩云："取彼讒人，投畀豺虎，豺虎不食，投畀有北。有北不受，投畀有昊。"[3]此言欲令上天而平其惡。惟陛下留思豎儒之言，[4]無使功臣懷恨黄泉。臣聞《春秋》之義，罪以功除；[5]聖王之祀，臣有五義。[6]若援，所謂以死勤事者也。願下公卿平援功罪，宜絶宜續，以厭海内之望。

[1]【今注】陳平：漢高祖劉邦重要謀臣。秦末陳勝、吴廣起義後，先後事魏王咎、項羽。劉邦還定三秦時，間行師漢。屢以奇策建功，先後封户牖侯、曲逆侯。惠帝時，歷任郎中令、左、右丞相。吕后死，與太尉周勃合謀誅滅吕氏，迎立文帝。世家見《史記》卷五六，傳見《漢書》卷四〇。

[2]【李賢注】《史記》鄒陽書曰："昔者，魯聽季孫之説而逐孔子，宋信子罕之計而囚墨翟。夫以孔、墨之辯，不能自免於讒諛。"

[3]【李賢注】《詩·小雅·巷伯篇》也。畀，與也。昊，昊天也。投與昊天，制其罰也。

[4]【李賢注】言如僮豎無知也（如，大德本、殿本作"其"）。高祖曰："豎儒幾敗吾事。"

[5]【李賢注】《公羊傳》曰："夏滅項。孰滅之？齊滅之。曷爲不言齊滅？爲桓公諱也，以桓公嘗有繼絶存亡之功（嘗，大德本、殿本作'常'），故君子爲之諱也。"

[6]【李賢注】《禮記》曰："夫聖王之制祀也，法施於人則

祀之，以死勤事則祀之，以勞定國則祀之，能禦大災則祀之，能捍大患則祀之。”

臣年已六十，常伏田里，竊感欒布哭彭越之義，[1]冒陳悲憤，戰慄闕庭。

[1]【李賢注】《前書》曰，彭越爲梁王，欒布爲梁大夫使於齊。越以謀反，梟首洛陽，詔有收視者捕之。布使還，奏事越頭下，祠而哭之。

書奏，報，歸田里。[1]

[1]【今注】案，大德本無“歸”字。

勃字叔陽，年十二能誦《詩》《書》。常候援兄況。勃衣方領，能矩步，[1]辭言嫺雅，[2]援裁知書，見之自失。況知其意，乃自酌酒慰援曰：“朱勃小器速成，智盡此耳，卒當從汝稟學，勿畏也。”[3]朱勃未二十，右扶風請試守渭城宰，[4]及援爲將軍，封侯，而勃位不過縣令。援後雖貴，常待以舊恩而卑侮之，勃愈身自親，及援遇讒，唯勃能終焉。肅宗即位，追賜勃子穀二千斛。[5]

[1]【李賢注】《續漢書》曰：“勃能説《韓詩》。”《前書音義》曰：“頸下施衿領正方，學者之服也。”矩步者，回旋皆中規矩。

［2］【李賢注】嫺音閑。嫺雅猶沈静也，司馬相如曰"雍容嫺雅"。

［3］【李賢注】稟，受也。

［4］【李賢注】渭城，縣名，故城在今咸陽縣東北。《前書音義》曰："試守者，試守一歲，乃爲真，食其全俸。"【今注】宰：官名。縣的最高長官。漢代縣的長官爲縣令、長。王莽時改稱宰。

［5］【李賢注】《東觀記》曰："章帝下詔曰：'告平陵令、丞：縣人故雲陽令朱勃，建武中以伏波將軍爵土不傳（不，大德本作"未"），上書陳狀，不顧罪戾，懷旌善之志，有烈士之風。《詩》云："無言不讎，無德不報。"其以縣見穀二千斛賜勃子若孫，勿令遠詣闕謝。'"【今注】肅宗：東漢章帝劉炟，廟號肅宗，公元75年至88年在位。紀見本書卷三。

初，援兄子壻王磐子石，[1]王莽從兄平阿侯仁之子也。[2]莽敗，磐擁富貲居故國，爲人尚氣節而愛士好施，有名江淮閒。後游京師，與衛尉陰興、大司空朱浮、齊王章共相友善。[3]援謂姊子曹訓曰："王氏，廢姓也。子石當屏居自守，而反游京師長者，[4]用氣自行，多所陵折，其敗必也。"後歲餘，磐果與司隸校尉蘇鄴、丁鴻事相連，[5]坐死洛陽獄。而磐子肅復出入北宫及王侯邸弟。援謂司馬吕种曰：[6]"建武之元，名爲天下重開。自今以往，海内日當安耳。但憂國家諸子並壯，而舊防未立，[7]若多通賓客，則大獄起矣。卿曹戒慎之！"及郭后薨，[8]有上書者，以爲肅等受誅之家，客因事生亂，慮致貫高、任章之變。[9]帝怒，乃下郡縣收捕諸王賓客，更相牽引，死者以千數。吕种亦豫其禍，臨命歎曰："馬將軍誠神人也！"

［1］【李賢注】子石，磐字也。

［2］【今注】平阿侯仁：此處指王譚子王仁。西漢成帝時，封帝舅王譚爲平阿侯。王譚死，子仁嗣侯。王仁爲人剛直，後爲王莽迫殺。事見《漢書》卷九八《元后傳》、卷九九《王莽傳》。

［3］【今注】衛尉：官名。九卿之一，秩中二千石。掌宫門衛士、宫中徼循事。詳見本書《百官志二》。　陰興：字君陵，南陽新野（今河南新野縣）人。傳見本書卷三二。　大司空：官名。金印紫綬。掌水土及營建工程。西漢成帝綏和元年（前8）改御史大夫爲大司空，與大司馬、大司徒並爲“三公”。東漢時改稱司空，與太尉、司徒並爲“三公”。詳見本書《百官志一》。　朱浮：字叔元，沛國蕭（今安徽蕭縣西北）人。傳見本書卷三三。

［4］【李賢注】長者謂豪俠者也。

［5］【今注】司隸校尉：官名。西漢武帝征和四年（前89）置司隸校尉，領兵一千二百人，捕巫蠱，督察大奸猾。後罷其兵，使糾察京師百官及所轄畿輔地區。哀帝時改稱司隸。東漢復稱司隸校尉，秩比二千石，糾察百官，上至諸侯、外戚、三公，下至地方郡守，並領一州，職權顯赫，與御史中丞、尚書令並稱“三獨坐”。詳見本書《百官志四》。　蘇鄴：東漢光武帝時爲司隸校尉，後下獄死。事迹見本書卷一下《光武帝紀下》。　丁鴻：字孝公，潁川定陵（今河南舞陽縣東北）人。傳見本書卷三七。

［6］【李賢注】是援行軍之司馬也。

［7］【李賢注】舊防，諸侯王子不許交通賓客。

［8］【今注】郭后：即光武郭皇后。紀見本書卷一〇上。

［9］【李賢注】張敖爲趙王，其相貫高。高祖不禮趙王，高恥之，置人壁中，欲害高祖。又任章父宣，霍氏女壻，坐謀反誅。宣帝祠昭帝廟，章乃玄服夜入廟，待帝至，欲爲逆。發覺，伏誅。並見《前書》。【今注】貫高：西漢初趙王張敖的相國。高祖劉邦過境趙國，不禮趙王，貫高遂欲謀殺高祖，不成。死於獄中。　任

章：西漢大將軍霍光的女婿。漢宣帝祭祀昭帝廟。欲行刺，被誅。

永平初，[1]援女立爲皇后。顯宗圖畫建武中名臣、列將於雲臺，[2]以椒房故，獨不及援。東平王蒼觀圖，[3]言於帝曰："何故不畫伏波將軍像？"帝笑而不言。至十七年，援夫人卒，乃更脩封樹，起祠堂。

[1]【今注】永平：東漢明帝劉莊的年號（58—75）。

[2]【李賢注】雲臺在南宫也。【今注】雲臺：臺名。在今河南洛陽市東郊洛陽市故城南宫内。東漢明帝時繪畫建武中名臣、列將像於雲臺。

[3]【今注】東平王蒼：劉蒼。傳見本書卷四二。東平，王國名。治無鹽縣（今山東東平縣東）。

建初三年，[1]肅宗使五官中郎將持節追策，[2]謚援曰忠成侯。

[1]【今注】建初：東漢章帝劉炟年號（76—84）。

[2]【今注】五官中郎將：官名。爲皇帝高級侍從官，秩比二千石。西漢武帝設中郎三將，其首爲五官中郎將，職領所屬諸郎。詳見本書《百官志二》。

四子：廖，防，光，客卿。

客卿幼而歧嶷，[1]年六歲，能應接諸公，專對賓客。嘗有死罪亡命者來過，客卿逃匿不令人知。外若訥而内沈敏。援甚奇之，以爲將相器，故以客卿字焉。[2]援卒後，客卿亦夭没。

[1]【今注】岐嶷（nì）：幼年聰慧、聰穎。

[2]【李賢注】張儀、虞卿並爲客卿，故取名焉。事見《史記》。【今注】客卿：戰國時期官名。別國人在本國做官，其位爲卿，以客禮待之，稱客卿。

論曰：馬援騰聲三輔，遨游二帝，及定節立謀，以干時主，將懷負鼎之願，蓋爲千載之遇焉。[1]然其戒人之禍，智矣，[2]而不能自免於讒隙。豈功名之際，理固然乎？[3]夫利不在身，以之謀事則智；慮不私己，以之斷義必厲。誠能回觀物之智而爲反身之察，若施之於人則能恕，自鑒其情亦明矣。[4]

[1]【李賢注】伊尹負鼎以干湯。光武與竇融書曰"千載之遇"也。

[2]【李賢注】謂誡竇固、梁松、王磐、吕种等，皆如所言也。

[3]【李賢注】居功名之地，讒構易興，而能免之者少矣。

[4]【李賢注】見人之謂智，自見之謂明。以自見之明爲見人之用，其於物理豈不通乎。

廖字敬平，少以父任爲郎。[1]明德皇后既立，[2]拜廖爲羽林左監、虎賁中郎將。[3]顯宗崩，受遺詔典掌門禁，遂代趙熹爲衞尉，肅宗甚尊重之。

[1]【李賢注】《東觀記》曰："廖少習《易經》，清約沈静。援擊武谿無功，卒于師，廖不得嗣爵。"

[2]【今注】明德皇后：即明德馬皇后。紀見本書卷一〇上。

[3]【今注】羽林左監：官名。東漢始置，秩六百石。主羽林

左騎。詳見本書《百官志二》。

時皇太后躬履節儉，事從簡約，廖慮美業難終，上疏長樂宮以勸成德政，[1]曰："臣案前世詔令，以百姓不足，起於世尚奢靡，故元帝罷服官，[2]成帝御浣衣，[3]哀帝去樂府。[4]然而侈費不息，至於衰亂者，百姓從行不從言也。[5]夫改政移風，必有其本。傳曰：'吴王好劍客，百姓多創瘢；楚王好細腰，宮中多餓死。'[6]長安語曰：[7]'城中好高髻，四方高一尺；城中好廣眉，四方且半額；城中好大袖，四方全匹帛。'斯言如戲，有切事實。前下制度未幾。後稍不行。雖或吏不奉法，良由慢起京師。今陛下躬服厚繒，斥去華飾，素簡所安，發自聖性。[8]此誠上合天心，下順民望，浩大之福，莫尚於此。陛下既已得之自然，猶宜加以勉勗，法太宗之隆德，戒成、哀之不終。[9]《易》曰：'不恒其德，或承之羞。'[10]誠令斯事一竟，[11]則四海誦德，聲薰天地，[12]神明可通，金石可勒，而況於行仁心乎，況於行令乎！願置章坐側，以當瞽人夜誦之音。"[13]太后深納之。朝廷大議，輒以詢訪。

[1]【今注】長樂宮：宮殿名。東漢都邑洛陽北宮建築群中之宮名。爲皇后或妃嬪所居之地。故址在今河南洛陽市東白馬寺一帶。

[2]【李賢注】《前書音義》曰："齊國舊有三服之官，春獻冠幘縰爲首服，紈素爲冬服，輕綃爲夏服。元帝約省，故罷之。"【今注】元帝：西漢元帝劉奭，公元前49年至前33年在位。紀見

《漢書》卷九。　服官：皇家製作衣物的機構。負責衣物製作，作工數千人。西漢元帝時罷省。

[3]【今注】成帝：西漢成帝劉驁，公元前33年至前7年在位。紀見《漢書》卷一〇。　浣衣：本指洗好的衣物。這裏當指負責洗衣的部門。

[4]【李賢注】哀帝即位，詔罷鄭衛之音，減郊祭及武樂等人數也。【今注】哀帝：西漢哀帝劉欣，公元前7年至前1年在位。紀見《漢書》卷一一。　樂府：西漢武帝設立的音樂官署。哀帝初即位，即罷樂府官。

[5]【李賢注】《書》曰："違上所命，從厥攸好。"

[6]【李賢注】墨子曰"楚靈王好細腰，而國多餓人"也。

[7]【李賢注】當時諺言（言，殿本作"也"）。

[8]【李賢注】言儉素約簡，后之所安。

[9]【李賢注】太宗，孝文也。玄默爲化，身衣弋綈。成帝下詔，務崇儉約，禁斷綺縠、女樂、嫁娶葬埋過制，唯青緑人所常服不禁。哀帝初即位，易帷帳，去錦繡，乘輿席緣綈繒而已。成帝以趙飛燕，哀帝以董賢，爲儉並不終。【今注】太宗：西漢文帝劉恒，公元前180年至前157年在位。廟號太宗，謚號孝文。紀見《史記》卷一〇、《漢書》卷四。

[10]【李賢注】《恒卦·九三·爻詞》也（三，原作"二"，據紹興本、大德本、殿本及今本《周易》徑改）。巽下震上，鄭玄注云："巽爲進退，不恒其德之象。又互體兑，兑爲毀折，後將有羞辱也。"

[11]【李賢注】竟猶終也。

[12]【李賢注】薰猶蒸也，言芳聲薰天地也。

[13]【李賢注】瞽人，無目者也。古者瞽師教國子誦六詩。《前書·禮樂志》云"乃采詩夜誦"。夜誦者，其辭或祕，不可宣露，故於夜中歌誦也。【今注】夜誦：樂官名。曹金華《後漢書稽

疑》謂李賢注承顔師古注之誤（第359頁）。

廖性質誠畏慎，不愛權埶聲名，盡心納忠，不屑毀譽。[1]有司連據舊典，奏封廖等，累讓不得已，建初四年，遂受封爲順陽侯，[2]以特進就弟。[3]每有賞賜，輒辭讓不敢當，京師以是稱之。

[1]【李賢注】王逸注《楚詞》云："屑，顧也。"

[2]【今注】順陽：侯國名。西漢置博山縣，東漢改爲順陽侯國，屬南陽郡。治所在今河南内鄉縣西南。

[3]【今注】特進：官名。漢制，凡大臣中功德高重爲朝廷所敬異者，賜位特進，以示恩寵，其地位在三公下、二千石上。案，弟，大德本、殿本作"第"。

子豫，爲步兵校尉。[1]太后崩後，馬氏失埶，廖性寬緩，不能教勒子孫，豫遂投書怨誹。又防、光奢侈，好樹黨與。八年，有司奏免豫，遣廖、防、光就封。豫隨廖歸國，考擊物故。[2]後詔還廖京師。永元四年，[3]卒。和帝以廖先帝之舅，厚加賵賻，[4]使者弔祭，王主會喪，[5]謚曰安侯。[6]

[1]【今注】步兵校尉：官名。西漢武帝時始置。掌上林苑門屯兵。東漢沿置，掌宿衛兵。有司馬一人，員吏七十三人。領士七百人。詳見本書《百官志四》。

[2]【李賢注】物，無也；故，事也：謂死也。【今注】物故：死亡。

[3]【今注】永元：東漢和帝劉肇年號（89—105）。

[4]【今注】賵（fèng）賻（fù）：贈送助葬用的財物。

[5]【今注】王主：諸王、公主，皇帝的兒女。

[6]【今注】案，安，殿本作“哀”。

子遵嗣，徙封程鄉侯。遵卒，無子，國除。元初三年，[1]鄧太后詔封廖孫度爲潁陽侯。[2]

[1]【今注】元初：東漢安帝劉祜年號（114—120）。

[2]【今注】鄧太后：即和熹鄧皇后。紀見本書卷一〇上。案，詔，中華本據殿本考證改作“紹”。 潁陽：縣名。治所在今河南襄城縣東北。案，曹金華《後漢書稽疑》謂潁陽當作“順陽”（第359頁）。順陽，侯國名。屬南陽郡。治所在今河南内鄉縣西南。

防字江平，永平十二年，與弟光俱爲黄門侍郎。[1]肅宗即位，拜防中郎將，[2]稍遷城門校尉。[3]

[1]【今注】黄門侍郎：官名。秩六百石，無定員。掌侍從左右，關通中外。諸王朝見，則引王朝坐。

[2]【今注】中郎將：官名。爲中郎的長官。西漢武帝設中郎三將，分五官、左、右三署，隸署光禄勳，秩比二千石。職掌護衛侍從天子。至東漢，三署中郎將主要協助光禄勳考課察舉三署諸郎。東漢還遣中郎將領兵，遂增設東、西、南、北四中郎將，以征討四方，類似將軍。詳見本書《百官志二》。

[3]【今注】城門校尉：官名。西漢始置，東漢因之。主管京師城門屯兵。詳見本書《百官志四》。

建初二年，金城、隴西保塞羌皆反，[1]拜防行車騎將軍事，[2]以長水校尉耿恭副，[3]將北軍五校兵及諸郡積射士三萬人擊之。[4]軍到冀，[5]而羌豪布橋等圍南部都尉於臨洮。[6]防欲救之，臨洮道險，車騎不得方駕，防乃别使兩司馬將數百騎，[7]分爲前後軍，去臨洮十餘里爲大營，多樹幡幟，揚言大兵旦當進。羌候見之，馳還言漢兵盛不可當。明旦遂鼓譟而前，羌虜驚走，因追擊破之，斬首虜四千餘人，遂解臨洮圍。防開以恩信，燒當種皆降，唯布橋等二萬餘人在臨洮西南望曲谷。[8]十二月，羌又敗耿恭司馬及隴西長史於和羅谷，[9]死者數百人。明年春，防遣司馬夏駿將五千人從大道向其前，潛遣司馬馬彭將五千人從閒道衝其心腹，又令將兵長史李調等將四千人繞其西，三道俱擊，復破之，斬獲千餘人，得牛羊十餘萬頭。羌退走，夏駿追之，反爲所敗。防乃引兵與戰於索西，又破之。[10]布橋迫急，將種人萬餘降。詔徵防還，拜車騎將軍，城門校尉如故。

[1]【李賢注】羌，東吾燒當之後也，以其父滇吾降漢，乃入居塞内，故稱保塞。

[2]【今注】行車騎將軍事：攝行車騎將軍職責。

[3]【今注】長水校尉：官名。漢代京師屯兵八校尉之一，秩二千石。掌長水胡騎。詳見本書《百官志四》。　耿恭：字伯宗，扶風茂陵（今陝西興平市東北）人。傳見本書卷一九。

[4]【今注】北軍五校兵：指東漢京師常備軍之一的北軍兵士。因北軍分屯騎、越騎、長水、射聲、步兵五校，故稱五校士。

積射士：漢代專門兵種之一。積，通“迹”，即追尋形迹而射擊的人。

［5］【今注】冀：縣名。治所在今甘肅甘谷縣東南。

［6］【今注】南部都尉：官名。兩漢時，郡國設置都尉主兵事。東漢光武帝省都尉併於太守，邊郡不省併。隴西郡設有南部都尉。　臨洮：縣名。以臨洮水而得名。治所在今甘肅岷縣。

［7］【今注】司馬：官名。漢宮門及大將軍、將軍、校尉屬官皆有司馬。邊郡則置千人司馬。

［8］【李賢注】酈元注《水經》云望曲在臨洮西南，去龍桑城二百里。【今注】案，二，底本原作“一”，據紹興本、大德本、殿本徑改。　望曲谷：地名。在今甘肅岷縣西南。

［9］【今注】隴西長史：官名。漢代於邊郡守置長史，掌兵屬。隴西長史即隴西郡掌兵屬之官。　和羅谷：山谷名。在今甘肅蘭州市西與青海海東市樂都區東南交界地一帶。

［10］【李賢注】索西，縣名，故城在今岷州和政縣東，亦名臨洮東城，亦謂之赤城。《沙州記》云：“從東洮至西洮一百二十里。”東洮即謂此城。【今注】索西：縣名。治所在今甘肅岷縣東北。一説索西非縣名（參見曹金華《後漢書稽疑》，第360頁）。

防貴寵最盛，與九卿絶席。光自越騎校尉遷執金吾。[1]四年，封防潁陽侯，光爲許侯，[2]兄弟二人各六千户。防以顯宗寢疾，入參醫藥，又平定西羌，增邑千三百五十户。屢上表讓位，俱以特進就弟。[3]皇太后崩，明年，拜防光禄勳，[4]光爲衛尉。防數言政事，多見採用。是冬始施行十二月迎氣樂，防所上也。[5]子鉅，爲常從小侯。[6]六年正月，以鉅當冠，[7]特拜爲黄門侍郎。肅宗親御章臺下殿，[8]陳鼎俎，自臨冠之。明年，防復以病乞骸骨，詔賜故中山王田廬，[9]以特進就弟。

［1］【今注】執金吾：官名。九卿之一，秩中二千石。掌執兵革以禦非常，爲京師宫外之警衛及防非常水火之事。詳見本書《百官志四》。

［2］【今注】案，許侯，大德本、殿本作“許陽侯”。許，縣名。治所在今河南許昌市東。

［3］【今注】案，弟，殿本作“第”。本段下同。

［4］【今注】光禄勳：官名。九卿之一，秩中二千石。爲宫内總管，掌宫殿門户，統領皇帝的顧問參議、宿衛侍從、傳達接待等官。

［5］【李賢注】解見《章帝紀》。

［6］【李賢注】以小侯故得常從也。【今注】小侯：當指列侯的未成年繼承人。張家山漢簡《二年律令》有關於“小爵”的規定。

［7］【李賢注】《禮記》曰二十弱冠。《儀禮》曰，士冠，筮於廟門，主人玄冠朝服，有司如主人服。卒筮旅占告吉，若不吉即筮遠日如初。前期三日，筮賓如求日之儀。陳服于房中西墉下，東領北上。始加緇布冠，次加皮弁，次加爵弁。嫡子冠於阼，以著代也。三加而彌尊，冠而字之，敬其名也。祝曰：“令月吉辰，加爾元服，弃爾幼志，順爾成德。”

［8］【今注】章臺：宫殿門。洛陽北宫有章臺門。

［9］【李賢注】中山王焉以郭太后少子故，獨留京師。建武三十年徙封中山，永平二年就國，故以其田廬賜防也。【今注】中山王：即中山簡王劉焉。傳見本書卷四二。中山，郡國名。治盧奴縣（今河北定州市）。

防兄弟貴盛，奴婢各千人已上，資産巨億，皆買京師膏腴美田，又大起弟觀，[1]連閣臨道，彌亘街路，多聚聲樂，曲度比諸郊廟。[2]賓客奔湊，四方畢至，京兆杜篤之徒數百人，[3]常爲食客，居門下。刺史、守、令多出其家。歲時賑給鄉間，故人莫不周洽。防又多牧馬畜，賦斂羌胡。帝不喜之，數加譴勑，所以禁遏甚備，由是權埶稍損，賓客亦衰。八年，因兄子豫怨謗事，有司奏防、光兄弟奢侈踰僭，濁亂聖化，悉免就國。臨上路，詔曰："舅氏一門，俱就國封，四時陵廟無助祭先后者，朕甚傷之。其令許侯思僁田廬，有司勿復請，[4]以慰朕渭陽之情。"[5]

[1]【今注】案，弟，大德本、殿本作"第"。

[2]【李賢注】曲度謂曲之節度也。

[3]【今注】杜篤：字季雅，京兆杜陵（今陝西西安市）人。傳見本書卷八〇上。

[4]【李賢注】留之於京，守田廬而思僁過也。【今注】僁：同"愆"。過錯。

[5]【李賢注】渭陽，《詩·秦風》也。秦康公送舅晉文公于渭之陽，念母之不見也。其詩曰："我見舅氏，如母存焉。"

光爲人小心周密，喪母過哀，[1]帝以是特親愛之，乃復位特進。子康，黄門侍郎。永元二年，光爲太僕，[2]康爲侍中。[3]及竇憲誅，光坐與厚善，復免就封。後憲奴誣光與憲逆，自殺，[4]家屬歸本郡。本郡復殺康，而防及廖子遵皆坐徙封丹陽。[5]防爲翟鄉侯，租歲限三百萬，不得臣吏民。防後以江南下溼，上書乞歸本郡，和帝聽之。十三年，卒。

［1］【李賢注】《東觀記》曰："光遭母喪，哀慟感傷，形骸骨立。"

［2］【今注】太僕：官名。九卿之一，秩中二千石。掌皇帝車馬。皇帝每出，奏駕上鹵簿用；大駕則執馭。詳見本書《百官志二》。

［3］【今注】侍中：官名。皇帝近侍官。侍從皇帝，出入宮廷，顧問應對。西漢非正式職官，也無定額，衹作爲官員本官外新加稱號。東漢地位日尊，由加官發展成秩比二千石的實職，爲皇帝心腹，多以外戚、功臣子弟及師儒重臣擔任。詳見本書《百官志三》。

［4］【李賢注】《東觀記》曰："奴名玉當。初，竇氏有事，玉當亡，私從光乞，不與。恨去，懷挾欲中光。官捕得玉當，因告言光與憲有惡謀，光以被誣不能自明，乃自殺。光死後，憲他奴郭扈自出證明光、憲無惡言，光子朗上書迎光喪葬舊塋，詔許之。"

［5］【今注】丹陽：郡名。西漢武帝時改鄣郡置丹陽。治宛陵縣（今安徽宣城市）。

子鉅嗣，後爲長水校尉。永初七年，[1]鄧太后詔諸馬子孫還京師，隨四時見會如故事，復紹封光子朗爲合鄉侯。[2]

［1］【今注】永初：東漢安帝劉祜年號（107—113）。

［2］【今注】合鄉：縣名。治所在今山東滕州市東北。

嚴字威卿。父余，王莽時爲楊州牧。[1]嚴少孤，[2]

而好擊劍，習騎射。[3]後乃白援，從平原楊太伯講學，專心墳典，能通《春秋左氏》，[4]因覽百家群言，遂交結英賢，京師大人咸器異之。[5]仕郡督郵，[6]援常與計議，委以家事。弟敦，字孺卿，亦知名。援卒後，嚴乃與敦俱歸安陵，[7]居鉅下，[8]三輔稱其義行，號曰“鉅下二卿”。

［1］【今注】楊州：也作“揚州”。西漢武帝時所置十三刺史部之一。東漢初治歷陽縣（今安徽和縣），東漢末年移治壽春縣（今安徽壽縣）、合肥縣（今安徽合肥市西北）。

［2］【李賢注】《東觀記》（大德本、殿本“記”後有“曰”字）：“余卒時，嚴七歲，依姊壻父九江連率平阿侯王述。明年，母復終，會述失郡，居沛郡。建武三年，余外孫右扶風曹貢爲梧安侯相，迎嚴歸，養視之。至四年，叔父援從車駕東征，過梧安，乃將嚴兄弟西（大德本、殿本無‘嚴’字）。嚴年十三至雒陽，留寄郎朱仲孫舍，大奴步護視之也。”

［3］【李賢注】《東觀記》曰：“嚴從其故門生肆都學擊劍，習騎射。”

［4］【李賢注】《東觀記》曰，從司徒祭酒陳元受之。【今注】平原：縣名。治所在今山東平原縣西南。

［5］【李賢注】大人，長者之稱也。

［6］【今注】督郵：官名。漢置，爲郡之屬官，主督察所轄縣長吏政績、社會治安、法紀行政、催租點兵等，爲太守之耳目。每郡分若干部，每部設督郵一人領其職。

［7］【今注】安陵：縣名。西漢制度，以每一皇帝陵墓所在地設一縣，故惠帝時以惠帝陵墓安陵及周圍地區置縣，治所在今陝西咸陽市東北。案，曹金華《後漢書稽疑》：“本傳謂馬援‘扶風茂陵人’，《馬融傳》謂融‘扶風茂陵人也，將作大匠嚴之子’，此作

‘安陵’疑誤。”（第361頁）

［8］【李賢注】《決録注》曰：“鉅下，地名也。”

明德皇后既立，嚴乃閉門自守，猶復慮致譏嫌，遂更徙北地，[1]斷絶賓客。永平十五年，皇后勑使移居洛陽。顯宗召見，嚴進對閑雅，意甚異之，有詔留仁壽闥，與校書郎杜撫、班固等雜定建武注記。[2]常與宗室近親臨邑侯劉復等論議政事，甚見寵幸。後拜將軍長史，[3]將北軍五校士、羽林禁兵三千人，屯西河美稷，[4]衛護南單于，[5]聽置司馬、從事。[6]牧守謁敬，同之將軍。勑嚴過武庫，祭蚩尤，[7]帝親御阿閣，[8]觀其士衆，時人榮之。

［1］【今注】北地：郡名。治富平縣（今寧夏吴忠市西南黄河東岸）。

［2］【今注】校書郎：官名。東漢的國家藏書室東觀，由郎官典校秘書，稱爲校書郎。　杜撫：字叔和，犍爲武陽（今四川眉山市彭山區東北）人。傳見本書卷七九下。　班固：字孟堅，扶風安陵（今陝西咸陽市東北）人。東漢史學家。傳見本書卷四〇。

［3］【今注】將軍長史：官名。漢制，領軍之幕府，設長史、司馬各一人，秩千石，爲將軍屬官中地位較高者。

［4］【李賢注】美稷，縣名。【今注】美稷：縣名。治所在今内蒙古准格爾旗西北。

［5］【今注】南單于：單于爲匈奴首領稱號。當時匈奴分南北兩部，南匈奴首領稱爲南單于。

［6］從事：官名。漢制，司隸校尉和州刺史，置從事，也稱從事史，分掌政事。爲郡國從事，每郡國各一人，主督促文書，察舉

非法。

[7]【李賢注】武庫，掌兵器，令一人，秩六百石。《前書音義》曰："蚩尤，古天子，好五兵，故今祭之。"見《高祖紀》也（殿本無"也"字）。【今注】武庫：武器庫名。東漢儲藏兵器之所。故址在洛陽宫城東北隅。

[8]【李賢注】阿，曲也。

肅宗即位，徵拜御史中丞，[1]除子鱄爲郎，[2]令勸學省中。[3]其冬，有日食之災，嚴上封事曰："臣聞日者衆陽之長，食者陰侵之徵。《書》曰：'無曠庶官，天工人其代之。'[4]言王者代天官人也。故考績黜陟，以明褒貶。[5]無功不黜，則陰盛陵陽。[6]臣伏見方今刺史、太守專州典郡，不務奉事盡心爲國，而司察偏阿，取與自己，同則舉爲尤異，異則中以刑法，[7]不即垂頭塞耳，採求財賂。今益州刺史朱酺、楊州刺史倪説、[8]涼州刺史尹業等，每行考事，輒有物故，[9]又選舉不實，曾無貶坐，是使臣下得作威福也。故事，州部所舉上奏，[10]司直察能否以懲虚實。[11]今宜加防檢，式遵前制。舊丞相、御史親治職事，唯丙吉以年老優游，不案吏罪，[12]於是宰府習爲常俗，更共罔養，以崇虚名，[13]或未曉其職，便復遷徙，誠非建官賦禄之意。宜勑正百司，各責以事，州郡所舉，必得其人。若不如言，裁以法令。傳曰：'上德以寛服民，其次莫如猛。故火烈則人望而畏之，水懦則人狎而翫之。爲政者寛以濟猛，猛以濟寛。'[14]如此，綏御有體，災眚消矣。"[15]書奏，帝納其言而免酺等官。

［1］【今注】御史中丞：官名。秦置，漢因之。爲御史大夫之屬官，秩千石。在殿中蘭臺掌圖籍秘書，外督部刺史，内領侍御史，受公卿奏事，舉劾按章。東漢時，御史大夫已爲大司空，御史中丞便爲御史臺長官。詳見本書《百官志三》。案，御史，大德本、殿本作“侍御史”。

［2］【李賢注】鱄音時兖反。【今注】鱄：音 zhuān。　郎：官名。皇帝侍從，隸屬於光禄勳。

［3］【李賢注】勸，勉也。《前書》王鳳薦班伯於成帝，宜勸學，召見宴昵殿是也。

［4］【李賢注】《尚書》咎繇之詞。

［5］【李賢注】《尚書》曰：“三載考績，三考黜陟幽明。”

［6］【今注】案，則，大德本、殿本作“明”。

［7］【李賢注】中音丁仲反（音，原作“書”，據紹興本、大德本、殿本徑改）。

［8］【李賢注】倪音五兮反。説音悦。【今注】益州：郡名。治滇池縣（今雲南昆明市晉甯區東北晉城鎮）。

［9］【李賢注】考，按也。

［10］【今注】案，部，殿本作“郡”。

［11］【李賢注】《前書》武帝元狩五年，初置司直，比二千石，掌佐丞相舉不法。《續漢書》曰：“光武以武帝故事置司直，居丞相府，助督録諸州。建武十八年省之（十八，據本書卷一下《光武帝紀下》，當作‘十一’）。”

［12］【李賢注】丙吉字少卿，魯人也。宣帝時，爲丞相。掾史有罪，終無所驗。公府不按吏，自吉始也。見《前書》。

［13］【李賢注】罔養猶依違也。【今注】罔養：模棱兩可。

［14］【李賢注】《左傳》鄭子産誡子太叔爲政之詞也。

［15］【李賢注】眚亦災也。

建初元年，遷五官中郎將，除三子爲郎。嚴數薦達賢能，申解冤結，多見納用。復以五官中郎將行長樂衛尉事。[1]二年，拜陳留太守。[2]嚴當之職，乃言於帝曰："昔顯親侯竇固誤先帝出兵西域，置伊吾盧屯，[3]煩費無益。又竇勳受誅，其家不宜親近京師。"是時勳女爲皇后，竇氏方寵，時有側聽嚴言者，以告竇憲兄弟，由是失權貴心。嚴下車，明賞罰，發姦慝，郡界清静。時京師訛言賊從東方來，百姓奔走，轉相驚動，諸郡遑急，各以狀聞。嚴察其虚妄，獨不爲備。詔書敕問，使驛係道，嚴固執無賊，後卒如言。典郡四年，坐與宗正劉軼、少府丁鴻等更相屬託，[4]徵拜太中大夫；十餘日，遷將作大匠。[5]七年，復坐事免。後既爲竇氏所忌，遂不復在位。及帝崩，竇太后臨朝，嚴乃退居自守，訓教子孫。永元十年，卒於家，時年八十二。

[1]【今注】行長樂衛尉事：攝行長樂衛尉職責。

[2]【今注】陳留：郡名。治陳留縣（今河南開封市東南）。

[3]【今注】伊吾盧：城邑名。簡稱伊吾。在今新疆哈密市。本爲匈奴呼衍王庭。東漢時取之以通西域，置宜禾都尉，爲屯田、兵鎮之所。

[4]【今注】宗正：官名。秦置，漢因之，九卿之一，管理皇族和外戚事務。西漢平帝元始四年（4）更名宗伯。王莽代漢，又併其官於秩宗，東漢復名宗正，秩中二千石。詳見本書《百官志三》。　劉軼：初爲太子中庶子。後遷宗正，卒官。事迹見本書卷七九《儒林傳》等。　少府：官名。九卿之一，秩中二千石。西漢時主管皇室財政，東漢時掌管宮中服御諸物、衣服、寶貨、珍膳

等。詳見本書《百官志三》。　丁鴻：字孝公，潁川定陵（今河南舞陽縣東北）人。傳見本書卷三七。

[5]【今注】將作大匠：官名。列卿之一，二千石。掌修作宗廟、路寢、宮室、園陵土木之功。詳見本書《百官志四》。

弟敦，官至虎賁中郎將。嚴七子，[1]唯續、融知名。續字季則，七歲能通《論語》，十三明《尚書》，十六治《詩》，博觀群籍，善《九章筭術》。[2]順帝時，爲護羌校尉，[3]遷度遼將軍，[4]所在有威恩稱。融自有傳。

[1]【李賢注】謂固，伉，歆，鱄，融，留，續。

[2]【李賢注】劉徽《九章筭術》曰方田第一，粟米第二，差分第三（差分，紹興本作"羨外"），少廣第四，商功第五，均輸第六，盈不足第七，方程第八，句股第九。

[3]【今注】護羌校尉：官名。西漢武帝時置，持節以護西羌，王莽時罷。東漢光武帝時復置此官。詳見本書《百官志五》。

[4]【今注】度遼將軍：官名。雜號將軍之一。西漢已有，不常設。東漢明帝復置，最初用以防備南匈奴新降有二心者，後成爲常設官職。銀印青綬，秩二千石。詳見本書《百官志一》。

稜字伯威，援之族孫也。少孤，依從兄毅共居業，恩猶同産，毅卒無子，稜心喪三年。[1]

[1]【李賢注】《東觀記》曰："毅，張掖屬國都尉。"

建初中，仕郡功曹，[1]舉孝廉。[2]及馬氏廢，肅宗以棱行義，徵拜謁者。章和元年，[3]遷廣陵太守。[4]時穀貴民飢，奏罷鹽官，以利百姓，賑貧羸，薄賦税，興復陂湖，溉田二萬餘頃，吏民刻石頌之。[5]永元二年，轉漢陽太守，[6]有威嚴稱。大將軍竇憲西屯武威，棱多奉軍費，侵賦百姓，憲誅，坐抵罪。後數年，江湖多劇賊，以棱爲丹陽太守。棱發兵掩擊，皆禽滅之。轉會稽太守，[7]治亦有聲。轉河内太守。[8]永初中，坐事抵罪，卒于家。

[1]【今注】功曹：官名。即功曹掾或功曹史，爲漢代郡守、縣令長之佐吏，是郡縣屬吏中地位最高者。其職主考查記録功勞、參預任免賞罰，有時甚至代行郡守及縣令長之事。新莽政權覆亡後，劉秀任更始政權大司馬，屬官有功曹令史。

[2]【今注】孝廉：漢代選舉科目之一。孝廉指孝子、廉吏，原爲察舉二科，然常連稱，乃混爲一科。西漢武帝以後孝廉一科爲入仕正途。

[3]【今注】章和：東漢章帝劉炟年號（87—88）。

[4]【今注】廣陵：郡名。治廣陵縣（今江蘇揚州市西北蜀岡上）。

[5]【李賢注】《東觀記》曰："棱在廣陵，蝗蟲入江海，化爲魚蝦，興復陂湖，增歲租十餘萬斛。"

[6]【今注】漢陽：郡名。東漢明帝永平十七年（74）改天水郡置，治冀縣（今甘肅甘谷縣）。

[7]【今注】會稽：郡名。治山陰縣（今浙江紹興市）。

[8]【今注】河内：郡名。治懷縣（今河南武陟縣西南）。

贊曰：伏波好功，爰自冀、隴。南静駱越，西屠燒種。徂年已流，[1]壯情方勇。明德既升，[2]家祚以興。[3]廖乏三趣，防遂驕陵。[4]

[1]【今注】徂年：流年，光陰。

[2]【今注】升：指立爲皇后。

[3]【今注】家祚：家族的命運。

[4]【李賢注】《左氏傳》曰，宋正考甫三命滋益恭，"一命而僂，再命而傴，三命而俯，循牆而走，亦莫余敢侮"。

後漢書　卷二五

列傳第十五

卓茂　魯恭 弟丕　魏霸　劉寬

卓茂字子康，南陽宛人也。[1]父祖皆至郡守。茂，元帝時學於長安，[2]事博士江生，[3]習《詩》《禮》及歷筭，究極師法，稱爲通儒。性寬仁恭愛。鄉黨故舊，雖行能與茂不同，而皆愛慕欣欣焉。[4]

[1]【今注】南陽：郡名。治宛縣（今河南南陽市卧龍區）。

[2]【今注】元帝：西漢元帝劉奭，公元前49年至前33年在位。紀見《漢書》卷九。

[3]【李賢注】江生，魯人江翁也。昭帝時爲博士，號魯詩宗。見《前書》。【今注】博士：官名。掌通古今，備顧問。西漢武帝時，設五經博士，掌教授經學，國有疑事，掌承問對。東漢因置。

[4]【李賢注】《東觀記》曰："茂爲人恬蕩樂道，推實不爲華貌（推，殿本作'雅'），行己在於清濁之閒，自束髮至白首，與人未嘗有爭競。"

初辟丞相府史，事孔光，[1]光稱爲長者。時嘗出行，有人認其馬。茂問曰："子亡馬幾何時?"對曰："月餘日矣。"茂有馬數年，心知其謬，默解與之，[2]挽車而去，[3]顧曰："若非公馬，幸至丞相府歸我。"他日，馬主別得亡者，乃詣府送馬，叩頭謝之。茂性不好争如此。

[1]【今注】孔光：字子夏。孔子後裔。明經學，初舉議郎，後舉方正，爲諫大夫。後兩次任御史大夫、丞相，一任大司徒、太傅、太師，居公輔位十七年。西漢平帝元始五年（5）薨，年七十。傳見《漢書》卷八一。

[2]【今注】案，默，紹興本、大德本、殿本作"嘿"。

[3]【今注】案，大德本、殿本無"而"字。

後以儒術舉爲侍郎，給事黄門，[1]遷密令。[2]勞心諄諄，視人如子，[3]舉善而教，口無惡言，吏人親愛而不忍欺之。[4]人嘗有言部亭長受其米肉遺者，[5]茂辟左右問之曰："亭長爲從汝求乎?爲汝有事囑之而受乎?將平居自以恩意遺之乎?"人曰："往遺之耳。"茂曰："遺之而受，何故言邪?"人曰："竊聞賢明之君，使人不畏吏，吏不取人。今我畏吏，是以遺之，吏既卒受，故來言耳。"茂曰："汝爲敝人矣。凡人所以貴於禽獸者，以有仁愛，知相敬事也。今鄰里長老尚致饋遺，此乃人道所以相親，況吏與民乎?吏顧不當乘威力强請求耳。[6]凡人之生，群居雜處，故有經紀禮義以相交接。汝獨不欲修之，寧能高飛遠走，不在人間邪?亭長素善吏，歲時遺之，禮也。”人曰：“苟如此，律何故禁之？”茂笑曰：“律設大法，禮順人情。今我以禮教汝，汝必無怨惡；以律治汝，何所措其手足乎？一門之内，小者可論，大者可殺也。且歸念之！”於是人納其訓，吏懷其恩。初，茂到縣，有所廢置，吏人笑之，鄰城聞者皆蚩其不能。[7]河南郡爲置守令，[8]茂不爲嫌，理事自若。[9]數年，教化大行，道不拾遺。平帝時，天下大蝗，河南二十餘縣皆被其災，獨不入密縣界。督郵言之，[10]太守不信，自出案行，見乃服焉。

[1]【今注】給事黄門：官名。西漢有“給事黄門”之職，掌侍從左右。東漢時，稱給事黄門侍郎，秩六百石，給事禁中，關通中外。

[2]【李賢注】密，今洛州密縣也（今，底本作“令”，據殿本及文例徑改）。【今注】密：縣名。治所在今河南新密市東南。

[3]【李賢注】諄諄，忠謹之貌也。《詩》曰：“誨爾諄諄。”音之順反。

[4]【李賢注】《家語》曰：“密子賤爲單父宰（密，大德本、殿本作‘宓’），人不忍欺。”

[5]【李賢注】部謂所部也。【今注】案，嘗，大德本、殿本作“常”。 亭長：官名。秦漢基層行政建制，在主幹道每隔一定距離置一亭，設亭長，管理治安，接待有公務之過往官吏等事。詳見本書《百官志五》。

[6]【今注】案，曹金華《後漢書稽疑》謂顧當作“固”。《後漢紀》卷三作“固”（中華書局2014年版，第363頁）。

[7]【今注】案，蚩，殿本作“嗤”。

[8]【今注】河南郡：秦置三川郡，西漢高祖二年（前205）

改置河南郡。東漢光武帝建武十五年（39）因地屬京畿，改名河南尹。治洛陽縣（今河南洛陽市東北）。

[9]【李賢注】《東觀記》曰："守令與茂並居，久之，吏人不歸往守令。"

[10]【李賢注】《續漢志》曰（續漢，底本作"漢書"，據紹興本及本書《百官志》徑改）："郡監縣有五部，部有督郵掾，以察諸縣也。"【今注】督郵：官名。漢置，爲郡之屬官，主督察所轄縣長吏政績、社會治安、法紀行政、催租點兵等，爲太守之耳目。每郡分若干部，每部設督郵一人領其職。

是時王莽秉政，置大司農六部丞，勸課農桑，[1]遷茂爲京部丞，密人老少皆涕泣隨送。及莽居攝，[2]以病免歸郡，常爲門下掾祭酒，[3]不肯作職吏。

[1]【李賢注】王莽攝政，置大司農部丞十三人，人部一州，勸課農桑。今書及《東觀記》並言六部。【今注】王莽：字巨君，西漢元帝皇后王政君之侄，新朝建立者，公元8年至23年在位。在位期間依託儒家經典推出諸多改制措施，激化了社會矛盾。在緑林、赤眉軍打擊下，公元23年，王莽被殺，新朝滅亡。傳見《漢書》卷九九。　大司農六部丞：官名。西漢末王莽攝政時置，隸大司農，職掌勸課農桑。

[2]【今注】居攝：西漢孺子劉嬰年號（6—8）。因王莽效仿周公居攝踐祚而改元。

[3]【今注】門下掾祭酒：漢代郡縣長官之親近屬吏，或冠以門下之名。有門下祭酒，或稱門下掾祭酒，無實際職司，唯參議顧問。

更始立，[1]以茂爲侍中祭酒，[2]從至長安，知更始政亂，以年老乞骸骨歸。[3]

[1]【今注】更始：本指劉玄稱帝時的年號（23—25），這裏指劉玄。傳見本書卷一一。

[2]【李賢注】《續漢志》曰："侍中，無員，掌侍左右，顧問應對，本有僕射一人，中興轉爲祭酒。"【今注】侍中祭酒：官名。秦漢以侍中功高者一人爲僕射。東漢光武帝改僕射爲祭酒。此處記卓茂爲侍中祭酒，在更始朝。

[3]【今注】乞骸骨：古代官吏因年老請求退職，稱爲乞骸骨。意爲使骸骨得歸葬其故鄉。

時光武初即位，[1]先訪求茂，茂詣河陽謁見。[2]乃下詔曰："前密令卓茂，束身自修，執節淳固，誠能爲人所不能爲。夫名冠天下，當受天下重賞，故武王誅紂，封比干之墓，表商容之閭。[3]今以茂爲太傅，[4]封褒德侯，食邑二千户，[5]賜几杖車馬，衣一襲，絮五百斤"。[6]復以茂長子戎爲太中大夫，[7]次子崇爲中郎，[8]給事黄門。建武四年，[9]薨，賜棺槨冢地，車駕素服親臨送葬。

[1]【今注】光武：東漢光武帝劉秀，公元25年至57年在位。紀見本書卷一。

[2]【李賢注】《東觀記》曰，茂時年七十餘矣。【今注】河陽：縣名。因位於黄河北岸而得名。治所在今河南孟州市西。

[3]【李賢注】王子比干，紂殺之。商容，殷賢臣。武王入殷，命閎夭封比干之墓，命畢公表商容之閭。表，旌顯也。閭，里門也。事見《史記》。

[4]【今注】太傅：官名。古三公之一。周始置。西漢高后時置太傅，位次太師，後省。哀帝時復置太傅，與太師、太保並爲上公，位三公上。東漢上公僅有太傅，其録尚書事者，參預朝政，不加録尚書事者則無常職。詳見本書《百官志一》。

[5]【李賢注】《東觀記》《續漢書》皆作"宣德侯"。

[6]【李賢注】單複具謂之襲。

[7]【今注】太中大夫：官名。西漢秩比千石，東漢秩比二千石。侍從皇帝，掌議論，顧問應對。爲光禄勳屬官。詳見本書《百官志二》。

[8]【今注】中郎：官名。秦置，屬郎中令。漢沿置，供事禁中，護衛、侍從天子。武帝時屬光禄勳，分五官、左、右三署，三署分設中郎將統諸中郎。東漢中郎三署移至宫外，由宿衛侍從改掌選拔訓練儲備國家後備官員。

[9]【今注】建武：東漢光武帝劉秀年號（25—56）。

子崇嗣，徙封汎鄉侯，官至大司農。[1]崇卒，子棽嗣。[2]棽卒，子訢嗣。訢卒，子隆嗣。永元十五年，[3]隆卒，無子，國除。

[1]【李賢注】汎鄉在琅邪郡不其縣。【今注】汎：音 fàn。大司農：官名。秦時名治粟内史，西漢景帝更名爲大農令，武帝時又更名爲大司農，東漢亦置。秩中二千石，掌管錢穀金帛、貨幣等國家財政。

[2]【李賢注】棽音丑金反，又所金反。【今注】棽：音 chēn。

[3]【今注】永元：東漢和帝劉肇年號（89—105）。

初，茂與同縣孔休、陳留蔡勳、安衆劉宣、楚國龔勝、上黨鮑宣六人同志,[1]不仕王莽時,並名重當時。休字子泉,哀帝初,[2]守新都令。[3]後王莽秉權,休去官歸家。及莽篡位,遣使齎玄纁、束帛,[4]請爲國師,[5]遂歐血託病,杜門自絶。光武即位,求休、勳子孫,賜穀以旌顯之。劉宣字子高,安衆侯崇之從弟,知王莽當篡,乃變名姓,抱經書隱避林藪。建武初乃出,光武以宣襲封安衆侯。擢龔勝子賜爲上谷太守。[6]勝、鮑宣事在《前書》。勳事在玄孫邕傳。[7]

[1]【今注】陳留:郡名。治陳留縣(今河南開封市祥符區陳留鎮)。　蔡勳:喜黄老學説。西漢平帝時爲郿縣令。王莽時,不仕,携家入山中。　安衆:縣名。治所在今河南鄧州市東北。東漢改置爲安衆侯國。　楚國:郡國名。西漢高祖分泗水郡置。宣帝時改楚國爲彭城郡,不久又復爲楚國。東漢初改爲楚郡,章帝時改爲彭城國。治彭城縣(今江蘇徐州市)。　龔勝:西漢哀帝時爲諫議大夫,後爲渤海太守。王莽時,辭官,拒不應召,後餓死。傳見《漢書》卷七二。　上黨:郡名。秦、西漢、東漢前期治長子縣(今山西長子縣西南),後移治壺關縣(今山西長治縣北)。　鮑宣:字子都,渤海高城(今河北鹽山縣東南)人。西漢哀帝時爲諫大夫。後任司隸。王莽秉政,自殺。傳見《漢書》卷七二。

[2]【今注】哀帝:西漢哀帝劉欣,公元前7年至前1年在位。紀見《漢書》卷一一。

[3]【李賢注】新都,縣也,屬南陽郡。【今注】新都:侯國名。屬南陽郡。治所在今河南新野縣東南。後廢入新野。曹金華《後漢書稽疑》謂時王莽爲新都侯,"新都令"疑當作"新都相"(第364頁)。

[4]【今注】玄纁:指黑色和黄赤色的布帛。玄,黑色;纁,

黄赤色。古代帝王常用玄纁作爲聘請賢士的贄禮。　束帛：古代作爲聘問的禮物。五匹爲一束。

［5］【今注】國師：王莽時所置四輔官中有國師。

［6］【今注】上谷：郡名。治沮陽縣（今河北懷來縣東南）。

［7］【今注】邕傳：本書卷六〇《蔡邕傳》。據《蔡邕傳》，蔡勳爲蔡邕之六世祖。

論曰：建武之初，雄豪方擾，虓呼者連響，嬰城者相望，[1]斯固倥偬不暇給之日。[2]卓茂斷斷小宰，無它庸能，[3]時已七十餘矣，而首加聘命，優辭重禮，其與周、燕之君表閭立館何異哉？[4]於是蘊憤歸道之賓，[5]越關阻，捐宗族，以排金門者衆矣。夫厚性寬中近於仁，犯而不校鄰於恕，[6]率斯道也，怨悔曷其至乎！[7]

［1］【李賢注】虓，虎怒也。《詩》曰："闞如虓虎。"嬰城，言以城自嬰繞。

［2］【李賢注】《字書》曰："倥偬，窮困也。給，足也。"日促事多，不暇給足也。

［3］【李賢注】斷斷猶專一也。《書》曰（殿本無"曰"字）："斷斷猗無它伎（它伎，殿本作'他技'）。"

［4］【李賢注】《史記》燕昭王即位，欲雪齊恥，以招賢者，得郭隗，爲築宫而師事之。

［5］【李賢注】蘊，積也。

［6］【李賢注】校，報也。鄰，近也。曾子曰："犯而不校。"

［7］【李賢注】怨謂爲人所怨也。悔，恨也。

魯恭字仲康，扶風平陵人也。[1]其先出於魯傾公，[2]爲楚所滅，遷於下邑，因氏焉。世吏二千石，[3]哀平閒，[4]自魯而徙。祖父匡，王莽時，爲羲和，[5]有權數，號曰"智囊"。[6]父某，建武初，爲武陵太守，[7]卒官。時恭年十二，弟丕七歲，晝夜號踴不絶聲，郡中賻贈無所受，[8]乃歸服喪，禮過成人，鄉里奇之。十五，與母及丕俱居太學，習《魯詩》，[9]閉户講誦，絶人閒事，兄弟俱爲諸儒所稱，學士争歸之。

[1]【今注】扶風：即右扶風，政區名。相當於郡級，因地屬西漢長安京畿地區，故不稱郡。治長安縣（今陝西西安市西北）。平陵：縣名。本西漢昭帝劉弗陵墓。西漢制度，以每一皇帝陵墓所在地設一縣。故昭帝時置平陵縣，治所在今陝西咸陽市西北。

[2]【今注】案，傾，當據《史記》卷三三《魯周公世家》改作"頃"。

[3]【今注】二千石：漢代官吏秩俸等級名。又分爲中二千石、真二千石、二千石、比二千石等，列卿、郡守、都尉、王國相等均屬二千石。詳見本書《百官志》。

[4]【今注】哀平：西漢哀帝劉欣、平帝劉衎。平帝劉衎，公元前1年至5年在位。紀見《漢書》卷一二。

[5]【今注】羲和：王莽時改大司農名羲和。

[6]【李賢注】匡設六筦之法以窮工商，故曰權數。

[7]【今注】武陵：郡名。秦時黔中郡，西漢高帝時改爲武陵郡，治義陵縣（今湖南溆浦縣南）。東漢時移治臨沅縣（今湖南常德市武陵區）。

[8]【李賢注】《公羊傳》曰："貨財曰賻。"【今注】賻贈：饋贈給死者家庭的財物。

[9]【李賢注】高祖時魯申公詩也。【今注】魯詩：漢代今文經學《詩》學之一。爲漢初魯人申公所創立，故有此名。《魯詩》與當時齊人轅固生所傳之《齊詩》、燕人韓嬰所傳之《韓詩》合稱爲“三家《詩》”，並立於學官。

太尉趙憙慕其志，[1]每歲時遣子問以酒糧，皆辭不受。[2]恭憐丕小，欲先就其名，託疾不仕。郡數以禮請，謝不肯應，母强遣之，恭不得已而西，因留新豐教授。建初初，[3]丕舉方正，[4]恭始爲郡吏。[5]太傅趙憙聞而辟之。肅宗集諸儒於白虎觀，[6]恭特以經明得召，與其議。[7]

[1]【今注】太尉：官名。金印紫綬，掌軍事。東漢時與司徒、司空並爲三公，地位最尊。詳見本書《百官志一》。　趙憙：字伯陽，南陽宛（今河南南陽市卧龍區）人。傳見本書卷二六。憙，底本作“熹”，紹興本作“憙”，底本本傳亦作“憙”，徑改。本卷下同。

[2]【李賢注】問，遺也。

[3]【今注】建初：東漢章帝劉炟年號（76—84）。

[4]【今注】方正：漢代選舉官吏的科目之一。始於西漢文帝時。

[5]【今注】案，大德本、殿本“恭”後有“乃”字。

[6]【今注】肅宗：東漢章帝劉炟，廟號肅宗，公元75年至88年在位。紀見本書卷三。　白虎觀：宮觀名。爲東漢都邑洛陽宫殿建築群中著名宫觀之一。故址大致在宫城西。

[7]【李賢注】與音豫也。

憙復舉恭直言,[1]待詔公車,[2]拜中牟令。[3]恭專以德化爲理,不任刑罰。訟人許伯等争田,累守令不能決,恭爲平理曲直,皆退而自責,輟耕相讓。亭長從人借牛而不肯還之,牛主訟於恭。恭召亭長,勑令歸牛者再三,猶不從。恭歎曰:“是教化不行也。”欲解印綬去。掾史泣涕共留之,[4]亭長乃慙悔,還牛,詣獄受罪,恭貰不問。[5]於是吏人信服。建初七年,郡國螟傷稼,犬牙緣界,不入中牟。河南尹袁安聞之,[6]疑其不實,使仁恕掾肥親往廉之。[7]恭隨行阡陌,俱坐桑下,有雉過,止其傍。傍有童兒,親曰:“兒何不捕之?”兒言“雉方將雛”。親瞿然而起,[8]與恭訣曰:“所以來者,欲察君之政迹耳。今蟲不犯境,此一異也;化及鳥獸,此二異也;豎子有仁心,此三異也。久留,徒擾賢者耳。”還府,具以狀白安,是歲,嘉禾生恭便坐廷中,[9]安因上書言狀,帝異之。會詔百官舉賢良方正,[10]恭薦中牟名士王方,帝即徵方詣公車,禮之與公卿所舉同,方致位侍中。[11]恭在事三年,州舉尤異,會遭母喪去官,吏人思之。

[1]【今注】直言:漢代察舉人才的科目之一,常與賢良方正連言,全稱是能直言極諫者,或省稱爲直言。

[2]【今注】待詔:官名。兩漢時對待有名望的才異之士,欲重用而尚未重用者,則給以待詔之名,意爲等待詔命重用。　公車:官名。公車司馬令之簡稱。西漢皇宫中有公車司馬門,設公車司馬令以掌之,隸衛尉,秩六百石。東漢時掌宫南闕門。掌門衛兵禁與吏民上章、四方貢獻及徵詣公車者。

［3］【今注】中牟：縣名。治所在今河南中牟縣東。

［4］【李賢注】《續漢志》曰："縣置掾史如郡。"【今注】掾史：佐吏屬官的通稱。秦漢時期，中央及地方各級官府中，均置有掾史之吏。

［5］【李賢注】貰，寬貸也，音時夜反。

［6］【今注】河南尹：既作政區名，也作官名。西漢高祖二年（前205）置河南郡，治洛陽縣（今河南洛陽市東北）。東漢光武帝建武十五年（39），因地屬京畿，改名河南尹。其長官亦稱河南尹，秩中二千石。　袁安：字邵公，汝南汝陽（今河南商水縣西北）人。傳見本書卷四五。

［7］【李賢注】仁恕掾，主獄，屬河南尹，見《漢官儀》。廉，察也。

［8］【李賢注】瞿音久住反。【今注】瞿（jù）：驚貌。

［9］【李賢注】便坐，於便側之處，非正室也。《續漢書》云："恭謙不矜功，封以言府，府即奏上。尹以檄勞曰：'君以名德，久屈中牟，豹產之化流行（豹，大德本、殿本作"物"），天降休瑞，應行而生，尹甚嘉之。'"

［10］【今注】賢良方正：漢代選舉官吏的科目之一。始於西漢文帝時。

［11］【今注】侍中：官名。皇帝近侍官。侍從皇帝，出入宮廷，顧問應對。西漢非正式職官，也無定額，衹作爲官員本官外新加稱號。東漢地位日尊，由加官發展成秩比二千石的實職，爲皇帝心腹，多以外戚、功臣子弟及師儒重臣擔任。

後拜侍御史。[1]和帝初立，[2]議遣車騎將軍竇憲與征西將軍耿秉擊匈奴，[3]恭上疏諫曰：

［1］【今注】侍御史：官名。掌察舉非法，受公卿群吏奏事，

有違失舉劾之。西漢時爲御史大夫屬官，東漢時屬少府。詳見本書《百官志三》。

［2］【今注】和帝：東漢和帝劉肇，公元 88 年至 105 年在位。紀見本書卷四。

［3］【今注】車騎將軍：官名。漢制，車騎將軍位次大將軍、驃騎將軍之後，金印紫綬，地位相當於上卿或比三公，典京師兵衛，掌宫衛。詳見本書《百官志一》。　竇憲：字伯度，扶風平陵（今陝西咸陽市西北）人。傳見本書卷二三。　征西將軍：官名。東漢所置四征大將軍之一。位在將軍上。　耿秉：字伯初，扶風茂陵（今陝西興平市東北）人。傳見本書卷一九。　匈奴：中國古代北方民族之一，亦稱胡。戰國後期興起。秦至西漢前期，占有大漠南北廣大地區。西漢武帝大規模反擊後，匈奴勢力漸衰。宣帝以後，南匈奴在呼韓邪單于帶領下附漢。東漢光武帝建武二十四年（48），匈奴又分裂爲南北二部，南匈奴附漢，北匈奴在漢與南匈奴的打擊下逐漸西遷。傳見本書卷八九。

陛下親勞聖思，日昃不食，憂在軍役，誠欲以安定北垂，爲人除患，定萬世之計也。臣伏獨思之，未見其便。社稷之計，萬人之命，在於一舉。數年以來，秋稼不熟，人食不足，倉庫空虚，國無畜積。[1]會新遭大憂，人懷恐懼。[2]陛下躬大聖之德，履至孝之行，盡諒陰三年，[3]聽於冢宰。[4]百姓闕然，三時不聞警蹕之音，[5]莫不懷思皇皇，若有求而不得。[6]今乃以盛春之月，興發軍役，擾動天下，以事戎夷，[7]誠非所以垂恩中國，改元正時，由内及外也。

［1］【今注】案，畜，大德本、殿本作“蓄”。

［2］【李賢注】章帝崩也。

［3］【今注】諒陰：即諒闇，居喪時所住的房子。借指居喪，多用於皇帝。

［4］【今注】冢宰：《周禮》六卿之首。這裹指三公等朝廷重臣。

［5］【李賢注】三時，秋、夏、冬也。天子出警入蹕。和帝章和二年二月即位，明年春，議擊匈奴。帝在諒陰不出（帝在，殿本誤作“章帝”。章帝崩，和帝守喪），故百姓三時不聞警蹕。

［6］【李賢注】《禮記·檀弓》曰：“魯人顔丁善居喪，始死，皇皇焉如有求而不得（焉，殿本作‘然’）。”言百姓思帝，故恭引之。

［7］【今注】案，夷，殿本作“狄”。

萬民者，天之所生。天愛其所生，猶父母愛其子。一物有不得其所者，則天氣爲之舛錯，[1]況於人乎？故愛人者必有天報。昔大王重人命而去邠，故獲上天之祐。[2]夫戎狄者，四方之異氣也。蹲夷踞肆，與鳥獸無别。[3]若雜居中國，則錯亂天氣，汙辱善人，是以聖王之制，羈縻不絕而已。[4]

［1］【今注】舛：錯誤，錯亂。

［2］【李賢注】《史記》，古公修后稷、公劉之業，國人皆戴之。戎翟攻之，人人皆怒欲戰，古公曰：“人以我故戰，殺人父子，予不忍爲。”乃與私屬盡去邠，止於岐下。邠人舉國扶老攜弱，盡復歸於岐下。旁國聞之，亦多歸附。古公乃營築城郭室屋而邑之，人皆歌頌其德。武王即位，追尊古公爲大王（大，大德本、殿本作“太”）。【今注】案，大王，殿本作“太王”。

[3]【李賢注】夷，平也。肆，放也。言平坐踞傲，肆放無禮也。

[4]【李賢注】《字書》曰："羈，馬絡頭也。"《蒼頡篇》曰："縻，牛繮也。"

今邊境無事，宜當脩仁行義，尚於無爲，令家給人足，安業樂産。夫人道乂於下，則陰陽和於上，祥風時雨，覆被遠方，夷狄重譯而至矣。《易》曰：'有孚盈缶，終來有它吉。'[1]言甘雨滿我之缶，誠來有我而吉已。[2]夫以德勝人者昌，以力勝人者亡。今匈奴爲鮮卑所殺，遠臧於史侯河西，[3]去塞數千里，而欲乘其虚耗，利其微弱，是非義之所出也。前太僕祭肜遠出塞外，卒不見一胡而兵已困矣。[4]白山之難，不絶如綖，[5]都護陷没，士卒死者如積，[6]迄今被其辜毒。孤寡哀思之心未弭，仁者念之，以爲累息，奈何復欲襲其迹，不顧患難乎？今始徵發，而大司農調度不足，[7]使者在道，分部督趣，[8]上下相迫，民間之急亦已甚矣。三輔、并、涼少雨，[9]麥根枯焦，牛死日甚，此其不合天心之效也。群僚百姓，咸曰不可，陛下獨奈何以一人之計，弃萬人之命，不卹其言乎？上觀天心，下察人志，足以知事之得失。臣恐中國不爲中國，豈徒匈奴而已哉！惟陛下留聖恩，休罷士卒，以順天心。

[1]【李賢注】《易·比卦》辭也。孚，誠信也。缶，土器

也。王弼注云："親乎天下，著信盈缶，應者豈一道而來，故必有它吉也（它，殿本作'他'。今本《周易》王弼注作'他'）。"

［2］【李賢注】《比卦》坤下坎上。坤爲土，缶之象也。坎爲水，雨之象也。坎在坤上，故曰甘雨滿我之缶（甘，大德本作"其"）。有誠信，則它人來附而吉也。

［3］【今注】案，史侯，據本書卷二三《竇憲傳》、卷八九《南匈奴傳》，當作"安侯"（參見曹金華《後漢書稽疑》，第367頁）。安侯，據《竇憲傳》李賢注，爲水名。

［4］【李賢注】永平十六年，竇固、祭肜、耿秉、來苗等四道出擊匈奴。固至天山，擊走呼衍王，肜坐不至涿邪山，無所見而還，下獄免爲庶人也。【今注】太僕：官名。九卿之一，秩中二千石。掌皇帝車馬。皇帝每出，奏駕上鹵簿用，大駕則執馭。詳見本書《百官志二》。　祭肜：字次孫，潁川潁陽（今河南許昌市西南）人。傳見本書卷二〇。

［5］【李賢注】白山即天山也（殿本無"也"字）。言肜、固俱擊匈奴，固至天山，肜還下獄，同歷艱危，故曰如綖。《公羊傳》曰"中國不絶若綖"也。【今注】白山：即今新疆哈密市與烏魯木齊市之間的天山。因山上冬夏有雪，故名白山。匈奴謂之天山。

［6］【李賢注】永平末年，焉耆、龜兹共攻没都護陳睦，殺吏士二千餘人。

［7］【李賢注】度音大各反。

［8］【李賢注】趣音促。

［9］【今注】三輔：地區名。京畿地區的合稱。西漢景帝時分秦内史爲左、右内史，改主爵中尉名主爵都尉。武帝時，分别改左、右内史、主爵都尉名爲左馮翊、京兆尹、右扶風。同治京城長安城中，所輔皆爲京畿之地，故合稱"三輔"。轄境相當於今陝西關中地區。　并：州名。西漢武帝時所置十三刺史部之一。東漢時

治晉陽縣（今山西太原市西南）。　涼：州名。西漢武帝時所置十三刺史部之一。東漢時治隴縣（今甘肅張家川回族自治縣）。

書奏，不從。每政事有益於人，恭輒言其便，無所隱諱。

其後拜爲《魯詩》博士，由是家法學者日盛。遷侍中，數召讌見，問以得失，賞賜恩禮寵異焉。遷樂安相。[1]是時東州多盜賊，群輩攻劫，諸郡患之。恭到，重購賞，開恩信，[2]其渠帥張漢等率支黨降，恭上以漢補博昌尉，[3]其餘遂自相捕擊，盡破平之，州郡以安。

[1]【李賢注】章帝孫千乘王寵相也。和帝改千乘國爲樂安國，故城在今淄州高苑縣北。【今注】樂安：郡國名。治千乘縣（今山東高青縣東北高苑鎮北），東漢改爲樂安國。

[2]【李賢注】《説文》曰："以財相賕曰購。"【今注】購賞：懸賞。

[3]【李賢注】博昌，縣（大德本、殿本作"尉"），屬千乘國，今青州縣也。【今注】博昌：縣名。治所在今山東博興縣東南。

永元九年，徵拜議郎。[1]八月，飲酎，齋會章臺，詔使小黄門特引恭前。[2]其夜拜侍中，敕使陪乘，勞問甚渥。冬，遷光禄勳，[3]選舉清平，京師貴戚莫能枉其正。十二年，[4]代吕蓋爲司徒。[5]十五年，從巡狩南陽，除子撫爲郎中，賜騎馬從駕。[6]時弟丕亦爲侍中。兄弟父子並列朝廷。後坐事策免。[7]殤帝即位，[8]以恭爲長樂衛尉。[9]永初元年，[10]復代梁鮪爲司徒。[11]

［1］【今注】議郎：官名。郎中令（光禄勳）的屬官，郎官中地位較高者。秦置，漢因之，秩六百石，掌顧問應對。詳見本書《百官志二》。

［2］【今注】小黄門：官名。東漢少府屬官，秩六百石，由宦官擔任，無定員。職侍皇帝左右，主傳遞文書，溝通消息及奉詔過問中宫諸事務和公主、太妃疾苦等。詳見本書《百官志三》。

［3］【今注】光禄勳：官名。秦置郎中令，漢初因之。西漢武帝太初元年（前104）更爲光禄勳。東漢因置。九卿之一，秩中二千石。爲宫内總管，掌宫殿門户，統領皇帝的顧問參議、宿衛侍從、傳達接待等事。

［4］【今注】案，十二，據王先謙《後漢書集解》引錢大昕説及本書卷四《和帝紀》，當作"十三"。

［5］【李賢注】《漢官儀》曰："吕蓋字君上（上，當據王先謙《後漢書集解》改作'玉'），苑陵人（苑，大德本作'范'）。"【今注】司徒：官名。金印紫綬。西漢哀帝元壽二年（前1）改丞相爲大司徒，與大司馬、大司空（由御史大夫改）並爲"三公"。東漢時改稱司徒，與太尉、司空並爲"三公"。詳見本書《百官志一》。

［6］【李賢注】駙，副也。非正所乘，皆爲副。《説文》曰："駙馬，副馬也。"

［7］【李賢注】《續漢書》曰"坐族弟弘農都尉炳事免官"也。

［8］【今注】殤帝：東漢殤帝劉隆，公元105年至106年在位。紀見本書卷四。

［9］【今注】長樂衛尉：官名。漢制，皇太后屬官衛尉，與少府、太僕並爲太后三卿，掌宿衛。太后宫官，皆冠以太后所居宫

名，無太后則缺，太后崩則省，不常置。

[10]【今注】永初：東漢安帝劉祜年號（107—113）。

[11]【李賢注】《漢官儀》曰“鮪字伯元，河東平陽人”也。

初，和帝末，下令麥秋得案驗薄刑，而州郡好以苛察爲政，因此遂盛夏斷獄。恭上疏諫曰：

臣伏見詔書，敬若天時，[1]憂念萬民，爲崇和氣，罪非殊死，且勿案驗。進柔良，退貪殘，奉時令。[2]所以助仁德，順昊天，致和氣，利黎民者也。

[1]【李賢注】若，順也。《尚書·堯典》曰：“乃命羲和，欽若昊天，敬授人時。”

[2]【李賢注】言順月令以行事也。

舊制至立秋乃行薄刑，自永元十五年以來，改用孟夏，而刺史、太守不深惟憂民息事之原，進良退殘之化，[1]因以盛夏徵召農人，拘對考驗，連滯無已，司隸典司京師，四方是則，[2]而近於春月分行諸部，託言勞來貧人，而無隱惻之實，煩擾郡縣，廉考非急，逮捕一人，罪延十數，[3]上逆時氣，下傷農業。案《易》五月姤用事。[4]經曰：“后以施令誥四方。”[5]言君以夏至之日，施命令止四方行者，所以助微陰也。[6]行者尚止之，況於逮召考掠，奪其時哉！

［1］【李賢注】《月令》曰："孟夏，命太尉贊桀俊，遂賢良，舉長大，行爵出禄，必當其位。"【今注】刺史：官名。西漢武帝元封五年（前106）設州部刺史，督察郡國，官階低於郡守。成帝綏和元年（前8）改爲州牧。東漢光武帝建武十八年（42）復爲刺史。靈帝時，罷刺史，置州牧，居郡守之上，由原單純的監察官發展爲總攬地方軍政大權的地方長官。　案，殘，大德本作"賤"。

［2］【李賢注】《漢官儀》曰："司隸校尉董領京師及三輔、三河、弘農。"

［3］【李賢注】逮，及也。辭所連及，即追捕之（大德本無"之"字）。

［4］【李賢注】《東觀記》曰："五月姤卦用事。"姤卦巽下乾上，初六，一陰爻生，五月之卦也。本多作"后"，古字通。

［5］【李賢注】誥，理也。《易·姤卦象》曰："天下有風，姤，后以施令誥四方。"乾爲天，君之象也；巽爲風，號令之象也；后，君也；故以喻人君施令也。【今注】案，令，今本《周易·姤》作"命"。

［6］【李賢注】《易·復卦》曰："先王以至日閉關，商旅不行。"故夏至宜止行也。五月陰氣始生，故曰微陰。

比年水旱傷稼，人飢流冗。［1］今始夏，百穀權輿，陽氣胎養之時。［2］自三月以來，陰寒不暖，物當化變而不被和氣。《月令》："孟夏斷薄刑，出輕繫。行秋令則苦雨數來，五穀不熟。"［3］又曰："仲夏挺重囚，益其食。［4］行秋令則草木零落，［5］人傷於疫。"［6］夫斷薄刑者，謂其輕罪已正，不欲令久繫，故時斷之也。臣愚以爲今孟夏之制，可從此令，其決獄案考，皆以立秋爲斷，以順時節，育成萬物，則天地以和，刑罰以清矣。

[1]【李賢注】冗，散也。

[2]【李賢注】《爾雅》曰："權輿，始也。"萬物皆含胎長養之時。

[3]【李賢注】鄭玄注《禮記》云："申之氣乘之也。苦雨，白露之類也，時物得而傷也。"【今注】案，今本《禮記·月令》作："孟夏之月……斷薄刑，決小罪，出輕繫……行秋令則苦雨數來，五穀不滋。"

[4]【李賢注】挺猶寬也。

[5]【李賢注】酉之氣乘之也。八月宿直昴，爲獄主殺。

[6]【李賢注】大陵之氣爲害也。大陵，星名。《春秋合誠圖》曰"大陵主死喪"也。【今注】案，今本《禮記·月令》作："仲夏之月……挺重囚，益其食……行秋令則草木零落，果實早成，民殃於疫。"

初，肅宗時，斷獄皆以冬至之前，自後論者互多駮異。鄧太后詔公卿以下會議，[1]恭議奏曰：

[1]【今注】鄧太后：即和熹鄧皇后。紀見本書卷一〇上。

夫陰陽之氣，相扶而行，發動用事，各有時節。若不當其時，則物隨而傷。王者雖質文不同，而玆道無變，四時之政，行之若一。《月令》，周世所造，而所據皆夏之時也，[1]其變者唯正朔、服色、犧牲、徽號、器械而已。[2]故曰："殷因於夏禮，周因於殷禮，所損益可知也。"[3]《易》曰：

“潛龍勿用。”[4]言十一月、十二月陽氣潛藏，未得用事。雖煦嘘萬物，養其根荄，[5]而猶盛陰在上，地凍水冰，陽氣否隔，閉而成冬。故曰：“履霜堅冰，陰始凝也。馴致其道，至堅冰也。”[6]言五月微陰始起，至十一月堅冰至也。

[1]【李賢注】謂氣候及星辰昏旦，皆夏時也。

[2]【李賢注】夏以建寅爲正，服色、犧牲、徽號、器械皆尚黑；殷以建丑爲正，尚白；周以建子爲正，尚赤。周以夜半爲朔，殷以雞鳴爲朔，夏以平旦爲朔。祭天地宗廟曰犧，卜得吉曰牲。徽號，旌旗之名也。器械，禮樂之器及甲兵也。

[3]【今注】案，《論語·爲政》曰：“殷因於夏禮，所損益，可知也；周因於殷禮，所損益，可知也。其或繼周者，雖百世，可知也。”

[4]【李賢注】龍以喻陽氣，《易·乾卦》初九爻辭。

[5]【李賢注】荄，草根也，荄音該，又音皆。

[6]【李賢注】《易·坤卦》象辭也。馴，順也。言陰以卑順爲道，漸至顯著，猶自履霜而至堅冰。

夫王者之作，因時爲法。孝章皇帝深惟古人之道，[1]助三正之微，定律著令，[2]冀承天心，順物性命，以致時雍。[3]然從變改以來，年歲不熟，穀價常貴，人不寧安。小吏不與國同心者，率入十一月得死罪賊，不問曲直，便即格殺。雖有疑罪，不復讞正。一夫吁嗟，王道爲虧，況於衆乎？《易》十一月“君子以議獄緩死”。[4]可令疑罪使詳其法，大辟之科，盡冬月乃斷。其立春在十二月中者，勿以報囚如故事。[5]

［1］【今注】孝章皇帝：東漢章帝劉炟，公元75年至88年在位。紀見本書卷三。

［2］【李賢注】三正，三微也。《前書音義》曰："言陽氣始施，萬物微而未著，故曰微。"一曰天統，謂周十一月建子爲正，天始施之端也。二曰地統，謂殷十二月建丑爲正，地始化之端也。三曰人統，謂夏十三月建寅爲正，人始成之端也。

［3］【今注】時雍：天下太平的景象。

［4］【李賢注】《易·中孚》象詞也。《稽覽圖·中孚》十一月卦也（一，殿本誤作"二"）。【今注】案，十一，大德本、殿本作"十二"。

［5］【李賢注】報囚，謂奏請報決也。

後卒施行。

恭再在公位，選辟高第，至列卿郡守者數十人。而其耆舊大姓，[1]或不蒙薦舉，至有怨望者。恭聞之，曰："學之不講，是吾憂也。[2]諸生不有鄉舉者乎？"終無所言。[3]恭性謙退，奏議依經，潛有補益，然終不自顯，故不以剛直爲稱。三年，以老病策罷。六年，年八十一，卒於家。

［1］【今注】案，耆舊大姓，《後漢紀》卷一六《孝安皇帝紀上》作"門下耆生"。

［2］【李賢注】講，習也。《論語》孔子之言也。【今注】案，語見《論語·述而》："德之不修，學之不講，聞義不能徙，不善不能改，是吾憂也。"

[3]【李賢注】言人患學之不習耳，若能究習，自有鄉里之舉，豈要待三公之辟乎（要待，大德本、殿本作“待要”）？

以兩子爲郎。長子謙，爲隴西太守，[1]有名績。謙子旭，官至太僕，從獻帝西入關，與司徒王允同謀共誅董卓。[2]及李傕入長安，[3]旭與允俱遇害。

[1]【今注】隴西：郡名。因在隴山之西而得名。治狄道縣（今甘肅臨洮縣南）。

[2]【今注】王允：字子師，太原祁（今山西祁縣）人。傳見本書卷六六。　董卓：字仲穎，隴西臨洮（今甘肅岷縣）人。傳見本書卷七二。

[3]【今注】李傕：董卓部將。董卓被誅以後，率軍攻長安以車騎將軍領司隸校尉，秉朝政。漢獻帝東歸後，李傕爲裴茂所殺。事迹見本書卷七二《董卓傳》。

丕字叔陵，性沈深好學，孳孳不倦，[1]遂杜絶交游，不答候問之禮。士友常以此短之，而丕欣然自得。遂兼通五經，以《魯詩》《尚書》教授，爲當世名儒。後歸郡，爲督郵功曹，[2]所事之將，無不師友待之。

[1]【李賢注】孳孳，不怠之意。

[2]【今注】功曹：官名。即功曹掾或功曹史，爲漢代郡守、縣令長之佐吏，是郡縣屬吏中地位最高者。其職主考查記録功勞、參預任免賞罰，有時甚至代行郡守及縣令長之事。

建初元年，肅宗詔舉賢良方正，大司農劉寬舉丕。

時對策者百有餘人，唯丕在高第，除爲議郎，遷新野令。[1]視事朞年，州課第一，擢拜青州刺史。[2]務在表賢明，慎刑罰。七年，坐事下獄司寇論。[3]

[1]【今注】新野：縣名。治所在今河南新野縣。

[2]【今注】青州：西漢武帝時所置十三刺史部之一，東漢時治臨淄縣（今山東淄博市臨淄區北）。

[3]【李賢注】司寇，刑名也。決罪曰論，言奏而論決之。《前書》曰"司寇，二歲刑"也。【今注】司寇：刑罰名。西漢文帝刑制改革前，無固定刑期，有一定人身自由，可獲得官府授田（標準低於庶人）。文帝刑制改革後，司寇爲二歲徒刑。

元和元年徵，[1]再遷，拜趙相。[2]門生就學者常百餘人，[3]關東號之曰"五經復興魯叔陵"。趙王商嘗欲避疾，[4]便時移住學官，丕止不聽。[5]王乃上疏自言，詔書下丕。丕奏曰："臣聞禮，諸侯薨於路寢，大夫卒於嫡室，[6]死生有命，未有逃避之典也。學官傳五帝之道，修先王禮樂教化之處，王欲廢塞以廣游讌，事不可聽。"詔從丕言，王以此憚之。其後帝巡狩之趙，[7]特被引見，難問經傳，厚加賞賜。在職六年，嘉瑞屢降，吏人重之。

[1]【今注】元和：東漢章帝劉炟年號（84—87）。

[2]【今注】趙：郡國名。西漢高帝時改邯鄲郡置趙國，治邯鄲縣（今河北邯鄲市西南）。

[3]【今注】門生：漢時對授業弟子的稱呼。

[4]【李賢注】商，趙王良之孫。

[5]【李賢注】學官謂學舍也。

[6]【李賢注】路寢、嫡室皆正寢。《禮·喪大記》之文。【今注】路寢：古代天子、諸侯的正廳。　嫡室：正寢之室。

[7]【今注】巡狩：帝王離開國都，巡行境内。

永元二年，遷東郡太守。[1]丕在二郡，爲人修通溉灌，百姓殷富。數薦達幽隱名士。[2]明年，拜陳留太守。視事三朞，後坐禀貧人不實，徵司寇論。

[1]【今注】東郡：治濮陽縣（今河南濮陽市華龍區西南）。

[2]【李賢注】《續漢書》曰："薦王龔等，皆備帷幄近臣。"

十一年復徵，再遷中散大夫。[1]時侍中賈逵薦丕道蓺深明，[2]宜見任用。和帝因朝會，召見諸儒，丕與侍中賈逵、尚書令黄香等相難數事，[3]帝善丕説，罷朝，特賜冠幘履韈衣一襲。丕因上疏曰："臣以愚頑，顯備大位，犬馬氣衰，猥得進見，論難於前，無所甄明，[4]衣服之賜，誠爲優過。臣聞説經者，傳先師之言，非從己出，不得相讓；相讓則道不明，若規矩權衡之不可枉也。[5]難者必明其據，説者務立其義，浮華無用之言不陳於前，故精思不勞而道術愈章。法異者，各令自説師法，博觀其義。覽詩人之旨意，察雅頌之終始，明舜、禹、皋陶之相戒，[6]顯周公、箕子之所陳，[7]觀乎人文，化成天下。[8]陛下既廣納謇謇以開四聰，無令芻蕘以言得罪；[9]既顯巖穴以求仁賢，無使幽遠獨有遺失。"

［1］【李賢注】《續漢志》曰："秩六百石，無員。"【今注】中散大夫：官名。秦置，爲郎中令（漢武帝以後爲光禄勳）屬官。兩漢沿置。掌言議、顧問應對，唯詔令所使。詳見本書《百官志二》。

［2］【今注】賈逵：字景伯，扶風平陵（今陝西咸陽市）人。傳見本書卷三六。

［3］【今注】尚書令：官名。秦置，漢因之，秩六百石，屬少府。西漢武帝始用宦者任之，成帝時則專用士人。東漢時爲尚書臺長，總典綱紀，無所不統，職權極重。本秩千石，若以皇帝極爲賞識之臣任此職則增秩至二千石。如漢和帝時，黄香任此職，增秩二千石。詳見本書《百官志三》。　黄香：字文彊，江夏安陸（今湖北雲夢縣）人。傳見本書卷八〇上。

［4］【李賢注】甄，別也。

［5］【李賢注】規，圓也。矩，方也。權，秤錘。衡，秤衡。

［6］【李賢注】《尚書》帝舜謂禹曰："臣作朕股肱耳目。"禹戒舜曰："安汝止，慎乃在位。"咎繇戒禹曰："慎厥身修，思永，惇叙九族，在知人。"禹曰："吁咸若時，惟帝其難之。"是相誡也（誡，殿本作"戒"）。

［7］【李賢注】周公作《無逸》《立政》二篇以戒成王，箕子爲武王陳《洪範》九疇之義，並見《尚書》。

［8］【李賢注】《易·賁卦》曰："觀乎天文，以察時變；觀乎人文，以化成天下。"注云："解天之文，則時變可知；解人之文，則化成可爲也。"

［9］【李賢注】芻蕘，採薪者也。《大雅·板詩》曰"詢于芻蕘"也。【今注】芻蕘：指割草采薪之人。這裏指草野之人。

十三年，遷爲侍中，免。

永初二年，詔公卿舉儒術篤學者，大將軍鄧騭舉丕，[1]再遷，復爲侍中、左中郎將，[2]再爲三老。[3]五年，年七十五，卒於官。

［1］【今注】鄧騭：字昭伯，南陽新野（今河南新野縣）人。傳見本書卷一六。

［2］【今注】左中郎將：官名。秦置，漢因之，隸郎中令（後改稱光禄勳），秩比二千石，主掌屬下中郎、侍郎、郎中等宿衛宫殿。詳見本書《百官志二》。

［3］【李賢注】三老，解見《明帝紀》也。【今注】三老：官名。西漢高祖初，鄉始置三老一人。以民年五十以上，有德行威信能率服民衆者任之。後縣、郡、國均置有三老，職掌教化，終兩漢之世不改。詳見本書《百官志五》。這裏魯丕所任三老，應與東漢明帝永平二年（59）三月開始實行的"養三老五更之儀"有關。每次舉行此禮，從太傅或講師、故三公中選出德行年耆高者爲三老、五更，禮畢即罷。參見本書《禮儀志上》。

魏霸字喬卿，濟陰句陽人也。[1]世有禮義。霸少喪親，兄弟同居，州里慕其雍和。

［1］【李賢注】句音鉤。【今注】濟陰：郡國名。治定陶縣（今山東菏澤市定陶區西北）。　句陽：縣名。治所在今山東菏澤市北。

建初中，舉孝廉，八遷。和帝時爲鉅鹿太守。[1]以簡朴寬恕爲政。掾史有過，要先誨其失，[2]不改者乃罷之。吏或相毁訴，霸輒稱它吏之長，[3]終不及人短，言者懷慙，譖訟遂息。

[1]【今注】鉅鹿：郡名。秦、西漢時治鉅鹿縣（今河北雞澤縣東北）。東漢初省廣平國以其縣益郡，移治廮陶縣（今河北寧晉縣西南）。

[2]【今注】案，要，中華本引李慈銘説，謂蓋“霸”字之誤。

[3]【今注】案，它，殿本作“他”。

永元十六年，徵拜將作大匠。[1]明年，和帝崩，典作順陵。[2]時盛冬地凍，中使督促，數罰縣吏以厲霸。霸撫循而已，初不切責，而反勞之曰：“令諸卿被辱，[3]大匠過也。”吏皆懷恩，力作倍功。

[1]【今注】將作大匠：官名。列卿之一，秩二千石。掌修作宗廟、路寢、宫室、園陵土木之功。詳見本書《百官志四》。

[2]【今注】順陵：東漢和帝劉肇的陵墓。

[3]【今注】案，令，大德本、殿本作“今”。

延平元年，[1]代尹勤爲太常。[2]明年，以病致仕，爲光禄大夫。[3]永初五年，拜長樂衛尉，以病乞身，復爲光禄大夫，卒於官。

[1]【今注】延平：東漢殤帝劉隆年號（106）。

[2]【今注】太常：官名。秦置奉常。漢初因之。西漢景帝中元六年（前144），改名爲太常。王莽時曾改名秩宗。東漢復名太常。職掌宗廟祭祀禮儀，兼選試博士。秩中二千石。詳見本書《百官志二》。

[3]【今注】光禄大夫：官名。光禄勳屬官，秩比二千石。掌顧問應對，無常職，隨時聽詔令所使。詳見本書《百官志二》。

劉寬字文饒，弘農華陰人也。[1]父崎，順帝時爲司徒。[2]寬嘗行，有人失牛者，乃就寬車中認之。寬無所言，下駕步歸。有頃，認者得牛而送還，叩頭謝曰："慙負長者，隨所刑罪。"寬曰："物有相類，事容脱誤，幸勞見歸，何爲謝之？"州里服其不校。[3]

[1]【李賢注】《謝承書》曰"寬少學歐陽《尚書》、京氏《易》，尤明《韓詩外傳》。星官、風角、筭歷，皆究極師法，稱爲通儒。未嘗與人争埶利之事"也。隅角也（隅角也，當據殿本及文意，改爲"角，隅也"）。觀四隅之風占之也。【今注】弘農：郡名。治弘農縣（今河南靈寶市東北故函谷關城）。東漢後期改名恒農郡。　華陰：縣名。以在華山之北而得名，治所在今陝西華陰市東。

[2]【李賢注】崎音丘宜反。

[3]【李賢注】校，報也。《論語》曰：曾子曰"犯而不校"。

桓帝時，大將軍辟，五遷司徒長史。[1]時京師地震，特見詢問，再遷，出爲東海相。[2]延熹八年，徵拜尚書令，遷南陽太守。[3]典歷三郡，温仁多恕，雖在倉卒，未嘗疾言遽色。常以爲"齊之以刑，民免而無恥"。[4]吏人有過，但用蒲鞭罰之，示辱而已，終不加苦。事有功善，推之自下。災異或見，引躬克責。每行縣止息亭傳，輒引學官祭酒及處士諸生執經對講。[5]見父老慰以農里之言，少年勉以孝悌之訓。人感德興行，日有所化。

[1]【李賢注】大將軍，梁冀也。【今注】大將軍：官名。戰國時設，兩漢因之。自西漢武帝時起領録尚書事，外主征戰，内秉國政，權勢超過丞相。東漢多以貴戚擔任，位在三公之上。詳見本書《百官志一》。　司徒長史：官名。東漢司徒屬官有長史一人。秩千石，有掾屬三十一人。

[2]【李賢注】東海王彊曾孫臻之相也（彊，大德本、殿本作"疆"。曾孫臻，當作"玄孫祗"。參見曹金華《後漢書稽疑》，第371頁）。【今注】東海：郡名。治郯縣（今山東郯城縣西北）。東漢時曾改爲封國。

[3]【今注】案，曹金華《後漢書稽疑》謂據《太尉劉寬碑》，劉寬曾任司徒長史、侍中，桓帝延熹八年（165）地震，劉寬對策得到皇帝賞識，拜尚書令，後遷東海相、南陽太守（第371頁）。

[4]【今注】案，語出《論語·爲政》："道之以政，齊之以刑，民免而無恥。道之以德，齊之以禮，有恥且格。"

[5]【李賢注】《續漢書》曰："博士祭酒，秩六百石。祭酒本僕射也，中興改爲祭酒。"處士，有道蓺而在家者。【今注】學官祭酒：官名。東漢時，朝廷和郡縣均設學官，其主管者爲祭酒。朝廷太常卿所屬之博士祭酒一人，秩六百石，爲博士之長。地方郡縣學官，其首領亦可稱祭酒。　處士：對有才德而隱居不仕之人的稱呼。　諸生：漢代對太學生的特稱。漢武帝時始置。西漢初，有博士官，但不置弟子。武帝元朔五年（前124）采納公孫弘等的建議，建立太學，爲博士官置弟子五十人。以後博士弟子員不斷增加，到東漢桓帝時，在太學的學生人數，達到三萬餘人。

靈帝初，徵拜太中大夫，侍講華光殿。[1]遷侍中，賜衣一襲。轉屯騎校尉，[2]遷宗正，[3]轉光禄勳。熹平五年，[4]代許訓爲太尉。[5]靈帝頗好學蓺，每引見寬，常令講經。寬嘗於坐被酒睡伏。[6]帝問："太尉醉邪？"

寬仰對曰："臣不敢醉，但任重責大，憂心如醉。"帝重其言。

［1］【李賢注】《洛陽宫殿簿》云："華光殿在華林園内。"

［2］【今注】屯騎校尉：官名。西漢武帝時始置。東漢光武帝建武七年（31）改屯騎爲驍騎，建武十五年復置屯騎校尉。秩比二千石，領司馬一人，員吏百二十八，兵士七百人。詳見本書《百官志四》。

［3］【今注】宗正：官名。秦置，漢因之，管理皇族和外戚事務。西漢平帝元始四年（4）更名宗伯。王莽代漢，又併其官於秩宗，東漢復名宗正，九卿之一，秩中二千石。詳見本書《百官志三》。

［4］【今注】熹平：東漢靈帝劉宏年號（172—178）。熹，大德本、殿本誤作"嘉"。

［5］【李賢注】《漢官儀》曰："許訓字季師，平輿人。"

［6］【李賢注】被，加也，爲酒所加也。被音平寄反。【今注】案，嘗，大德本、殿本作"常"。

寬簡略嗜酒，不好盥浴，[1]京師以爲諺。嘗坐客，遣蒼頭市酒，[2]迂久，大醉而還。[3]客不堪之，罵曰："畜産。"寬須臾遣人視奴，[4]疑必自殺。顧左右曰："此人也，罵言畜産，辱孰甚焉！故吾懼其死也。"夫人欲試寬令恚，伺當朝會，[5]裝嚴已訖，使侍婢奉肉羹，翻汙朝衣。婢遽收之，寬神色不異，乃徐言曰："羹爛汝手？"其性度如此。海内稱爲長者。

［1］【李賢注】《説文》曰："澡手曰盥。"音管。【今注】盥：澆水洗手。

［2］【今注】蒼頭：漢代對奴僕的稱呼。

［3］【李賢注】迂久猶良久也。

［4］【今注】案，臾，紹興本誤作“更”。

［5］【今注】案，朝，大德本誤作“期”。

後以日食策免。拜衛尉。[1]光和二年，[2]復代段熲爲太尉。[3]在職三年，以日變免。又拜永樂少府，[4]遷光禄勳。以先策黄巾逆謀，[5]以事上聞，封逯鄉侯六百户。[6]中平二年卒，時年六十六。[7]贈車騎將軍印綬，位特進，[8]謚曰昭烈侯。[9]子松嗣，官至宗正。

［1］【今注】衛尉：官名。九卿之一，秩中二千石。掌宫門衛士、宫中徼循事。詳見本書《百官志二》。

［2］【今注】光和：東漢靈帝劉宏年號（178—184）。　案，二，大德本、殿本作“三”。據本書卷八《靈帝紀》，當以光和二年爲是。

［3］【今注】段熲：字紀明，武威姑臧（今甘肅武威市）人。傳見本書卷六五。

［4］【今注】永樂少府：官名。東漢桓帝立生母孝崇皇后宫曰永樂宫，置少府，稱永樂少府。

［5］【李賢注】先策謂預知也。【今注】黄巾：農民軍稱號。東漢末以張角爲首的農民起義軍，以黄巾裹頭，被稱爲“黄巾軍”。

［6］【李賢注】逯音録（逯，底本作“逮”，據紹興本、大德本、殿本及文意徑改）。【今注】案，鄉，底本作“卿”，據紹興本、大德本、殿本徑改。

［7］【今注】案，大德本、殿本無“時”字。

［8］【今注】特進：官名。漢制，凡大臣中功德高重爲朝廷所敬異者，賜位特進，以示恩寵，其朝位在三公下、二千石上。

［9］【今注】案，烈，大德本、殿本誤作“列”。

贊曰：卓、魯款款，情慤德滿。[1]仁感昆蟲，愛及胎卵。[2]寬、霸臨政，亦稱優緩。[3]

［1］【李賢注】款款，忠誠也。【今注】慤：誠懇，忠厚。

［2］【李賢注】童兒不捕雉也。

［3］【今注】優緩：寬和。